JN418358

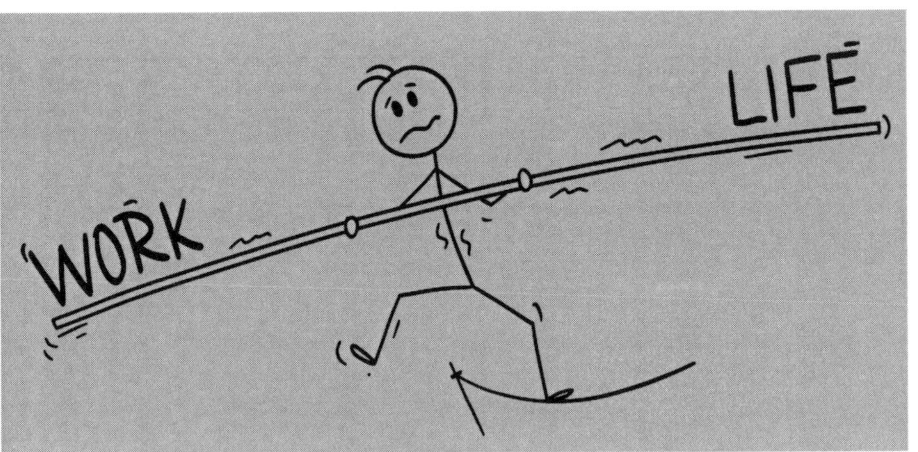

일·생활 균형과 조직관리

Work–Life Balance & Management of the Organization

박 상 언 지음

도서출판 두남

머리말

Preface

⌛ 일·생활 균형(work-life balance)이 우리 사회의 큰 공감 이슈 중 하나로 부상한 지 벌써 오래다. 그동안 일·생활 균형을 지원하기 위해 국가 수준에서도 주 52시간 근로시간 상한제는 물론, 육아기근로시간 단축제도와 가족돌봄휴가제도 등 다양한 제도들이 도입 및 시행되기 시작하였다. 또 기업 수준에서도 코로나19 확산으로 인해 재택근로 등 유연근무제가 확산되는 등 일·생활 균형을 도모할 수 있는 관련 제도들을 시행하는 기업이 늘어났다. 이러한 제도적 변화에 힘입은 듯, 조직 내 관행이나 문화면에 있어서도 예전과는 조금 달라진 양상을 시사해 주는 에피소드들도 전해지고 있다. 즉 정시퇴근이 권장되는 한편, 상사들이 일방적으로 정해 통보하는 회식은 이른바 '꼰대들의 유산'으로서 젊은 세대 직장인들에게 우선적인 청산대상으로 여겨지고 있다는 것이다.

하지만 아직도 현실은 그 '균형'에서 멀리 떨어져 있어 보인다. OECD 국가 중에서 우리나라는 여전히 근로시간이 가장 긴 국가군에 속해 있고, OECD가 매년 발표하는 '더 나은 삶의 지수'(better life index) 면에서도 가장 삶의 질이 낮은 국가군을 벗어나지 못하고 있다. 예상치 못한 코로나19 확산 상황으로 말미암아 재택 및 원격 근무제 활용이 지난 몇 년간 크게 증가하긴 했지만, 이는 여전히 일부 대기업들만의 전유물일 뿐, 그럴 여건이 되지 못하는 중소 규모의 기업 구성원들에게 있어서는 요원한 '남의 이야기'일 뿐이다. 아직도 장시간 근로체제에서 벗어나지 못하고 있는 대다수 기업들에게 유연근무제 이용은 여전히 '그림의 떡'이고, 성과주의가 팽배한 조직문화 아래서 자칫 이러한 제도를 눈치 없이 이용하는 사람들은 부정적인 낙인이 찍혀 경력개발에도 불리한 입장에 처하기 십상이다.

⌛ 그렇지만 일·생활 균형은 사람들의 삶의 지향과 가치가 반영되어 있는 목표임으로 인해 일시적 유행으로만 그칠 것 같지는 않다. 더디지만, 반드시 가야 할 방향임에 틀림없어 보인다. 이런 점에서, 일·생활 균형이 지속적인 추진력을 얻기 위해서는 이것이 이른바 '듀얼 아젠다'(dual agenda)를 충족시키는 이슈임을 입증해 보일 필요가 있다. 즉 일·생활 균형이 단순히 개별 조직구성원의 사적인 가정 및 여가생활을 보장하기 위한 방편에 그치는 것이 아니라, 실제 조직성과에도 큰 보탬이 된다는 사실이 확인될 필요가 있는 것이다.

물론 그럴 가능성은 논리적으로 충분해 보인다. 조직이 구성원들의 일·생활 균형에 대해 관심을 갖고, 진정성 있게 이를 배려하는 조치들을 시행할 경우, 이를 통해 건강과 심신의 안녕을 회복한 사람들은 자신의 일과 소속 조직에 대해 열의와 자부심을 가지는 한편, 근무시간 동안 더욱 밀도 있고 집중적으로 일을 함으로 인해서 오히려 노동생산성을 높이고 창의성을 발휘할 가능성이 커지게 되는 것이다. 이 책의 I부는 주로 이러한 가능성을 탐색하고 확인해 주는 내용으로 구성되어 있다.

⌛ 앞서도 언급한 바 있듯이, 사실 일·생활 균형은 국가와 기업, 그리고 개인 차원의 노력이 함께 어우러져야 가능한 일이다. 우선은 장시간 근로체제에서 탈피할 수 있도록 법적, 제도적 보완이 계속 이루어져야 할 것이고, 또 기왕에 도입되고 있는 각종 일·생활 균형 지원 제도들 역시 좀 더 실효적으로 시행될 수 있도록 조치를 강구할 필요가 있어 보인다. 이렇듯, 제도의 도입이 물론 중요한 의미가 있기는 하지만, 그것만으로 충분할까?

구조와 행위가 함께 어우러져 실제 변화가 발생되고 또 변화의 방향이 결정되듯이, 제도의 효과 역시 그것을 운용하는 과정에서 여러 가지 비제도적 행동 요인에 의해 많이 영향을 받기 마련이다. 이런 취지에서, 이 책의 II부는 유연근무제도 등 일·생활 균형을 지원하는 가족친화제도의 효과를 실증해 봄과 동시에, 이러한 제도의 실효적 운용에 영향을 미치는 비제도적인 행동 요인의 중요성을 함께 강조하고 있다. 많은 경우, 공식 제도는 필요조건일 뿐, 충분조건은 아닐 수 있기 때문이다.

⌛ 이 책에 포함된 각 장의 글들은 저자가 그간 주요 학회지에 게재해 왔던 관련 논문들을 모아 엮은 것이다. 일·생활 균형은 국가의 정책적 차원이나 혹은 개별 기업의 경영과정에서 앞으로도 계속 추구되어야 할 미완의 과제이자 목표라고 할 수 있다. 따라서 이번 기회에 여전히 시의성이 큰 이 주제를 다루었던 그간의 연구들을 보완하여 한번 엮어 보는 것도 나름 의미있는 일이라 생각되었다.

각 장의 논문 출처는 아래에 별도로 밝혀두었다. 다만, 이 책의 출간 시점에 맞추어, 원래 논문의 일부 내용을 약간 수정하거나 혹은 보완한 부분이 있음을 밝힌다. 또 이 책의 일관성 있는 구성과 용어의 통일을 위해, 원래의 논문 제목이나 장, 절의 제목, 그리고 관련 용어들을 조금씩 수정한 부분도 있다. 아무쪼록 일·생활 균형이라는 이슈와 또 그것을 위한 인사·조직관리에 관심을 가진 분들에게 이 책의 내용이 조금이라도 도움이 되길 바란다. 더불어, 코로나 19로 인해 더욱 어려워진 경영 여건에도 불구하고, 기꺼이 이 책의 출간을 맡아주신 도서출판 두남에 대해서도 지면을 빌어 감사를 드린다.

2022. 9.

박 상 언

각 장의 출처

- 1장: "일-가정 갈등 맥락에서 개인차 요인의 역할에 대한 실증연구: 일 중심 성향(Work Centrality)의 주 효과와 조절 효과", 『인사조직연구』, 한국인사조직학회, 22(3): 33-61.
- 2장: "직장-가정 갈등이 심리적 안녕과 감정노동에 미치는 영향: 자원보존이론에 기반한 해석과 실증", 『조직과 인사관리연구』, 한국인사관리학회, 38(2): 81-111.
- 3장: "일-생활 균형(Work-Life Balance)과 직무만족 및 이직의도 간의 관계에 관한 실증연구", 『인적자원개발연구』, 한국인적자원개발학회, 14(1): 1-29.
- 4장: "모바일 기기 활용이 일-가정 갈등과 직무 및 가정소진에 미치는 영향: 요구-자원 이론과 일치 영역(Matching Domain) 관점", 『인적자원개발연구』, 한국인적자원개발학회, 23(2): 169-202.
- 5장: "가정친화제도의 효과성과 직장-가정 상호작용의 매개효과", 『경영학연구』, 한국경영학회, 42(2): 355-381.
- 6장: "유연근무제도의 활용과 상사의 가정 친화적 행동이 구성원의 일과 삶의 균형에 미치는 영향: 공식 제도와 비공식적 지원 행동의 결합 효과", 『조직과 인사관리연구』, 한국인사관리학회, 44(3): 29-51.

차 례

Contents

PART 01 일·생활 균형과 직무태도

Chapter 02_ 일-가정 갈등이 조직구성원의 심리적 안녕과 감정노동에 미치는 영향 | 55

Chapter 03_ 일·생활 균형과 직무만족 및 이직의도와의 관계 | 99

PART 02 일·생활 균형을 지원하는 제도 및 비제도 요인의 효과

Chapter 05_ 기업의 가족친화제도 운영과 일·생활 균형 | 181

Chapter 06_ 유연근무제도와 상사의 가정 친화적 행동 : 일·생활 균형을 위한 공식 제도와 비공식적 지원 행동의 결합 효과 | 225

01 PART

일·생활 균형과 직무태도

Chapter 01 _ 일 중심 성향(work centrality)과 일-가정 갈등 경험

Chapter 02 _ 일-가정 갈등이 조직구성원의 심리적 안녕과 감정 노동에 미치는 영향

Chapter 03 _ 일·생활 균형과 직무만족 및 이직의도와의 관계

Chapter 04 _ 모바일 기기 활용과 일·생활 균형

일·생활 균형이 중요한 이유는, 이 문제가 비단 조직구성원 개인의 심리적 안녕(psychological well-being)과 행복 추구에 도움이 되기 때문만이 아니라, 조직의 성과에도 실질적인 영향을 미칠 수 있기 때문이다. 조직성과에 미치는 이러한 영향은 구성원 개개인이 가지는 일에 임하는 자세나 열의, 그리고 소속 조직에 대한 자부심과 애정 등을 통해 나온다. 이런 취지에서, '**1부 일·생활 균형과 직무태도**'에서는 일·생활 균형이 조직구성원들의 직무관련 태도에 어떠한 영향을 미치는 지에 대해 다각도로 살펴보고 있다.

⌛ 직장인들이라면 누구나 직장이나 가정에서 비롯되는 여러 요구들로 인해 갈등을 경험한다. 이러한 일-가정 갈등은 일·생활 균형을 깨뜨리는 주요 원인이 된다. 하지만 같은 정도의 일-가정 갈등이라 할지라도 개인에 따라 이를 경험하는 정도는 다를 수 있다. 바로 개인차 요인 때문이다. 이러한 개인차 요인 가운데, 1장에서는 '일 중심 성향'(work centrality)에 주목하고 있다. 일 중심 성향에 따라 조직구성원이 일-가정 맥락에서 경험하는 일-가정 갈등의 정도가 달라질 수 있다면, 그에 따라 인사·조직관리는 어떻게 하는 것이 바람직할까? '**1장 일 중심 성향과 일-가정 갈등 경험**'은 바로 이러한 흥미로운 주제를 탐구하고 있다.

⌛ '**2장 일-가정 갈등이 조직구성원의 심리적 안녕과 감정노동에 미치는 영향**'은 일터에서 감정노동을 병행해야 하는 여성 간호사들을 대상으로, 일-가정 갈등의 경험이 어떠한 심리적 과정을 거쳐 이들의 감정노동 수행에 영향을 미치게 되는지를 분석해 보고 있다. 이를 위해, 2장에서는 특별히 자원보존이론(conservation of resources theory)이라는 유력한 조직행동이론이 주요한 배경이론으로 활용되고 있어 흥미와 설득력을 더해 준다. 즉 자원보존이론의 관점에서 볼 때 조직구성원이 일-가정 상호관계 속에서 느끼는 심리적 안녕의 정도는, 이들이 직장과 가정으로부터의 다양한 요구에 대처하는데 도움을 주며 또 직장에서 수행하는 감정노동의 질에도 영향을 미칠 수 있는 중요한 심리적 자원이자 정서적 자원일 수 있다는 것이다. 일련의 실증분석 결과를 기반으로, 2장은 일과 가정을 함께 돌보아야 하는 이들 전문서비스직 종사자들이 일·생활 균형을 도모하고 또 고객 접점에서 좀 더 진정성 있는 감정노동을 수행하도록 만들기 위해서는 평소 어떠한 인사·조직관리가 필요한지에 대해 제언하고 있다.

⌛ 일-가정 갈등 개념이 시사해 주듯이, 일 혹은 가정 영역 중 한 영역에서 느끼는 과도한 부담은 다른 영역에서의 활동에 지장을 초래하기도 하지만, 이와는 반대로 한 영역에서의 성공적인 대처 경험이 다른 영역에서의 문제해결에 큰 도움이 되기도 한다. 그래서 최근 일·생활 균형과 관련된 연구들에서는 기존의 일-가정 갈등(work-family conflict) 만이 아니라, 일-가정 향상(work-family enrichment)의 개념도 함께 연구하는 경우가 많아지고 있다. 일·생활 균형 문제를 온전하게 다루기 위해서는 양 측면의 통합된 접근이 필요하다는 취지이다. 바로 이러한 취지를 반영하여, **'3장 일·생활 균형과 직무만족 및 이직의도와의 관계'**는 일-생활 갈등 개념에 더하여, 일-생활 향상의 개념을 함께 도입, 측정하고 있다. 그래서 이 두 개념이 조직구성원들의 대표적인 직무관련 태도인 직무만족

및 이직의도와 어떠한 관계가 있는지를 실증해 보고 있다. 또한 3장은 일-생활 갈등과 일-생활 향상이 별도의 독립된 개념이기에, 조직이 구성원들의 일·생활 균형을 제대로 증진시키기 위해서는 비단 일-가정 갈등을 줄이는 것뿐만 아니라, 일-가정 향상을 함께 도모할 수 있는 다양한 인사·조직관리 대책이 필요함을 주장하고 있다.

⌛ 최근 직장이나 가정에서 스마트폰이나 태블릿 등 각종 모바일 기기를 활용하는 경우가 많아지고 있다. 범용화되다시피 한 이러한 모바일 기기의 활용은 이제 일터와 생활 영역 간의 전통적 경계를 무너뜨리고, 이들 영역을 필요에 따라 시·공간적으로 얼마든지 유연하게 축소, 확장 가능한 것으로 만들고 있다. 그래서 일면 생활의 유연성을 도모해 주는 편리한 점도 있지만, 다른 한편으로는 일의 영역이 생활 영역에까지 침범해 들어와 조직구성원들의 소진(burnout)을 가중시키는 부작용도 초래될 수 있다. **'4장 모바일 기기 활용과 일·생활 균형'**은 바로 이러한 최근의 경향을 반영한 연구이다. 4장은 요구-자원이론과 일치영역(matching domain) 관점에 기반하여, 직장과 가정에서의 모바일 기기 활용이 조직구성원의 일-가정 갈등은 물론, 직무소진과 가정소진에 어떠한 영향을 미치는지를 분석해 보고 있다. 이렇듯, 4장을 통해 우리는 모바일 기기의 활용 증가가 일·생활 균형에 어떠한 영향을 미치는지에 대한 흥미로운 연구결과와 시사점을 접해 볼 수 있을 것이다.

일 중심 성향(work centrality)과 일-가정 갈등 경험

Ⅰ. 머리말

최근 학계는 물론 기업계에서도 이른바 '일·생활 균형'(work-life balance) 이슈에 관한 관심이 크게 증가하고 있다. 이는 여성의 사회적 진출과 맞벌이 직장인의 증가 등으로 인해 노동시장내 인력구성이 점차 변화되어 가고 있고, 그에 따라 상당수 직장인들이 직장과 가정으로부터의 역할 요구에 갈등을 경험하는 경우가 많아져, 이것이 개인의 심리적 안녕에는 물론, 심지어 업무 성과에도 부정적인 영향을 줄 수 있다는 인식이 커지고 있기 때문일 것이다.

이러한 추세 변화를 배경으로, 그간 '일-가정 갈등'(work-family conflict)에 대한 연구도 많이 이루어져 왔다. 그리하여, 일-가정 갈등을 야기하는 선행 영향요인이나 혹은 조건에 대한 규명, 그리고 이러한 일-가정 갈등이 조직이나 직무관련 태도 및 성과에 미치는 영향적 측면에서 많은 연구 성과들이 축적되어 왔다(Byron, 2005; Demerouti et al., 2005; Eby et al., 2005; Frone, 2003; Greenhaus & Powell, 2003; Kossek & Ozeki, 1998 등). 하지만, 특히 일-가정 갈등의 선행 조건과 관련해서는, 근무조건 등 직무 상황적 요인과 함께, 성별, 결혼 및 맞벌이 여부, 미취학 자녀 등 조직 구성원 개인의 인구통계적 조건에 대한 분석이 많이 이루어져 온 반면, 구성원 개인의 기질이나 성향 등 다른 개인차 요인이 미치는 영향에 대해서는 상대적으로 그리 많은 연구가 이루어지지 못했다는 지적이 있어 왔다(Carlson & Kacmar, 2000, Carr et al., 2008).

이러한 취지에서, 본 연구에서는 일-가정 갈등 경험에 영향을 미칠 수 있는 개인차 요인으로서 구성원의 '일 중심 성향'(work centrality)에 대해 주목해 보려 한다. 그간 미시 사회학 분야에서는 이러한 일 중심 성향 관련 개념에 대한 연구가 있어 왔다(예를 들어, Mannheim, 1975, 1993; Mannheim & Dubin, 1986). 그렇지만 이러한 연구들은 구체적인 일-가정 갈등의 맥락에서 일 중심 성향 관련 개념을 다루었던 것은 아니었다. 또한 그간 비록 드물긴 했었지만, 일-가정 갈등 영역에서도 몇 몇 소수의 연구가 사람들의 일 중심 성향이나 혹은 일을 우선시 하는 가치 성향의 차이가 일-가정 갈등의 경험을 어떻게 다르게 지각하도록 만드는지를 분석한 전례가 있다. 하지만 이들 연구는 탐색적 차원에서 이루어진 연구였거나(Carlson & Kacmar, 2000), 혹은 주로 일에서 비롯된 갈등 요인에만 초점을 두고 분석한 한계가 있다(Carr et al., 2008).

따라서 본 연구에서는 우선 개인의 일 중심 성향이 직무만족과 조직몰입, 그리고 이직의향 등 조직 및 직무관련 태도와 어떠한 영향관계에 있는 지를 확인해 보고자 한다. 또 본 연구에서는 일-가정 갈등 개념을, 갈등을 야기하는 원천에 따라 일 영역이 가정 영역을 방해하는 일〉가정 갈등(work interfering family)과, 가정 영역이 갈등의 원천이 되는 가정〉일 갈등(family interfering work)이라는 양방향성을 갖는 개념으로 보고 이를 구분해 측정한 뒤, 개인의 일 중심 성향 면에서의 차이에 따라 일-가정 갈등이 조직 및 직무관련 태도에 미치는 영향에 있어서 어떠한 차이가 발생되는 지를 일-가정 갈등의 양방향성 차원에서 분석해 보고자 한다. 이러한 본 연구의 분석결과는, 그간 상대적으로 부족했다고 볼 수 있는 일-가정 갈등 맥락에서의 개인차 요인의 역할에 대해 의미 있는 발견과 논의를 더해 줄 수 있을 것으로 생각된다.

Ⅱ. 이론적 배경과 연구가설

2.1 일-가정 갈등(work-family conflict): 개념, 선행 영향 요인, 그리고 결과

여성의 경제 및 사회활동 참여가 늘어나고 맞벌이 직장인이 많아지면서, 과거와는 달리 많은 직장인들이 직장에서의 요구뿐만 아니라 가정의 역할 요구를 마찬가지로 중요하게 고려해야만 입장에 처하게 되었다. 이러한 상황 변화를 반영하듯, '일·생활 균형'이 학계와 기업계의 새로운 화두로 부상하면서, 이를 저해하는 한 원인으로서 '일-가정 갈등'(work-family conflict, 이하 WFC)에 대한 많은 연구가 축적되어 왔다.

그간 WFC 관련 이슈는 주로 역할이론(role theory)에 기반해 설명되어져 왔다(Grandey & Cropanzano, 1999). 그리하여 WFC 개념 역시 '일과 가정 영역으로부터의 역할 압력이 여러 측면에서 서로 양립할 수 없을 때 발생되는 역할 갈등의 한 형태'로 정의되어져 왔다(Greenhaus & Beutell, 1985: 76). 즉 직장에서의 역할로부터 비롯되는 여러 요구가 가정에서의 역할 요구와 상충됨으로 인해서 생기는, 일종의 역할갈등의 하나로서 WFC를 인식해 온 것이다. 또 굳이 자원보존이론(conservation of resources theory)의 설명 프레임에 의존하지 않더라도 충분히 예상해 볼 수 있듯이, 궁극적으로 이러한 WFC는 사람들이 가진 여러 자원들이 제한되어 있기 때문에 발생된다고 볼 수 있다(Hobfoll, 1989; Wright & Hobfoll, 2004). 즉 WFC는 일과 가정 영역의 상이한 여러 요구에 대처하고 또 주어진 역할을 효과적으로 수행하기 위해 필요한 물질적, 정서적, 인지적 자원의 제약이 있기 때문에 발생되는 것이다. 자신이 가진 제반 물적, 정신적 자원은 한정되어 있는데 비해, 일과 가정 영역에서 발생되는 경쟁적인 역할 요구가 지나치게 늘어나거나 혹은 서로 상충되는 경우가 많아지면, 사람들은 이 과정에서 대개 심리적 갈등을 경험하게 되기 쉽고, 경우에 따라서는 각종 스트레스와 소진을 경험할 수도 있게 되는 것이다(Edwards & Rothbard, 2000; Frone et al., 1992).

지금까지 WFC와 관련한 선행 연구들은 이에 영향을 미치는 선행 조건들과 그 결과적 측면 등 크게 두 측면으로 나누어 볼 수 있다(박상언·신다혜, 2011). 먼저, WFC에 영향을 미치는 선행 영향요인들(antecedents)로는, 그간 많은 연구자들이 근무시간이나 업무부하, 그리고 역할 특성 등 직무 상황적 요인과 함께, 각종 인구통계적 변수와 같은 개인차 요인에 주목해 왔음을 알 수 있다(Aryee, 1992; Byron, 2005; Eby et al., 2005; Frone, 2003; Greenhaus & Powell, 2003 등). 이 가운데 WFC에 유의한 영향을 미친 것으로 확인된 주요 인구통계적 변수들로는, 성별과 미취학 자녀의 수, 배우자 취업 여부, 고용불안정성 등을 들 수 있다.

WFC로 인한 결과(outcomes)적 측면에 대한 연구 역시 그간 WFC 관련 연구의 한 축을 형성해 왔다. 이에는, 무엇보다 WFC가 개인 차원의 건강과 심리적 안녕에 미치는 부정적 영향을 지적한 연구들이 많다. 앞서 언급한 데로, WFC는 당사자에게 심리적 불편함이나 긴장(strain)을 초래하게 되는 역할 갈등의 하나로 볼 수 있다. 이러한 차원에서 그간의 많은 선행연구들은, 사람들이 WFC를 지속적으로 경험하게 될 경우 이는 일과 가정에서의 역할 수행 과정에서 당사자에게 많은 스트레스를 야기하게 되고, 이러한 스트레스로 인해 결국 소진 등 심리, 생리적 차원의 건강과 안녕이 훼손될 가능성이 많음을 확인해 주었다(Allen & Armstrong, 2006; Allen et al., 2000; Demerouti et al., 2005; Frone et al., 1997; Kinnunen & Mauno, 1998; 박상언, 2014; 박상언 · 신다혜, 2011 등). 뿐만 아니라 WFC는 개인의 여러 생활만족도 면에서도 결코 긍정적이지 않다는 연구결과가 함께 제기되어 왔다. 연구대상이 된 응답자의 직업집단의 차이에 따라 다소 차이가 있기는 했지만, 지금까지의 연구들은 대체로 WFC가 조직구성원이 느끼는 결혼생활 만족이나 가족생활 만족에 대해 부정적인 영향을 미치는 요인임을 실증해 주었다(Frone et al., 1992; Netemeyer et al., 1996; 장재윤 · 김혜숙, 2003 등).

아울러, WFC가 조직효과성에 미치는 영향에 대해서는 지금까지 더욱 많은 연구가 제기되어 왔다. 이들 연구에 의하면, WFC는 직무만족이나 조직몰입, 그리고 이직의향 등 개인의 조직 및 직무관련 태도로 대변되는 주관적인 심리적 성과 차원뿐만 아니라, 여러 객관적인 지표로 측정된 조직의 실제 성과 측면에도 부정적인 영향을 미친다는 사실이 확인되었다(Adams et al., 1996; Frone et al., 1992, 1997; Gray, 1989; Kossek & Ozeki, 1998; 강혜련 · 최서연, 2001; 임효창 외, 2005 등).

한편, 최근 들어 WFC를 다루는 많은 연구들은 일과 가정 중 갈등의 원천이 어디냐에 따라 이를 구분하여 개념화하는 경우가 많아지고 있다. 즉 일 영역이 가정 영역에 영향을 미치는 갈등 측면은 일〉가정 갈등(work interfering family, 이하 WIF)으로, 또 가정 영역이 일 영역에 영향을 미치는 갈등 측면은 가정〉일 갈등(family interfering work, 이하 FIW)으로 구분하고, 이러한 두 방향성에 따른 WFC의 영향을 좀 더 세밀하게 살펴보기 시작하고 있다(Frone, 2003; Gutek et al., 1991; Netemeyer et al., 1996, 2005; 박상언·신다혜, 2011 등). 또한 이러한 그간의 실증연구들에 기반했던 한 메타연구에 의하면, 이처럼 갈등의 원천에 따라 구분되는 두 개념인 WIF와 FIW는 서로 간 변별타당성을 갖는다는 사실이 통계적으로 확인되기도 했다(Mesmer-Magnus & Viswesvaran, 2005).

아울러 양방향의 WFC를 모두 측정하여 연구했던 그간의 여러 선행 연구들에 따르면, WIF와 FIW 등 두 WFC 개념은 상호 영향을 주는 전이관계에 있을 뿐만 아니라, 일반적으로 조사대상자들에게 있어서 WIF가 FIW보다 좀 더 크게 지각되어 나타나는 경우가 많아, 일과 가정 등 두 영역에서 비롯되는 WFC 간의 전이가 어느 정도 비대칭적이라는 사실이 시사되었다(Anderson et al., 2002; Eagle et al., 1997; Frone et al., 1992; Gutek et al., 1991 등). 또 개인 건강이나 심리적 안녕, 그리고 직무태도와 직무성과 등 여러 결과변수를 예측함에 있어서도, 일 영역에서 비롯되는 갈등인 WIF는 가정 영역을 원천으로 하는 FIW보다 대개 더 많은 분산을 설명해 주는 것으로 확인되었다(Frone et al., 1992; Kinnunen & Mauno, 1998). 또한 충분히 예상할 수 있듯이, 갈등의 원천이 가정 영역인 FIW는 그간의 연구들에서 주로 가족관련 변수들과 많은 상관을 보인 반면, 일 영역이 갈등의 원천인 WIF는 직장관련 변수들과 더 큰 연관성을 갖는 것으로 보고되어 왔다(Mesmer-Magnus & Viswesvaran, 2005).

2.2 개인차 요인의 영향: 일 중심 성향(work centrality)의 주 효과와 조절효과

이렇듯, 지금까지 WFC와 관련하여 그 선행 영향요인과 결과에 대한 많은 연구 성과들이 축적되어 왔었지만, 조사대상자의 인구통계적 조건 이외의 다른 개인차 요인이 WFC 맥락에서 어떠한 역할을 수행하는 지를 살펴본 연구는 상대적으로 드물었다고 할 수 있다. 이러한 취지에서 본 연구가 주목해 보고자 하는 개인차 요인이 바로 조직구성원의 '일 중심 성향'(work centrality)이다.

일 중심 성향이란, '생에 있어서 일이 차지하는 중요성에 대해 본인이 갖고 있는 신념'으로 정의될 수 있다(Paullay et al., 1994: 225). 즉 개인의 생에 있어서, 일이나 혹은 일의 영역이 차지하는 중요성에 대해 본인의 가치 판단이 반영된 개념이 바로 일 중심 성향이라 할 수 있다. 원래, 가치(value)는 바람직한 행동 양식이나 혹은 선호되는 존재 상태와 관련하여 개인이 갖고 있는 신념을 의미한다(Rokeach, 1973). 또한 가치는 특정 상황에 구애받지 않는 지속성을 갖고 있어서, 쉽게 변하지 않는 특징이 있다. 따라서 가치는 개인이 형성해 가지는 태도나 행동의 기반이 되면서, 그가 특정 상황에서 어떻게 결정하고 행동해야 하는지에 영향을 미치는 중요한 지침으로서의 역할을 한다(Meglino & Ravlin, 1998). 그 결과, 가치는 본인의 자기 정체성이나 자기 이미지 형성에 있어서도 중요한 영향을 미친다. 즉 가치는 무엇이 중요하며, 또 무엇이 우선되어야 하는 지를 판단함에 있어서 일종의 기준을 제공하기 때문에, 한 개인의 성격을 통합 및 완성하고, 자신의 행동 스타일을 규제해 가는데 중요한 역할을 하게 되는 것이다(Posner & Munson, 1979).

이처럼, 일이나 혹은 일 영역의 중요성에 대해 본인이 갖고 있는 신념 혹은 가치가 반영된 개념이 바로 일 중심 성향이기 때문에, 각 개인이 지닌 일 중심 성향은 일-가정 맥락에서도 각자의 태도나 행동을 이끄는 인지와 판단에 중요한 영향을 미칠 수 있다. 가치는 행동을 동기화하고, 특정한 상황이나 맥락에서 자신이 해야 할 역할들의 우선순위를 규정하는 기반이 되기 때문이다(Schwartz, 1994). 이를테면, 한 개인이 강한 일 중심 성향을 갖고 있을 경우, 그에게 있어서 일은 가장 선차성을 가지는 활동이 되기 쉽고, 그러한 기준에 의거하여 일과 가정 영역에서의 자신의 역할과 자원 배분의 우선순위를 결정해 가게 될 것이다. 뿐만 아니라, 한 사람이 상이한 가치를 동시에 추구하는 것은 여러 면에서 갈등을 야기하기 쉽다(Schwartz, 1992; Smelser, 1998). 경쟁적인 가치들 간에 우선순위를 정하는 것도 쉬운 일이 아니지만, 자원이나 노력 등의 제약으로 인해 그러한 가치들을 동시에 추구하는 것이 현실적으로 쉽지 않을 수 있기 때문이다. 이런 점에서 볼 때, 일 중심 성향 면에서의 개인 간 차이는, 곧 일과 가정 영역에서 빚어지는 역할 갈등의 경험을 사람마다 서로 다르게 지각하도록 만드는 한 요인이 될 수 있다.

지금까지 일을 우선시 하는 이러한 신념이나 가치에 대해서는 'central life interest in work'(Dubin et al., 1975), 'work centrality'(Mannheim, 1975, 1993), 'work role centrality'(Mannhein & Dubin, 1986) 등의 다양한 이름으로 연구가 진행되어 왔다. 초기의 이런 연구들은 여러 직업군에 따라 일을 우선시 하는 개인의 신념이나 성향 면에서 어떤 차이가 나타나는지, 그리고 이러한 일 중심 성향이 조직이나 직무관련 태도 면에서 어떠한 차이를 야기하는지 등을 주로 조사하였다. 한 예로, Dubin 등의 연구에 따르면, 일에 대해 생의 중심 가치(central life interest in work)를 더 크게 두고 있는 사람일수록 자신이 속한 조직에 대한 몰입이 더 높았고, 또 맡은 직무에 대한 책임성이나 조직 내 승진에 대한 전망 등 제반 직무 여건에 대한 인식도 더욱 긍정적인 것으로 나타났다(Dubin et al., 1975). 또 가정 영역보다 일 영역에 대해 더 큰 중심성(work-family centrality)을 두는 사람일수록, 직무만족과 조직몰입 등 직무관련 태도가 더욱 긍정적으로 나타난 것은 Carr 등(2008)의 비교적 최근 연구에서도 마찬가지로 확인된 바 있다. 따라서 일단 본 연구에서도 조직 구성원이 가진 일 중심 성향이 직무만족과 조직몰입, 그리고 이직의향 등 3가지 조직 및 직무관련 태도에 미치는 주 효과에 대해서는 다음과 같은 가설을 설정하고 이를 재확인해 보고자 한다.

가설 1. 조직 구성원의 일 중심 성향은 직무만족과 정(+)의 영향 관계에 있을 것이다.

가설 2. 조직 구성원의 일 중심 성향은 조직몰입과 정(+)의 영향 관계에 있을 것이다.

가설 3. 조직 구성원의 일 중심 성향은 이직의향과 부(-)의 영향 관계에 있을 것이다.

일 중심 성향과 관련된 개념을 다룬 초기 연구들이 일반적인 직무관련 태도에 미치는 영향 차원에서 주로 이 개념들을 고찰해 왔었다면, 아직 수적으로 희소한 편이지만 최근의 몇 몇 연구들은 이러한 일 중심 성향 개념을 구체적인 WFC 맥락에 적용해 보기 시작하였다. 비록 '생의 역할 가치'(life role values)란 다소 생경한 이름하에 측정하고 있지만, 이러한 일 중심 성향 관련 개념을 WFC 영역에서 다룬 사실상 최초의 연구로는 Carlson & Kacmar(2000)을 들 수가 있다. 이들에 따르면, 개인의 WFC 관련 경험은 자신이 갖고 있는 독특한 가치 성향에 따라 조금씩 다를 수 있다. 그래서 가정 영역보다 일 영역에 대한 생의 역할 가치를 더 크게 두고 있는 사람이라면, 자신이 가치를 크게 부여하고 있지 않은 가정 영역의 여러 선행요인들이 WFC를 야기하는 주 원인으로 귀인되기 쉽고, 따라서 이들은 일에서 비롯되는 역할갈등인 WIF보다 가정에서 비롯되는 역할 갈등인 FIW에 대해 더욱 민감하게 반응하기 쉽다. 일에 대해 우선적인 가치를 부여하는 사람은 일로부터 비롯되는 갈등요인들과 그 영향에 대해서는 다소 허용적인 반면, 가정 영역에서 비롯되는 갈등 요인에 대해서는 민감하다는 것이다.

반면에, 일보다는 가정 영역에 대해 더 큰 생의 역할 가치를 부여하고 있는 사람이라면, 동일한 이유로 인해(즉 자신이 가치를 덜 두고 있는 일 영역의 여러 선행 요인들이 WFC를 야기하는 주 원인으로 귀인되기 쉽고, 따라서) 이들은 일 영역에서 비롯되는 역할갈등인 WIF를 더 크게 지각하는 경향이 있을 것으로 추론해 볼 수 있다. 비록 명시적인 가설을 설정해 연구한 것은 아니었지만, 미국의 주정부 공무원들을 대상으로 한 Carlson & Kacmar의 탐색적인 연구는 이러한 예측을 지지하는 실증분석 결과를 보여주었다(Carlson & Kacmar, 2000).

한편, WFC 맥락에서 일 중심 성향이 수행할 수 있는 조절효과에 대해서는 Carr 등의 연구(2008)에서 더욱 확연한 결과를 관찰할 수 있다. 이들 역시, 일반적으로 본인이 가치나 중심성을 크게 부여하는 영역보다는, 그러한 가치나 중심성을 상대적으로 낮게 두는 영역이 WFC를 야기하는 원인으로 더 쉽게 귀인될 것이라는 논거를 제시하였다. 그리하여 가정 역할보다 일 역할에 더 큰 가치를 두는 사람은, 자신이 경험하는 WFC가 주로 가정으로부터의 역할 요구 때문이라고 지각하게 되기 쉽고, 그 결과 이처럼 일 중심 성향이 큰 사람에게 있어서는 일에서 비롯된 갈등인 WIF가 소속 조직이나 직무관련 태도에 미칠 수 있는 부정적인 영향들이 완화되어 나타날 것으로 기대하였다. 실제로 이들의 실증연구에서는 일 중심 성향의 이러한 조절효과가 조직몰입에 대해서는 확인되지 않았지만, 직무만족과 이직의향에 대해서는 예측한 결과가 나타난 바 있다(Carr et al., 2008)

일 중심 성향의 이러한 조절효과를 실증해 보기 위해서는, WFC가 조직 및 직무관련 태도에 미치는 부정적인 영향관계가 먼저 확인될 필요가 있다. 하지만 WFC가 직무만족과 조직몰입, 그리고 이직의향 등 조직 및 직무관련 태도에 미치는 부정적인 차원의 영향은 앞서 언급했던 많은 국내외 선행연구들이 이를 입증해 왔던 연구과제라 할 수 있다.

따라서 본 연구에서는 WFC가 조직 및 직무관련 태도에 미치는 영향에 대해서는 분석은 시행하되, 별도의 가설을 설정하는 작업은 생략하고자 한다. 대신, WFC와 조직 및 직무관련 태도 간의 관계에 있어서 구성원이 가진 일 중심 성향의 조절효과에 연구의 초점을 맞추고, 이를 다음과 같이 가설화하여 실증해 보기로 한다. 특히 앞서 예시한 Carr 등의 연구(2008)에서는 두 방향의 WFC 개념 가운데 일 〉가정 갈등인 WIF 만을 측정하여 가설검증을 했던 점을 감안하여, 본 연구에서는 WIF는 물론, FIW 등을 함께 측정한 뒤, 일 중심 성향의 조절효과를 WFC의 방향성에 따른 가설로 세분화하여 설정하고 이를 실증해 보고자 한다.

가설 4. 구성원의 일 중심 성향은 일-가정 갈등과 직무만족 간의 영향관계를 조절할 것이다. 즉 일 중심 성향이 큰 사람일수록, 일〉가정 갈등(WIF)이 직무만족에 미치는 부정적 영향이 완화되어 나타나는 반면(가설 4-1), 일 중심 성향이 작은 사람일수록 가정〉일 갈등(FIW)이 직무만족에 미치는 부정적 영향이 완화되어 나타날 것이다(가설 4-2).

가설 5. 구성원의 일 중심 성향은 일-가정 갈등과 조직몰입 간의 영향관계를 조절할 것이다. 즉 일 중심 성향이 큰 사람일수록, 일〉가정 갈등(WIF)이 조직몰입에 미치는 부정적 영향이 완화되어 나타나는 반면(가설 5-1), 일 중심 성향이 작은 사람일수록 가정〉일 갈등(FIW)이 조직몰입에 미치는 부정적 영향이 완화되어 나타날 것이다(가설 5-2).

가설 6. 구성원의 일 중심 성향은 일-가정 갈등과 이직의향 간의 영향관계를 조절할 것이다. 즉 일 중심 성향이 큰 사람일수록, 일〉가정 갈등(WIF)이 이직의향에 미치는 긍정적 영향이 완화되어 나타나는 반면(가설 6-1), 일 중심 성향이 작은 사람일수록 가정〉일 갈등(FIW)이 이직의향에 미치는 긍정적 영향이 완화되어 나타날 것이다(가설 6-2).

이상의 연구가설들을 반영한 연구모형을 그림으로 나타내면 다음 [그림 1-1]과 같다.

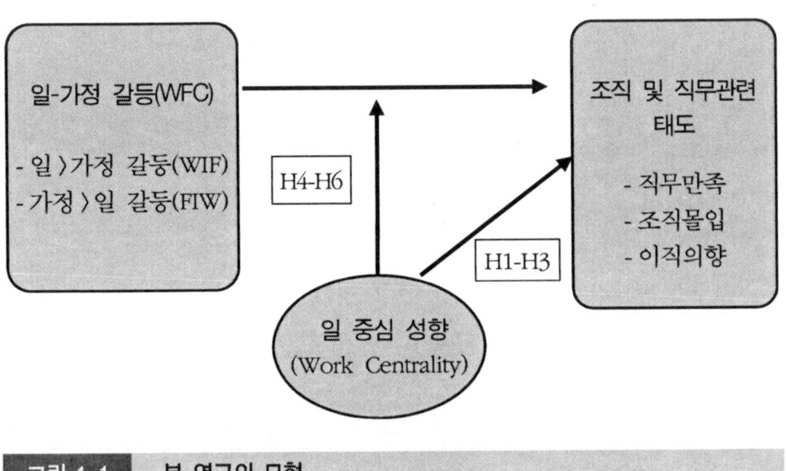

그림 1-1 본 연구의 모형

Ⅲ. 연구방법

3.1 표본조직과 자료수집

이러한 가설들을 검증하기 위하여, 본 연구에서는 전자업계에 종사하는 S기업의 사원들을 대상으로 설문조사를 실시하였다. 1983년에 설립된 S사는 국내 굴지의 반도체 제조업체로서, 메모리 반도제 제조 기업으로서는 세계적인 경쟁력을 갖고 있는 대기업이다. 뿐만 아니라, 평소 '함께 더불어 성공하는 성공공동체' 정신을 바탕으로, 사원의 일과 가정, 지역사회와의 조화를 통해 삶의 질을 향상시키고, 장기적으로 지속가능한 기업과 사회 만들기를 표방해 온 기업이다.

따라서 국내 타 기업보다 사원들의 일-가정 균형을 제고시키기 위한 차원의 휴가제도와 근로자 복지차원의 각종 지원제도(자녀 학자금 및 경조사비 지원, 미취학 자녀 어린이집 위탁, 종합건강검진 서비스, 의료비 지원, 상담서비스, 임직원을 위한 각종 캠프 프로그램 등) 등 가정친화 인사제도(Family Friendly Policies)들을 많이 도입, 운영하고 있는 편이라고 볼 수 있다. 또 이러한 노력으로 인해, 전자업계 최초로 여성가족부가 시행하는 가족친화인증기업으로 선정되기도 했다.

하지만 반도체 산업의 특성상 외부 경기에 민감한 수익구조를 갖고 있으며, 따라서 수익성 제고 차원에서 지속적인 생산성 및 수율향상 노력은 물론, 신제품 및 신소자 개발 등 혁신을 추구하는 노력들이 최근 일층 강화되어 요구되고 있다. 그로 인해 사원들이 체감하는 근무 조건이나 조직 분위기가 과거보다 훨씬 '경쟁적'으로 변하고 있다는 응답이 많았다(일부 사원들에 대한 인터뷰 결과).

설문지는 총 500부가 배포 되었으며, 회수된 설문 중 중심화 경향이 강하거나 불성실한 응답 설문지를 제외하고 최종적으로 293부가 분석에 활용되었다. 연구대상자의 인구통계학적 분포를 간단히 살펴보면, 먼저 남성(50.9%)과 여성(48.8%)의 구성비는 비슷한 편이며, 연령대로는 20대(33.1%)와 30대(50.9%)가 주를 이루고 있다. 기혼자(63.2%)가 미혼자(36.5%)보다 더 많으며, 기혼자들 가운데 배우자의 직업이 있는 경우가 68.1%로서 맞벌이 응답자가 많은 편이었다. 응답자의 직종에 있어서는 기술/사무관리직(55.7%)과 전임직(즉 생산직)(41.6%)이 비슷한 분포를 이루고 있고, 직급은 사원급(45.7%), 선임급(31.1%), 책임급(17.4%) 순으로 나타났다. 고용형태에 있어서는 응답자 전원이 정규직 사원들이었다.

3.2 변수의 측정

3.2.1 일-가정 갈등(work-family conflict)

일-가정 갈등은 직장과 가정에서 비롯되는 역할요구를 상호 양립시키기 어려울 때 발생되는 일종의 역할갈등을 의미한다. 본 연구에서는 Gutek et al.(1991)과 Frone et al.(1992)이 개발한 설문을 본 연구에 맞게 수정하여 활용하였다. 또한 본 연구에서는 WFC의 방향성을 고려하여 이를 WIF와 FIW로 구분해 각기 5문항씩 측정하였으며, 문항간 신뢰도는 각각 .841과.789로 확인되었다. 구체적인 설문 예시는 요인분석 결과를 정리한 〈표 1-1〉에서 찾아볼 수 있으며, 모든 문항들은 5점 척도로 측정되었다.

3.2.2 일 중심 성향(work centrality)

일과 가정은 사람들의 생을 구성하는 두 가지 중요한 영역이라 볼 수 있다. 일 중심 성향은 그 가운데 본인의 일이나 혹은 일 영역을 더 우선시하는 성향을 의미한다. 이러한 일 중심 성향을 측정하는 설문 가운데, Paullay 등(1994)이 개발한 것은 가정 영역에 대한 상대적 고려가 없이 일 영역 그 자체에만 초점을 두고 측정한 특징이 있다. 따라서 본 연구에서는 응답자의 생에 있어서 일과 가정 영역이 차지하는 상대적인 중요성과 중심성을 포착하기 위해, Carr 등(2008)이 활용한 설문을 참조하였다. 그 결과, 본 연구에서 활용된 설문 문항은 '인생의 목표는 가족보다 일에 중심이 두어져야 한다고 생각한다', '전반적으로 가족보다는 일이 내 존재의 중심이 되어야 한다고 생각한다'(〈표 1-1〉의 설문 내용 참조)와 같이, 설문 문항에 일과 가족이 동시에 명시되어 응답시 두 영역의 중요성이나 중심성이 상대적으로 비교가 되도록 설계되었다. 총 4문항으로 측정되었으며, 신뢰도는 .759로 나타났다.

3.2.3 조직 및 직무관련 태도 변수들

직무만족은 직무에 대한 태도의 하나로서, 직무로부터 경험되거나 유래되는 욕구충족의 정도를 의미한다. 본 연구에서는 Hackman & Oldham(1975)의 문항을 이용하여, 본 연구에 맞게 수정하여 측정하였다. 총 3문항으로 구성되었고, 신뢰도는 .806으로 나타났다.

조직몰입은 자신이 속한 조직에 대한 일체감과 몰입정도를 의미한다(Allen & Meyer, 1990). 조직몰입은 일반적으로 정서적 몰입, 지속적 몰입, 규범적 몰입으로 구분된다. 본 연구에서는 이처럼 다차원적 개념인 조직몰입 중, 그 내용상 조직몰입의 정의를 가장 잘 반영하고 있다고 볼 수 있는 정서적 몰입에 한정하여 조직몰입을 측정하였다. 본 연구에서는 Mowday 등(1979)이 개발한 문항들 가운데 총 4문항으로 측정하였다. 신뢰도는 .720으로 확인되었다.

이직의향은 회사를 그만두고 싶어 하는 태도를 가리키는 개념이다. 본 연구에서는 Price & Mueller(1986) 등을 참조하여, 총 3문항을 5점 척도로 측정하였다. 이들 문항의 신뢰도는 .824로 나타났다.

〈표 1-1〉은 이러한 전체 연구변수들의 구성타당도(construct validity)를 확인하기 위해 요인분석을 실시한 결과를 요약해 주고 있다. 요인분석방법으로는 주성분분석법(principal components analysis)을 사용하였으며, 직교회전(varimax) 방식에 의해 아이겐 값(eigen value)이 1 이상인 요인만을 선택하였고, 요인적재치(factor loading)는 0.5 이상인 경우 유의적인 것으로 판단하였다. 요인분석 결과, 설문문항들은 원래 측정하고자 했던 6개의 요인들로 잘 묶여 적재되었고, 따라서 모든 변수들이 구성타당도가 있는 것으로 확인되었다.

표 1-1	연구변수들에 대한 요인분석 결과

문항	요인1 WIF	요인2 FIW	요인3 일 중심 성향	요인4 조직 몰입	요인5 직무 만족	요인6 이직 의향
• 직장 일로 인한 압박감 때문에, 하고 싶은 취미활동을 제대로 할 수가 없음.	.769					
• 과도한 업무로 인하여, 가족과 많은 시간을 보내지 못함	.756					
• 직장 일에 쏟아야 하는 시간 때문에, 집안일을 제대로 돌보기 어려움.	.755					
• 직장 일 때문에, 가족들에 대한 책임을 제대로 수행하지 못함.	.732					
• 직장 일 때문에, 가족행사나 가족과 함께 하는 활동에 제대로 참여할 수가 없음.	.693					
• 가정에서의 책임을 이행하는 시간 때문에, 직장과 관련된 활동들에 방해를 받음.		.800				
• 가족이나 배우자가 요구하는 것이 너무 많아, 내가 직장에서 하기 원하는 것들을 제대로 할 수가 없음.		.719				
• 가정생활로 인한 긴장과 근심이 직장 내 업무수행 능력을 떨어뜨림.		.686				
• 가족이나 배우자의 요구 때문에, 직장 일에 집중하기가 힘듦.		.675				
• 가정을 돌보기 위한 시간 때문에, 업무를 위한 시간을 충분히 확보하기 어려움.		.587				

문항	요인1 WIF	요인2 FIW	요인3 일 중심 성향	요인4 조직 몰입	요인5 직무 만족	요인6 이직 의향
• 가족보다는 일이 생활의 중심이어야 한다.			.821			
• 전반적으로 가족보다는 일이 내 존재의 중심이 되어야 한다고 생각한다.			.773			
• 인생의 목표는 가족보다 일에 중심이 두어져야 한다고 생각한다.			.690			
• 내 인생의 주된 만족은 가족보다는 일에서 온다.			.675			
• 나는 내가 우리 회사의 일원임을 자랑스럽게 느낀다.				.748		
• 나는 우리 회사에 대해 강한 소속감을 느끼고 있다.				.742		
• 나는 우리 회사의 발전에 도움이 된다면, 어떤 노력도 아끼지 않겠다.				.693		
• 나는 우리 회사가 마치 가족처럼 친근하게 느껴진다.				.564		
• 나는 지금 하고 있는 내 일이 대체로 만족스럽다.					.806	
• 나는 가능하다면 지금 하고 있는 일을 그만하고, 다른 일로 바꾸고 싶다.*					.769	
• 전반적으로 볼 때, 나는 지금 하는 일에 매우 만족한다.					.702	
• 기회만 닿는다면, 나는 이 회사를 그만두고 다른 직장을 구했으면 한다.						.703

문항	요인1 WIF	요인2 FIW	요인3 일 중심 성향	요인4 조직 몰입	요인5 직무 만족	요인6 이직 의향
• 나는 남은 직장생활을 기꺼이 이 회사에서 보내고자 한다.*						.687
• 나는 다른 직장으로 옮기고 싶다는 생각을 자주 한다.						.651
고유값(Eigen Value)	5.837	3.740	2.233	1.462	1.070	1.031
설명분산(%)	24.322	15.583	9.305	6.091	4.460	4.298
누적분산(%)	24.322	39.904	49.210	55.301	59.761	64.059

(*)표시는 역척도 문항으로서, 반대 방향으로 recode하여 처리하였음.

한편, 본 연구에서는 독립변수와 조절변수, 종속변수 등 모든 변수들을 동일한 정보원천으로부터 측정하였기 때문에, 이른바 동일방법 사용문제(common method variance)가 개재되었을 가능성이 있다. 이를 확인하기 위해 Harman의 단일요인 검증(Harman's one-factor test)을 실시하였다. 이 방법의 기본 가정은 동일방법 오류로 인한 문제가 존재하는 경우, 요인분석의 결과로 단일 요인이 나타나거나 혹은 단일 요인이 전체 분산의 상당부분(50% 이상)을 설명하게 된다는 것이다(Podsakoff et al., 2003).

하지만 앞서 〈표 1-1〉에서 확인할 수 있었듯이, 모든 설문 문항들은 연구변수의 수와 동일한 총 6개의 요인으로 적재되었는 바, 이 6개 요인들은 전체 변량의 64.1%를 설명하는 것으로 나타났다. 또 요인의 수를 1로 한정하여 분석을 실시하였을 때, 단일 요인이 설명하는 변량은 24.3%에 그치는 것으로 확인되었다. 이러한 결과에 비추어 볼 때, 동일방법 사용문제로 인해서 연구결과가 왜곡될 가능성은 크지 않다고 판단되었다.

3.2.4 통제변수

응답자들의 인구통계학적 특성들이 WIF와 FIW 등 본 연구의 측정치들에 대하여 일정한 영향을 미칠 수 있으므로 분석시 이들을 통제할 필요가 있다. 본 연구에서는 응답자의 성별, 연령, 결혼여부, 배우자 직업 유무, 미취학 자녀의 유무, 근속년수, 직종, 직급을 통제변수로 활용하였다.

Ⅳ. 분석 결과

4.1 기초통계 분석

가설검증에 앞서, 본 연구에서 측정된 변수들의 평균과 표준편차, 그리고 변수들 간의 상관관계를 살펴보면 〈표 1-2〉와 같다. 전반적으로 핵심 연구변수들의 상관관계가 대부분 예측한 방향을 보여주고 있는 가운데, 본 연구대상 조직의 응답자들 역시 앞서 WFC에 관한 선행연구 고찰에서 확인한 바와 같이 WIF를 FIW보다 더 크게 지각하고 있음을 알 수 있다. 또한 직급이 높을수록 일 중심 성향이 유의적으로 더 크게 나타나고 있는 가운데(r=.131, p〈.05), 일 중심 성향이 큰 사람일수록 두 가지 방향의 WFC 중 WIF와는 별다른 유의적 상관관계를 보이지 않는 반면, FIW는 더 크게 지각하고 있음을 알 수 있다(r=.375, p〈.01).

일 중심 성향과 WIF 및 FIW 등 두 WFC 변수들 간에 확인할 수 있는 이러한 상관관계 양상은, 앞서 논한 바 있는 본 연구의 가설 도출 논거를 간접적으로 뒷받침해 주는 결과로 생각된다. 즉 가정 영역보다 일 영역에 더 우선적인 가치를 두는 성향의 사람은, 일 영역에서보다 자신이 상대적으로 가치를 덜 부여하고 있는 가정 영역에서 비롯된 갈등을 더 크게 지각하는 경향이 있음을 관찰해 볼 수 있다.

표 1-2 연구변수들 간의 상관관계 (N=293)

구분	평균	표준편차	(1)	(2)	(3)	(4)	(5)	(6)	(7)	(8)	(9)	(10)	(11)	(12)	(13)	(14)
(1) 성별	.49	.501	1.00													
(2) 결혼여부	.37	.483	.140*	1.00												
(3) 배우자 직업 유무	.56	.498	-.217**	.641**	1.00											
(4) 미취학 자녀 유무	.44	.498	-.094	-.684**	-.431**	1.00										
(5) 연령	31.91	6.050	-.486**	-.545**	-.157**	.409**	1.00									
(6) 근속년수	9.26	6.237	-.106	-.513**	-.247**	.413**	.805**	1.00								
(7) 직종	.45	.525	.401**	-.100	-.224**	.066	-.078	.222**	1.00							
(8) 직급	.52	.501	-.416**	-.345**	-.064	.282**	.641**	.459**	-.383**	1.00						
(9) WFC	3.01	.816	-.222**	.044	.085	-.027	.040	-.087	-.205**	.078	1.00					
(10) FWC	2.30	.673	-.076	-.094	-.106	.092	.081	.028	-.044	.121*	.357**	1.00				
(11) 일 중심 성향	2.28	.719	-.051	.027	.024	-.028	.045	.005	-.054	.132*	.017	.375**	1.00			
(12) 직무만족	3.28	.762	.011	-.117*	-.075	.047	.111	.127*	.125*	.059	-.370**	-.142*	.118*	1.00		
(13) 조직몰입	3.39	.600	-.107	-.062	.007	.021	.143*	.120*	-.005	.063	-.178**	-.128*	.155**	.530**	1.00	
(14) 이직의향	2.68	.871	-.015	.150*	.090	-.111	-.115*	-.156**	-.146*	.002	.447**	.132*	-.159**	-.601**	-.553**	1.00

** P 〈 .01 , * P 〈 .05

(1) 성별: 0=남성, 1=여성 (2) 결혼여부: 0=기혼, 1= 미혼 (3) 배우자 직업 유무: 0=있음, 1=없음 (4) 미취학 자녀 유무: 0=없음, 1=있음 (5) 연령 (6) 근속년수 (7) 직종: 0=기술/사무관리/전문직, 1=전임직(생산직) (8) 직급: 0=사원, 1=관리직(선임, 책임, 수석, 임원)

4.2 가설검증

가설검증을 위해 본 연구에서는 계층적 회귀분석(hierarchical regression analysis)을 실시하였다. 분석 결과는 〈표 1-3〉에 요약되어 있다. 본 연구에서 측정하고 있는 여러 인구통계변수들 중 〈표 1-2〉의 변수 간 상관관계에서 확인할 수 있듯이, 연령과 근속년수는 서로 상관관계가 매우 높게 나타나고 있다(r=.805, p〈.01). 따라서 다중공선성(multi- collinearity) 문제를 피하고 또 연구모형의 간명성(parsimony)을 위해 이 가운데 근속년수 변수만 분석에 투입하였다. 또한 본 연구에서처럼 조절효과 확인을 위해 회귀방정식에 포함된 독립변수들의 곱으로 상호작용 항목을 생성하는 경우, 이들 상호작용 항목들은 기존의 독립변수들과 다중공선성의 문제를 야기할 가능성이 있다(Aiken & West, 1991). 그러므로 이러한 문제를 피하기 위하여, 본 연구에서는 모든 변수들의 원자료를 중심화(centering)시킨 후 상호작용 항을 구성하고 이를 분석에 투입하였다. 아울러, 회귀분석을 실시할 때 변수들의 변량증폭요인(variance inflation factor, VIF)을 점검해 본 결과, 그 값이 모두 5 이하로 확인되어 다중공선성 문제는 발생하지 않는 것으로 확인되었다.

이제 가설검증 결과를 살펴보면 다음과 같다. 먼저 〈표 1-3〉의 모형 II에서 보듯이, 성별과 결혼여부, 배우자 직업 및 미취학자녀 유무 등 일련의 인구통계변수들은 물론, 응답자들이 지각하는 두 방향의 WFC, 즉 WIF와 FIW 요인의 영향력을 통제한 이후에도, 구성원들이 지닌 일 중심 성향은 직무만족 및 조직몰입과는 정(+)의 유의적 영향관계를, 그리고 이직의향에 대해서는 부(-)의 영향관계를 보여주고 있다. 그러므로 본 연구에서 일 중심 성향과 3가지 조직 및 직무관련 태도간의 관계에 대해 설정해 본 가설 1, 2, 3은 모두 지지되었다고 볼 수 있다.

한편, 〈표 1-3〉의 모형 II를 통해서 우리는 WFC 변수들과 3가지 조직 및 직무관련 태도간의 관계도 함께 살펴볼 수 있다. 일련의 인구통계변수들은 물론, WFC 변수들과 일 중심 성향을 함께 투입한 모형 II의 분석결과는, 인구통계변수들과 함께 응답자의 개인차 변수인 일 중심 성향을 통제한 이후 WIF 및 FIW가 조직 및 직무관련 태도에 미치는 영향관계를 보여주고 있다. 이에 따르면, 일〉가정 갈등인 WIF는 직무만족에 대해 비교적 강한 부(-)의 영향관계를 (b=.-.323, p〈.001), 그리고 이직의향에 대해서는 강한 정(+)의 영향관계를 보여주고 있다(b=.409, p〈.001).

하지만 가정 〉일 갈등인 FIW는 회귀계수의 방향은 앞서와 동일하지만 그 영향관계가 미미해 유의적이지 않은 것으로 나타났다. 또한 조직몰입의 경우, WIF와 FIW는 모두 예상할 수 있는 부(-)의 영향관계를 보여주고 있기는 했지만, 유의수준이 그리 강하지 않았다(WIF: b=-.126, p〈.10; FIW: b=-.139, p〈.10).

다음으로, WFC 맥락에서 조직 및 직무관련 태도에 미치는 일 중심 성향의 조절효과에 대한 분석결과를 살펴보자. 〈표 1-3〉의 모형 III은 두 방향의 WFC, 즉 WIF 및 FIW와 일 중심 성향 간의 상호작용 항목을 투입한 결과를 보여주고 있다. 그 결과, 가설 4에서 예상한 바와는 달리, 직무만족에 대해서는 이렇다 할 유의적인 상호작용 효과가 나타나지 않았다. 반면, 조직몰입에 있어서는 WIF와 FIW와의 관계 모두에 대해, 그리고 이직의향에 있어서는 FIW와의 관계에 있어서 유의적인 상호작용 효과가 관찰되었다. 또 이처럼 상호작용 항목이 추가됨에 따라 회귀분석 모형의 설명력(R^2)이 일정하게 증가하였을 뿐만 아니라, 그 설명력의 증분($\triangle R^2$)에 대한 F 검증 결과 역시 유의한 것으로 나타났다.

표 1-3 일 중심 성향의 주 효과와 조절효과에 대한 회귀분석 결과

종속변수	직무만족			조직몰입			이직의향		
	모형 Ⅰ	모형 Ⅱ	모형 Ⅲ	모형 Ⅰ	모형 Ⅱ	모형 Ⅲ	모형 Ⅰ	모형 Ⅱ	모형 Ⅲ
성별	.002	-.067	-.068	-.105	-.138+	-.146+	-.005	.082	.083
결혼여부	-.123	-.094	-.098	-.022	-.019	-.014	.112	.080	.094
배우자 직업 유무	.048	.014	.013	.042	.016	.005	-.029	.009	.011
미취학자녀 유무	-.069	-.053	-.059	-.021	-.005	-.020	-.013	-.029	-.014
근속년수	.092	.072	.069	.129	.116	.100	-.116	-.098	-.092
직종	.153*	.117	.118	-.040	-.056	-.058	-.068	-.024	-.028
직급	.058	.041	.042	-.039	-.061	-.067	.044	.080	.077
WIF		-.323***	-.322***		-.126+	-.094		.409***	.413***
FIW		-.087	-.086		-.139+	-.140*		.064	.061
일 중심 성향(WC)		.125*	.120+		.202**	.190**		-.198**	-.182**
WIF*WC			.014			.151*			-.021
FIW*WC			-.052			-.126*			.155**
R^2	.048	.177	.180	.029	.093	.120	.041	.244	.266
ΔR^2	.048+	.130***	.002	.029	.065**	.027*	.041	.203***	.022*
F-value	1.813+	5.372***	4.517***	1.061	2.566**	2.811**	1.533	8.028***	7.464***

+p 〈 .10, * p〈.05, ** p〈.01, *** p〈.001

1) 성별 : 0=남성, 1=여성
2) 결혼여부 : 0=기혼, 1=미혼
3) 배우자 직업유무 : 0=있음, 1=없음
4) 미취학 자녀의 유무 : 0=없음, 1=있음
5) 직종 : 0=기술/사무관리/전문직, 1=전임직(생산직)
6) 직급 : 0=사원, 1=관리직(선임, 책임, 수석, 임원)
7) 표에 제시된 수치는 표준화된 회귀계수(standardized regression coefficient)임.

이처럼 유의적인 것으로 확인된 상호작용의 양상을 좀 더 자세히 파악해 보기 위해, 응답자들 가운데 일 중심 성향이 상대적으로 더 높은 집단과 그렇지 않은 집단을 구분하여 WFC 변수들과 종속변수들 간의 관계를 추가적으로 비교분석해 보았다. 즉, 일 중심 성향이 평균보다 표준편차 1단위 이상 높거나 낮은 두 집단을 대상으로 (M+1SD; M-1SD), WFC 변수와 종속변수 간의 관계를 단순 회귀분석하여 그 기울기를 비교해 보는 것이다(Aiken & West, 1991).

앞서 상호작용 항목이 유의적인 것으로 나타난 3가지 경우 가운데, [그림 1-2]는 먼저 WIF와 조직몰입 간의 관계를 도시화해주고 있다. 이에 따르면, 일 중심 성향이 큰 집단은 WIF와 조직몰입 간의 관계에 이렇다 할 유의적인 변화가 없는 반면(b=.107, t=.544, n.s.), 일 중심 성향이 작은 집단은 WIF가 증가함에 따라 조직몰입이 유의적으로 감소하는 것을 볼 수 있다(b=-.184, t=2.223, p=.030).

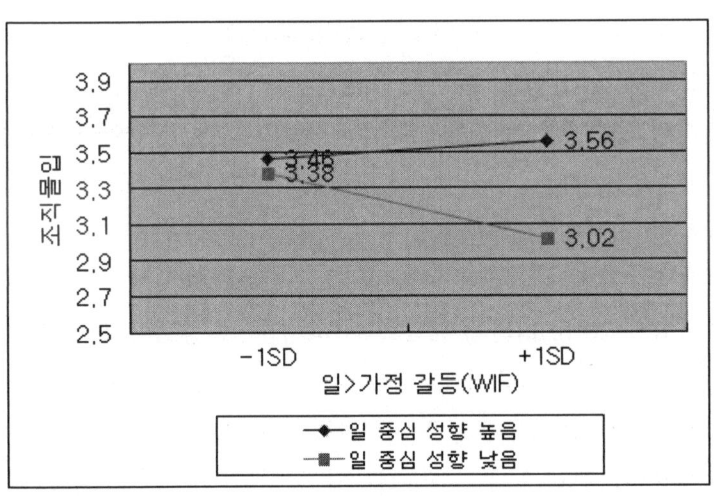

그림 1-2 조직몰입에 대한 일>가정 갈등(WIF)과 일 중심 성향의 상호작용

이는 일 중심 성향이 작은 집단의 경우, 일에서 비롯되는 갈등인 WIF가 증가함에 따라 조직에 대한 몰입이 유의하게 감소하는데 비해, 일 중심 성향이 큰 집단이 경우에는 WIF가 조직몰입에 미치는 이러한 부정적인 영향이 현저히 완충되어 나타나고 있는 것으로 해석해 볼 수 있다. 그러므로 일 중심 성향이 큰 사람일수록 일에서 비롯된 갈등, 즉 WIF가 조직몰입에 미치는 부정적 영향이 완화되어 나타날 것이라는 가설 5-1은 지지되었다고 볼 수 있다.

[그림 1-3]은 일 중심 성향이 크고 작은 두 집단에 대해, 가정에서 비롯되는 갈등인 FIW와 조직몰입에 대한 회귀분석 결과를 보여주고 있다. 이번에는 [그림 1-2]와 반대의 양상을 관찰할 수 있다. 즉 일 중심 성향이 작은 집단의 경우, FIW가 증가함에 따라 조직몰입에 이렇다 할 유의적인 변화가 없음에 비해(b=-.024, t=-.189, n.s.), 일 중심 성향이 큰 집단의 경우에는 FIW가 증가함에 따라 조직몰입이 비교적 의미 있게 감소하고 있음을 볼 수 있다(b=-.239, t=-1.975, p=.058). 앞서 변수의 측정 부분에서 설명한 바 있듯이, 본 연구에서는 일 중심 성향을 측정할 때, 일과 가정 영역이 가지는 상대적인 중요성을 측정하였다. 따라서 일 중심 성향이 낮게 나타난 것은 일면 가정 영역의 중요성과 중심성을 상대적으로 더 크게 지각하고 있음을 의미한다고 볼 수 있다.

[그림 1-3]의 분석결과에 따르면, 일 중심 성향이 큰 집단은 FIW가 조직몰입을 떨어뜨리는 주요 요인이 되지만, 일 중심 성향이 작은(즉 가정 중심 성향이 상대적으로 큰) 집단의 경우에는 가정에서 비롯되는 갈등인 FIW는 조직몰입을 저해하는 의미 있는 요인이 아닐 수 있음을 시사해 주고 있다. 그러므로 일 중심 성향이 작은 사람일수록 가정〉일 갈등(FIW)이 조직몰입에 미치는 부정적 영향이 완화되어 나타날 것이라는 가설 5-2 역시 본 연구에서 지지되었다고 할 수 있다.

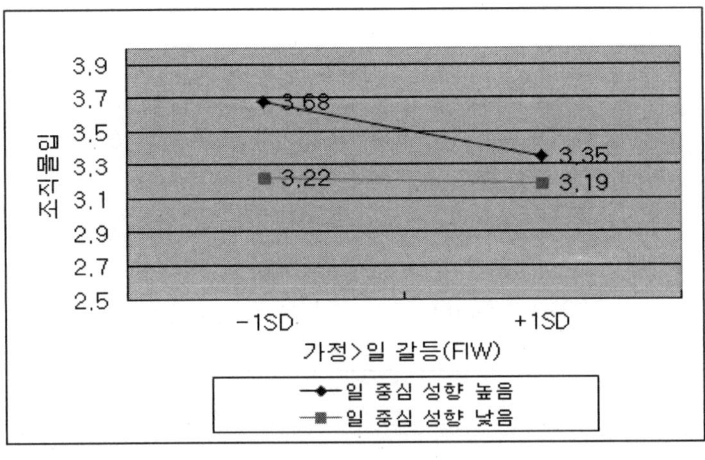

그림 1-3 **조직몰입에 대한 가정＞일 갈등(FIW)과 일 중심 성향의 상호작용**

끝으로, [그림 1-4]는 일 중심 성향이 크고 작은 두 집단에 대해, 가정에서 비롯되는 갈등인 FIW와 이직의향 간의 회귀분석 결과를 보여주고 있다. 이 경우 역시, 일 중심 성향이 작은 집단의 경우, FIW가 증가함에 따라 이직의향에 이렇다 할 유의적인 변화가 없음에 비해(b=-.067, t=-.328, n.s.), 일 중심 성향이 큰 집단의 경우에는 FIW가 증가함에 따라 이직의향이 크게 증가하고 있다(b=.563, t=3.313, p=.002).

그러므로 [그림 1-4]의 분석결과는 가설 6-2의 예측 결과를 지지하고 있다고 볼 수 있다. 즉 일 중심 성향이 큰 사람에게 있어서는 FIW가 이직의향을 증가시키는 주요 요인이 되지만, 일 중심 성향이 작은(즉 가정 중심 성향이 상대적으로 큰) 사람에게 있어서는 가정에서 비롯되는 갈등인 FIW는 이직의향의 증가와는 큰 관계가 없는 요인일 수 있음을 짐작해 볼 수 있다.

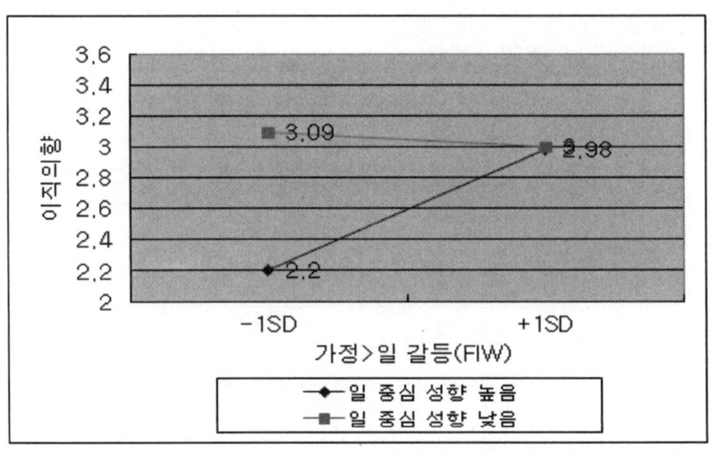

그림 1-4 이직의향에 대한 가정〉일 갈등(FIW)과 일 중심 성향의 상호작용

V. 마무리: 인사·조직관리를 위한 시사점과 향후 연구과제

지금까지 성별, 결혼, 맞벌이 여부 등 조사대상자가 처한 인구통계적 조건 이외에 다른 개인차 요인이 WFC 맥락에서 어떠한 역할을 수행하는 지를 조사한 연구가 흔치 않다는 문제의식 아래, 본 연구는 먼저 조직 구성원이 갖고 있는 일 중심 성향의 차이가 조직 및 직무관련 태도와 어떤 관계가 있는 지를 확인해 보았다. 또한 그간의 선행연구들은 조직 구성원의 WFC 경험과 이들의 조직 및 직무관련태도 간의 관계를 주로 확인해 왔었지만, 본 연구에서는 구성원이 가진 일 중심 성향이 이러한 관계를 일정하게 조절할 수 있다고 보고 이를 실증해 보고자 하였다. 이러한 취지하에, 지금까지 본 연구의 가설 검증 결과를 토대로, 다음과 같은 몇 가지 토론과 시사

점을 제기해 볼 수 있다.

먼저, 구성원의 일 중심 성향은 가설에서 예측한 바와 같이 직무만족과 조직몰입에 대해서는 정(+)의 관계를, 그리고 이직의향에 대해서는 부(-)의 관계에 있음이 재확인되었다. 이는 생의 중심 가치를 자신의 일이나 혹은 일 영역에 대해 크게 두는 사람일수록 조직에 대한 몰입과 애착은 물론, 직무에 대한 만족과 기타 직무여건에 대한 인식이 긍정적으로 나타났던 선행연구들의 분석결과와도 일치하는 내용이라 할 수 있다(Dubin et al., 1975; Carr et al., 2008).

하지만 이러한 분석결과에 대해 대안적인 해석도 가능할 것으로 생각된다. 왜냐하면, 개인의 일 중심 성향이 커서 직무만족과 조직몰입이 높을 수도 있지만, 반대로 직무에 대한 만족이나 조직에 대한 몰입도가 크기 때문에 일 중심 성향이 더 높게 나타날 수도 있을 것이기 때문이다. 앞서 언급한 선행연구들이나 본 연구 공히 횡단적 연구 설계가 가진 한계점을 공유하고 있어서, 이러한 변수 간 관계에 대해 인과적 해석을 단정하긴 어렵다고 생각된다. 하지만 이들 변수 간 관계는 서로 영향을 주고받을 수 있는 상호적 피드백 관계에 있을 것으로 추론해 볼 수 있다(Mannheim & Dubin, 1986). 이를테면, 조직구성원이 애초에 가진 일 중심 성향에 따라 직무만족과 조직몰입에 차이가 발생될 수도 있겠지만, 또한 직무를 수행해 가는 상황에서 본인이 만족을 많이 경험하고 소속 조직에 대한 애착이 커질수록 본인의 일 중심 성향이 더 강화되어 갈 수도 있을 것이기 때문이다. 일 중심 성향과 직무태도 간에 존재할 수 있는 이러한 상호 인과적 관계에 대한 검증은 추후 통시적인 패널 조사(panel study)와 같은 대안적 연구를 통해 규명해 볼 과제라 할 수 있겠다.

다음으로, 본 연구에서는 WFC 요인을 갈등의 원천에 따라 WIF

와 FIW로 구분하여 측정하였다. 또 비록 명시적인 연구가설로 설정하여 검증해 보진 않았지만, 분석과정에서 통상적인 인구통계적 조건 변수들과 함께 다른 개인차 요인인 일 중심 성향까지 통제한 후, 이 두 WFC 요인과 조직 및 직무관련 태도변수들 간의 관계를 분석해 볼 수 있었다. 그 결과, WIF는 직무만족 및 조직몰입과는 유의적인 부(-)의 관계를, 그리고 이직의향에 대해서는 유의적인 정(+)의 관계를 나타낸 반면, FIW의 경우 회귀계수는 동일한 방향이었지만, 전반적으로 영향관계가 미약하게 나타나 통계적으로 유의하지 않았다. 이러한 본 연구의 분석결과 역시, 조직이나 직무관련 태도를 예측함에 있어서 WIF가 FIW보다 더 많은 분산을 설명해 주었던 선행 연구결과들과 유사한 양상을 보여준 것으로 생각해 볼 수 있다(Frone et al., 1992; Kinnunen & Mauno, 1998). 즉 직무만족과 조직몰입 등 본 연구에서 활용된 결과변수 역시 가족관련 변수가 아니라 모두 직장관련 변수이기 때문에, FIW보다는 WIF가 더 큰 영향관계를 나타내고 있는 것으로 짐작해 볼 수 있다(Mesmer-Magnus & Viswesvaran, 2005).

아울러, 본 연구에서는 개인차 요인으로서의 일 중심 성향이 WFC 관련 경험을 사람마다 다르게 지각할 수 있도록 만드는 한 요인으로 보고, WFC와 조직 및 직무관련 태도 간의 관계를 일 중심 성향이 어떻게 조절하는 지를 실증해 보았다. 이러한 조절효과를 예상해 볼 수 있는 논거는, 일과 가정 영역에 부여하는 중심 가치 성향에 따라 WFC 요인들에 대해 행하는 사람들의 일반적인 귀인 경향에 관한 논리였다. 즉 사람들은 일반적으로 자신이 가치를 크게 부여하는 영역의 갈등 유발 요인에 대해서는 비교적 허용적인 반면(즉 이를 심각하게 생각하지 않는 반면), 자신이 가치를 덜 부여하는 영역의 갈등 유발 요인들에 대해서는 민감하게 반응하기 쉬워서, 대개 이를 자신이 경험하는 WFC의 주 원인으로 귀인하는 경향이 있다는 것이다.

분석결과, 직무만족에 대해서는 기대했던 조절효과가 관찰되지 않은 반면, 조직몰입과 이직의향에 있어서는 예상했던 완충적 조절효과를 확인해 볼 수 있었다. 즉 일 중심 성향이 큰 사람일수록 일 영역에서 비롯된 갈등인 WIF가 조직몰입에 미칠 수 있는 부(-)의 영향이 완충되어 나타난 반면, 일 중심 성향이 작은 사람은 가정 영역에서 비롯된 갈등인 FIW의 부정적 영향이 완충되어 나타났다. 또한 FIW와 이직의향 간의 관계에서도 일 중심 성향이 작은 사람들에게서 이러한 완충적 조절효과가 마찬가지로 확인되었다.

두 방향의 WFC를 모두 측정하여 가설화한 본 연구와는 달리, 일 〉 가정 갈등인 WIF만을 측정하여 분석했던 Carr 등(2008)의 선행연구에서는 일 중심 성향의 이러한 조절효과가 직무만족과 이직의향에 대해서 확인된 반면, 본 연구에서는 조직몰입과 이직의향에 대해 확인된 차이가 있다. 하지만 두 연구 모두 개인이 가진 일 중심 성향에 따라 직무 및 조직관련 태도에 대해 미치는 WFC의 영향이 다소 다르게 지각될 수 있음을 입증해 보였다는 점에서 연구 의의를 찾아볼 수 있을 것이다. 앞서 지적한 바와 같이, WFC 맥락에서 개인차 요인의 영향을 다룬 선행연구가 그간 매우 드물었기 때문이다. 뿐만 아니라, 본 연구의 경우에는 Carr 등(2008)의 선행연구를 확장하여, FIW와 일 중심 성향의 상호작용효과에 대한 가설들을 추가적으로 검증해 본 의의를 부가해 볼 수 있을 것으로 생각된다.

또한 본 연구에서 확인된 바와 같이, WFC가 조직 및 직무관련 태도에 미치는 영향이 일 중심 성향과 같은 개인차 요인에 따라 사람마다 다르게 경험될 수 있다면, 이는 WFC와 관련한 기존의 인사 정책이나 관리 방침에 대해서도 일정한 시사점을 제공해 줄 수 있다고 생각된다. 즉 앞서 논한 바와 같이, 일 중심 성향이 큰 사람에게 있어서는 WIF보다는 FIW가 더 큰 갈등의 원천으로 인식되기 쉬울 것이므로, 이들에게는 가정으로부터 비롯되는 제반 역할 요구를 덜어줄 수 있는 가족친화적 인사제도를 확대, 시행하는 것이 WFC를 줄이는데 보다 효과적일 것으로 추론해 볼 수 있다. 이에 비해, 가정에 보다 중심 가치를 두고 있는 사람들에게 있어서는 FIW는 큰 문제가 되지 않는 반면, WIF가 주로 갈등의 원천으로 지각되기 쉬울 것이다.

따라서 이러한 사람들에게는 업무부담과 같은 직무요구를 덜어주거나 혹은 재설계해 주는 것이 보다 효과적인 관리적 처방이 될 수 있다. 물론, 개별 조직 구성원의 일 중심 성향을 사전에 모두 파악한다는 것이 현실적으로 쉬운 일은 아니겠지만, 특히 부하 직원들을 이끌고, 이들에게 업무를 할당, 지시하는 위치에 있는 팀장 등 리더급 관리자들에게 있어서는, 팀원들의 이러한 개인 성향을 파악하고 고려하는 것이 WFC와 관련한 효과적인 관리의 한 방법이 될 수 있음을 본 연구결과는 시사해 주고 있다고 생각된다.

이러한 연구 의의와 시사점에도 불구하고, 본 연구는 여러 한계점을 내재하고 있다. 무엇보다, 본 연구는 단일 조직만을 대상으로 한 연구이기에 분석결과의 일반화에 일정한 제약이 있을 수 있다. 향후 좀 더 다양한 산업과 조직 맥락에서의 반복 검증이 필요할 것이다. 또한 모든 변수를 동일한 원천으로부터 측정했기 때문에, 동일방법편의(common method variance)의 개연성을 완벽히 배제할 수 없다. 따라서 개인 성향을 별도의 방법으로 측정하거나 혹은 종속변수를 객관적으로 측정할 수 있는 등의 대안적인 측정 방법을 기획해 볼 필요가 있을 것이다.

뿐만 아니라, 향후에는 좀 더 적극적인 차원의 대안적 연구설계를 도모해 볼 필요도 있다고 생각된다. 본 연구에서 다루었던 일 중심 성향 이외에, WFC 맥락에서 의미 있을 만한 다른 개인차 요인들을 고려해 볼 수도 있을 것이다(Carlson & Kacmar, 2000; Mannheim & Dubin, 1986). 또 최근 들어 일-가정 갈등 맥락만이 아니라 일과 가정 영역이 서로 긍정적인 영향을 주고받는 일-가정 향상(work-family enrichment)과 관련한 연구가 국내외적으로 많이 시도되고 있다(Greenhaus & Powell, 2006; Van Steenbergen et al., 2007; Wayne et al., 2007; 김옥선·김효선, 2010, 2012 등).

그러므로 비단 갈등적 맥락에서만이 아니라 이러한 향상적 맥락에서 개인차 요인들이 수행하는 역할을 조명해 보는 것도 흥미로울 수 있을 것이다. 끝으로, 본 연구에서는 일 중심 성향을 측정할 때, 개인이 일과 가정 영역에 부여하는 상대적 가치 혹은 중심성을 측정하였다. 하지만 일-가정 관련 가치가 반드시 배타적으로만 추구되어야 할 이유는 없을 것이다. 따라서 이 두 가치를 각기 독립적인 절대치로 측정할 필요도 있을 것이고, 그럴 경우 일과 가정 영역 모두에 높은 가치를 부여하는 경우처럼 두 가치가 경쟁적으로 충돌할 때 WFC 관련 변수들의 양상이 어떻게 나타나는지 등을 분석하는 것도 매우 풍요롭고 흥미로운 과제가 될 수 있을 것으로 생각된다.

참고문헌

강혜련·최서연 (2001). 기혼여성 직장-가정 갈등의 예측변수와 결과변수에 관한 연구, 『한국심리학회지: 여성』, 6(1): 23-42.

김옥선·김효선 (2010). 다중 역할의 상호향상 효과: 일-가정 영역 간 자원의 긍정적 전이에 관한 분석, 『경영학연구』, 39(2): 75-407.

김옥선·김효선 (2012). 일-가정 상호작용에 대한 역할요구-역할자원의 접근: 국내 병원조직 종사자를 대상으로, 『조직과 인사관리연구』, 36(2): 85-120.

박상언 (2014). 직장-가정 갈등이 심리적 안녕과 감정노동에 미치는 영향: 자원보존이론에 기반한 해석과 실증, 『조직과 인사관리연구』, 38(2): 81-111.

박상언·신다혜 (2011). 감정노동과 직장-가정 갈등: 직무소진의 두 영향요인에 대한 실증연구, 『인사·조직연구』, 19(1): 227-266.

임효창·이봉세·박경규 (2005). 기혼직장인의 직장-가정 갈등의 원인과 결과에 관한 연구, 『경영학연구』, 34(5), 1417-1443.

장재윤·김혜숙 (2003). 직장-가정간 갈등이 삶의 만족 및 직무태도에 미치는 효과에 있어서의 성차: 우리나라 관리직 공무원들을 대상으로, 『한국심리학회지: 사회문제』, 9(1). 23-42.

Adams, G. A., King, L. A. & King, D. W. (1996). Relationships of job and family involvement, family social support, and work-family conflict with job and life satisfaction, *Journal of Applied Psychology*, 81(4): 411-420.

Aiken, L. S. & West, S. G. (1991). *Multiple regression: Testing and interpreting interactions*, Beverly Hills, CA: Sage.

Allen, T. D. & Armstrong, J. A. (2006). Further examination of the link between work-family conflict and physical health, *American Behavioral Scientist*, 49: 1204-1221.

Allen, N, J., & Meyer, J, P. (1990). The measurement and antecedents of affective, continuance and normative commitment, *Journal of*

Occupational Psychology, 63: 1-18.

Allen, T. D., Herst, D. E. L., Bruck, C. S. & Sutton, M. (2000). Consequences associated with work-to-family conflict: A review and agenda for further research, *Journal of Occupational Health Psychology*, 5: 278-308.

Anderson, S. E., Coffey, B. S. & Byerly, R. T. (2002). Formal organizational initiatives and informal workplace practices: Links to work-family conflict and job-related outcomes, *Journal of Management*, 28: 787-810.

Aryee, S. (1992). Antecedents and outcomes of work-family conflicts among married professional women: Evidence from Singapore, *Human Relations*, 54: 813-837.

Byron, K. (2005). A meta-analytic review of work-family conflict and its antecedents, *Journal of Vocational Behavior*, 67: 169-198.

Carlson, D. S. & Kacmar, K. M. (2000). Work-family conflict in the organization: Do life role values make a difference? *Journal of Management*, 26(5), 1031-1054.

Carr, J. Boyar, S. L. & Gregory, B. T. (2008). The moderating effect of work-family centrality on work-family conflict, organizational attitudes and turnover behavior, *Journal of Management*, 34(2), 244-262.

Demerouti, E., Bakker, A. B. & Schaufeli, W. B. (2005). Spillover and crossover of exhaustion and life satisfaction among dual-earner parents, *Journal of Vocational Behavior*, 67: 266-289.

Dubin, R., Champoux, J. E. & Porter, L. W. (1975). Central life interests and organizational commitment of blue-collar and clerical workers, *Administrative Science Quarterly*, 20: 411-421.

Eagle, B. W., Miles, E. W. & Icenogle, M. L. (1997). Interrole conflicts and the permeability of work and family domains: Are there gender differences? *Journal of Vocational Behavior*, 50: 168-184.

Eby, L. T., Casper, W. J., Lockwood, A., Bordeaux, C. & Brinley, A. (2005). Work and family research in IO/OB: Content analysis and review of the literature(1980-2002), *Journal of Vocational Behavior*, 66(1): 124-197.

Edwards, J. R. & Rothbard, N. P. (2000). Mechanisms liking work and family: Clarifying the relationship between work and family constructs, *Academy of Management Review*, 25(1): 178-199.

Frone, M. R. (2003). Work-family balance, in Campbell, J. (Ed.), *Handbook of Occupational Health Psychology,* 143-162. Washington D. C.: American Psychological Association.

Frone, M. R., Russell, M. & Cooper, M. L. (1992). Antecedents and outcomes of work family conflict: Testing a model of the work-family interface, *Journal of Applied Psychology*, 77: 65-78.

Frone, M. R., Russell, M. & Cooper, M. L. (1997). Relation of work-family conflict to health outcomes: A four year longitudinal study of employed parents, *Journal of Occupational and Organizational Psychology*, 70: 325-335.

Grandey, A. A. & Cropanzano, R. (1999). The conservation of resources model applied to work-family conflict and strain, *Journal of Vocational Behavior*, 54: 350-370.

Gray, D. E. (1989). Gender and organizational commitment among hospital nurses, *Human Realtions*, 42: 801-813.

Greenhaus, J. H. & Beutell, N. (1985). Sources of conflict between work and family roles, *Academy of Management Review*, 10: 76-88.

Greenhaus, J. H. & Powell, G. N. (2003). When work and family collide: Deciding between competing role demands, *Organizational Behavior & Human Decision Processes*, 90(2): 291-303.

Greenhaus, J. H. & Powell, G. N. (2006). When work and family are allies: A theory of work-family enrichment, *Academy of Management Review*, 31: 72-92.

Gutek, B. A., Searle, S. & Klepa, L. (1991). Rational versus gender role explanations for work-family conflict, *Journal of Applied Psychology,* 76: 560-568.

Hackman, J. R. & Oldham, G. R. (1975). Development of the job diagnostic survey, *Journal of Applied Psychology,* 60(2): 159-170.

Hobfoll, S. E. (1989). Conservation of resources: A new approach at conceptualizing stress. *American Psychologist*, 44(3): 513-524.

Kinnunen, U. & Mauno, S. (1998). Antecedents and outcomes of work-family conflict among employed women and men in Finland, *Human Relations*, 51: 157-177.

Kossek, E. & Ozeki, C. (1998). Work-family conflict, policies, and the job-life satisfaction relationship: A review and directions for organizational behavior-human resources research, *Journal of Applied Psychology*, 83: 139-149.

Mannheim, B. (1975). A comparative study of work centrality, job rewards and satisfaction, *Sociology of Work and Occupations,* 2: 79-101.

Mannheim, B. (1993). Gender and the effects of demographics, status, and work values on work centrality, *Work & Occupations*, 20(1): 3-23.

Mannheim, B. & Dubin, R. (1986). Work role centrality of industrial workers as related to organizational conditions, task autonomy, managerial orientations and personal characteristics, *Journal of Occupational Behavior*, 7: 107-124.

Meglino, B. M. & Ravlin, E. C. (1998). Individual values in organizations: Concepts, controversies, and research, *Journal of Management*, 24(3): 351-390.

Mesmer-Magnus, J. R. & Viswesvaran, C. (2005). Convergence between measures of work-to-family and family-to-work conflict: A meta-analytic examination, *Journal of Vocational Behavior*, 67: 215-232.

Mowday, R. T., Steers, R. M. & Porter, L. W. (1979). The measurement of organizational commitment, *Journal of Vocational Behavior*, 14: 224-247.

Netemeyer, R. G., Boles, J. S. & McMurrian, R. (1996). Development and validation of family-work conflict scales, *Journal of Applied Psychology*, 81(4): 400-410.

Netemeyer, R. G., Maxham III, J. G. & Pullig, C. (2005). Conflicts in the work-family interface: Links to job stress, customer service employee performance, and customer purchase intent, *Journal of Marketing,* 69: 130-143.

Paullay, I. M., Alliger, G. M. & Stone-Romero, E. F. (1994). Construct validation of two instruments designed to measure job involvement and work centrality, *Journal of Applied Psychology*, 79(2), 224-228.

Podsakoff, P. M., MacKenzie, S. B., Lee, J. Y. & Podsakoff, N. P. (2003). Common Method Biases in Behavioral Research: A Critical Review of the Literature and Recommended Remedies. *Journal of Applied Psychology,* 88(5): 879-903.

Posner, B. Z. & Munson, J. M. (1979). The importance of values in understanding organizational behavior, *Human Resource Management,* 18(3): 9-14.

Price, J. L. & Muller, C. W. (1986). *Handbook of Organizational Measurement,* Marshfield, MA: Pitman Publishing Inc.

Rokeach, M. (1973). *The nature of human values,* New York: Free Press.

Schwartz, S. H. (1992). Universals in the content and structure of values: Theoretical advances and empirical tests in 20 countries, Zanna, M. P. (Ed.), *Advances in Experimental Social Psychology,* 25: 1-65.

Schwartz, S. H. (1994). Are there universal aspects in the structure and contents of human values? *Journal of Social Issues,* 50: 19-45.

Smelser, N. J. (1998). The rational and the ambivalent in the social sciences, *American Sociological Review,* 63: 1-16.

Van Steenbergen, E. F. & Ellemers, N. & Mooijaart, A. (2007). How work and family can facilitate each other: Distinct types of work-family facilitation and outcomes for women and men, *Journal of Occupational Health Psychology,* 12: 279-300.

Wayne, J. H., Grzywacz, J. G. Carlson, D. S. & Kacmar, K. M. (2007). Work-family facilitation: A theoretical explanation and model of primary antecedents and consequences, *Human Resource Management Review,* 17: 63-76.

Wright, T. A. & Hobfoll, S. E. (2004). Commitment, psychological well-being and job performance: An examination of conservation of resources (COR) theory ad job burnout. *Journal of Business and Management,* 9(4): 389-406.

일-가정 갈등이 조직구성원의 심리적 안녕과 감정노동에 미치는 영향

I. 머리말

최근 여성의 경제활동참가율 증가와 그에 따른 맞벌이 직장인의 증가 등으로 인해, '일-가정 균형'(work-family balance) 이슈에 관한 관심이 증가하고 있다. 그리하여, 특히 일-가정 상호관계(work-family interface)에서 발생될 수 있는 일-가정 갈등(work-family conflict) 문제와 관련해서는 지금까지 그 선행 영향요인과 결과에 대해 많은 연구가 이루어져 왔다(Byron, 2005; Eby et al., 2005; Greenhaus & Powell, 2003).

또한 서비스 산업의 비중이 커짐에 따라, 고객 접점에서 감정노동을 병행해야 하는 일자리도 갈수록 늘고 있다. 따라서 일정한 감정노동 수행이 본연의 직무요구로 통합되어 있는 각종 서비스 직종 종사자의 경우, 직장에서의 감정노동 수행은 이들이 경험하는 일-가정 갈등과 직무스트레스를 가중시키는 중요 요인으로 지적되어 왔다(Beal et al., 2006; Cheung & Tang, 2009; Montgomery et al., 2006; Wharton & Erickson, 1995; 김옥선 · 김효선, 2012; 박상언 · 신다혜, 2011 등).

그렇지만 지금까지 일-가정 갈등과 감정노동 문제를 함께 고찰해 본 연구는 의외로 그리 많지 않다. 그나마 이 두 가지 이슈를 함께 다룬 선행연구들은, 앞서 언급한 바와 같이 대부분 감정노동을 일-가정 갈등을 야기하는 선행 영향요인으로 간주하고, 이를 실증하는 연구들이 많았다. 하지만 그 반대의 영향관계도 상정해 볼 수 있다. 특히 갈등의 원천이 가정인 가정〉일 갈등(family-to-work conflict 또는 family interfering work)의 경우에는 그로 인한 부정적인 심리적 경험이 직장으로 전이되어, 직장에서의 적절한 감정노동 수행을 저해할 수 있는 것이다. 이러한 영향관계에 대해 이미 그 가능성을 지적한 연구도 존재해 왔다(이를테면, Edwards & Rothbard, 2000; Wharton & Erickson, 1993). 본 연구는 이 점에 착안하여, 그간의 연구들과는 달리, 직장에서의 감정노동 수행에 영향을 미치는 선행 영향요인으로서의 가정〉일 갈등 문제를 고찰해 보고자 한다.

또한 그간 일-가정 갈등과 같은 일-가정 상호관계 요인이 조직구성원의 직무태도나 행동 그리고 직무성과에 미치는 영향관계를 다룬 많은 연구들이 축적되어 왔지만, 구체적으로 어떠한 심리적 과정을 거쳐 그러한 결과가 초래되는지 그 메카니즘을 함께 규명해 준 연구는 상대적으로 많지 않아 왔다(Carlson et al., 2013; 김석영 외, 2012). 이러한 취지에서, 본 연구에서는 최근 긍정심리학과 긍정조직행동 연구에서 강조되고 있는 심리적 안녕(psychological well-being) 개념에 주목하고, 이러한 심리적 안녕이 조직구성원들이 경험하는 일-가정 갈등과 감정노동 간의 관계를 매개하는 한 요인일 수 있음을 실증해 보고자 한다. 이처럼 본 연구에서 심리적 안녕 개념을 도입하는 것은, 그간 일-가정 상호관계에 대한 연구들에서 개인의 감정이나 정서 문제가 간과되어 왔다는 비판이 있었음을 감안할 때(Friede & Ryan, 2005; Judge at al., 2006; Wharton & Erickson, 1993), 이에 대한 보완의 의의도 가질 수 있을 것으로 생각된다.

아울러, 본 연구에서는 일-가정 갈등과 감정노동 간의 영향관계를 해석함에 있어서 '자원보존이론'(conservation of resources theory) (Hobfoll, 1989)을 통합적인 배경이론으로 활용해 보고자 한다. 이러한 자원보존이론의 관점에서 보자면, 조직구성원이 일-가정 상호관계 맥락에서 느끼는 심리적 안녕은 이들이 일과 가정 영역으로부터의 다양한 요구에 대처하는데 도움을 주며, 또 직장에서 수행하는 감정노동의 질에도 영향을 미칠 수 있는 긴요한 심리, 정서 자원일 수 있다.

Ⅱ. 이론적 배경과 연구가설

2.1 일-가정 갈등과 감정노동: 자원보존이론의 적용

넓은 맥락에서 볼 때, 일·생활 균형(work-life balance)에 대한 연구 관심은 애초 직무스트레스 연구의 일환으로 시작되었다고 볼 수 있다(Brough & Kalliath, 2009). 즉 조직구성원의 심리적 안녕과 건강에 위협을 주는 각종 스트레스는 비단 공식적인 직무요구만이 아닌, 개인적이고 사적인 여러 요구에 의해서도 비롯될 수 있다고 보았기 때문이다. 이 과정에서, 지금까지 가장 많이 연구되어 왔던 일-가정 갈등(work-family conflict) 이슈는 그간 주로 역할이론(role theory)에 기반해 설명되어져 왔다(Grandey & Cropanzano, 1999). 이러한 경향을 반영하듯, 일-가정 갈등 개념 역시 '일과 가정 영역으로부터의 역할 압력이 여러 측면에서 서로 양립할 수 없을 때 발생되는 역할 갈등의 한 형태'로 정의되어져 왔다(Greenhaus & Beutell, 1985: 76쪽). 즉 직장에서의 역할로부터 비롯되는 여러 요구가 가정에서의 역할 요구와 상충됨으로 인해서 생기는, 일종의 역할갈등의 하나로서 일-가정 갈등을 인식해 온 것이다.

그렇지만 궁극적으로 볼 때, 이러한 일-가정 갈등 역시 무엇보다 사람들이 가진 여러 자원들이 제한되어 있기 때문에 발생된다고 볼 수 있다. 즉 일과 가정 영역의 상이한 여러 요구에 대처하고 또 주어진 역할을 효과적으로 수행하기 위해 필요한 물질적, 정서적, 인지적 자원의 제약이 있기 때문에 발생되는 것이다(Edwards & Rothbard, 2000; Frone et al., 1992). 한정된 자신의 자원을 일과 가정에서 비롯되는 경쟁적 요구에 조화롭게 배분하고 활용하기 어려워질 때, 사람들은 대개 갈등을 경험하게 되고, 이러한 갈등은 결국 관련 스트레스와 소진을 야기하게 되기 쉽다. 이런 차원에서, 최근에는 일-가정 갈등을 설명함에 있어서 '자원보존이론'(conservation of resources theory)을 통합적인 배경이론으로 활용하는 경우가 점차 늘고 있다.

자원보존이론에 따르면, 사람은 기본적으로 자신이 소중하고 가치 있다고 생각하는 자원을 확보, 유지하기를 희망하는데, 이 때 자원이란 '개인에 의해 가치 있게 평가되는 대상, 개인적 특성, 상태(또는 조건), 에너지, 그리고 이러한 것들을 획득하기 위해 도움이 되는 제반 수단들'을 의미한다(Hobfoll, 1989, 516쪽).

그런데 이러한 자원을 실제로 손실하였거나, 아니면 자원 손실의 위험을 느끼는 경우, 그리고 자신이 확보한 자원이 주어진 역할 요구에 대처하는데 있어서 적합하지 않다고 생각하거나 혹은 자원을 투자하였지만 그 결과 예상된 보상이 주어지지 않을 경우, 사람들은 이에 대한 한 반응으로 스트레스를 느끼게 된다. 이렇게 스트레스와 소진 등 심리적 안녕이 훼손되는 부정적인 상태에 처하게 되면, 사람들은 기왕의 자원을 보존하고 또 향후 있을지도 모를 자원의 예상 손실을 최소화하기 위해, 기존의 가용 자원을 적절히 안배하거나 혹은 자원의 활용을 줄여 나가는 등의 조치를 취하게 된다(Hobfoll, 1989; Wright & Cropanzano, 1998; Wright & Hobfoll, 2004).

일-가정 갈등의 맥락에서도 마찬가지이다. 일반적으로 일과 가정으로부터 요구되는 여러 가지 상충된 역할요구에 효과적으로 응대해 가기 위해서는 다양한 자원이 필요하기 마련이다. 인내력이나 자존감, 긍정적 정서(성) 같은 '개인적 특성'도 상황에 대처하는데 유용한 한 자원이 되지만, 직장 내에서 승진을 하거나 혹은 정규직으로 전환되는 등 조직내 특정 '상태'나 신분의 획득 역시 중요한 자원이 된다. 또 시간, 돈, 지식 등은 역할갈등의 해소와 문제해결에 긴요한 '에너지' 자원 요소들일 수 있다(Grandey & Cropanzano, 1999; Hobfoll, 1989).

하지만 개인이 가진 제반 자원은 한정되어 있는데 비해, 직장이나 혹은 가정으로부터의 역할요구 사항이 절대적으로 늘어나거나 혹은 서로 상충되는 요구가 많아지게 되면 이에 대처하기 위해 많은 자원을 소모하게 되고, 한 영역에서의 이러한 자원 소모는 결국 다른 영역의 역할 수행을 위한 가용 자원의 확보에 실제적인 위협으로 작용될 수 있다. 이로 인해 직장과 가정의 요구에 균형적으로 대처하는데 어려움을 겪게 되면 결국 일-가정 갈등을 경험하게 되고, 관련된 스트레스가 증가하게 되는 것이다. 이러한 스트레스와 소진이 심해질 경우, 추가적인 자원 손실을 최소화하거나 혹은 기왕의 자원보존을 위해 대개 특정 영역에서의 자원 활용을 조절하거나 심지어 철회해 가는 선택을 하게 되기 쉽다(Frone et al., 1992; Lam et al., 2010; Wright & Cropanzano, 1998).

감정노동 분야 역시 최근에는 자본보존이론이 연구의 기본 프레임이나 혹은 배경이론으로 활용되어지고 있다(Brotheridge & Lee, 2002; Cheung & Tang, 2009). 감정노동 수행이 기본적인 직무요구로 통합되어 있는 대부분의 서비스 조직들은 구성원의 감정노동 수행과 관련한 일련의 표현규칙(display rules)을 정하고 이를 시행하고 있는 것이 보편적이다. 이처럼, 조직의 일정한 감정표현규칙에 직면한 구성원은, 그러한 표현규칙이 요구하는 감정과 자신의 원래 감정 간의 차이에 따라 크게 두 가지 종류의 감정노동 수행전략을 택하게 된다(Hochschild, 1983). 먼저, 조직이 표현규칙을 통해 요구하는 규범적 감정을 내면화시키고, 이를 자신의 내적 감정으로 동일화시킨 상태에서 감정노동을 수행하는 '심층연기'(deep acting)를 행할 수 있다. 반면, 자신의 내적 감정을 변화시키지 않은 채 외적인 표현만을 조직이 요구하는 표현규칙에 준하여 행하는 '표면연기'(surface acting)를 수행할 수도 있다. 속마음은 그렇지 않으면서도, 겉으로만 공손하게 고객을 대하는 경우가 그 예이다. 여기에 더하여, 특히 배우자와 자녀가 있는 기혼의 조직 구성원들은 비단 직장에서뿐만 아니라 가정에서도 일정한 감정표현 노력을 요구받기 마련이다(Wharton & Erickson, 1995; 김영조·한주희, 2008; 박상언, 2008).

그렇지만 감정노동을 수행하는 것 자체가 대개 상당한 수준의 정서적 몰입과 노력을 요구하기 때문에, 감정노동 수행자들일수록 특히 자신의 정서적 자원과 에너지의 고갈 상태에 노출될 가능성이 크다고 볼 수 있다. 자원보존이론의 기반을 제공했던 '희소성 가설'(scarcity hypothesis)에 의하면, 사람은 대개 일상적인 활동을 위해 가용한 에너지 자원의 총량에 한계가 있다(Marks, 1977). 하지만 직장과 가정 중 한 영역에서의 에너지 자원의 지출과 소모가 과다해지면, 이는 곧 다른 영역에서 가용한 자원의 제약을 가져오게 된다. 특히 직장이나 가정에서 고객이나 가족과 지속적이고 강도 높은 상호작용을 해야 하는 경우이거나 혹은 자신의 내적인 감정 상태를 표현규칙과 동일화시켜 진정성이 담긴 심층연기를 수행하는 경우, 일반적으로 상당한 수준의 주의 집중과 몰입이 요구되어지기 마련이다(Grandey, 2003; Trougakos et al., 2008; Zapf, 2002). 그 결과, 직장과 가정 중 한 영역에서의 정서적 자원의 과다한 소모는 정서적 고갈과 스트레스를 가중시키고, 결국 다른 영역에서의 진정성 있는 감정표현과 감정노동 수행을 저해하는 결과를 초래하기 쉽다.

2.2 '정서적 자원'으로서의 심리적 안녕(psychological well-being)

60여 년 전, A. Maslow의 기념비적인 저서 *Motivation and Personality*의 마지막장 제목에 그 명칭이 처음 등장한 이후, 이른바 '긍정심리학'(positive psychology)적 관점은 그간 지배적이었던 인간 병리에 대한 '수선 공장'(repair shop)으로서의 관점을 탈피하고, 보통사람들의 강점과 미덕, 그리고 긍정적 정서의 잠재력에 주목하는 새로운 연구 조류를 형성해 왔다(Seligman, 2002; Wright & Cropanzano, 2004; 이지영·김명언, 2008). 그리하여, 조직행동 분야에서도 '긍정적 조직행동'(positive organizational behavior) 접근이 크게 부상하여, 개인 및 조직성과에 기여할 수 있는 조직구성원의 긍정적인 심리적 상태와 과정에 대한 관심이 높아지고 있다(Luthans, 2002;

Luthans & Avolio, 2009; 이동섭 외, 2009 등).

이러한 맥락에서, 본 연구는 전문서비스직 종사원의 일-가정 갈등 경험과 감정노동 수행의 맥락에서 '심리적 안녕'(psychological well-being, 이하 PWB)이 갖는 역할에 주목해 보려 한다. '안녕' 혹은 '웰빙' 개념은 애초 '행복'(happiness)과 흔히 혼용되어졌었으나, 행복이 지나치게 광범위하고 추상적인 개념임으로 인해 엄밀한 과학적 활용이 쉽지 않아, 그에 대한 심리학적 대응 개념으로 '안녕' 혹은 '웰빙'이 점차 학술적 개념으로 자리잡게 되었다(Diener, 1984). 이러한 학술적 개념으로서의 PWB는 다음과 같은 세 가지 개념적 특징을 가진다. 첫째, PWB 역시 주관적인 경험을 대변하는 개념이다. 따라서 사람은 그들 스스로가 행복하다고 생각하고 믿는 만큼 실제로 행복하다고 볼 수 있다. 둘째, PWB는 정서적 상태를 포함한다. 특별히, 심리적 안녕 정도가 높은 사람일수록 긍정적 정서를 많이 경험하는 대신, 부정적 정서는 적게 경험한다. 셋째, PWB는 사람들의 삶 전반에 대한 판단과 평가를 지칭한다. 따라서 PWB는, 이를테면 직무만족처럼, 어떤 특정한 구체적 상황이나 맥락에 기반한 평가를 의미하지 않는다(Wright & Cropanzano, 2000, 2004).

결국, PWB는 한 개인의 심리적, 사회적 기능의 효과성과 만족스러움을 전반적으로 대변하는 상태 개념으로서, 주로 '유쾌함'(pleasantness) 차원에 기반하여 한 개인의 느낌과 정서 상태를 측정하는 개념으로 볼 수 있다(Wright & Hobfoll, 2004). 또한 일찍이 Ryff & Keyes (1995)는 이 PWB를 자기수용, 개인적 성장, 삶의 목적, 타인과의 긍정적 관계, 환경지배력, 그리고 자기결정력 등의 여섯 가지 하위 차원을 갖는 구성개념으로 파악하기도 했다.

이러한 PWB에 대해, 자원보존이론에서는 처음 이를 하나의 '상태적'(state-like) 속성으로 파악하였다. 즉 사람은 당장에 어떤 스트레스 요인에 직면하지 않더라도, 미래의 예상 손실 가능성을 대비하기 위해 잉여적 자원을 개발하려고 노력하기 마련인데, 이러한 잉여적 자원을 개발했을 때 경험하는 긍정적 정서 상태로서의 'eustress'가 바로 PWB라는 것이다(Hobfoll, 1989, 517쪽). 하지만 나중에는 이러한 개인적인 상태적 특성까지도 하나의 '자원'으로 인식하는 좀 더 적극적인 입장이 개진되기 시작하였다. 스트레스나 소진을 완충시키는 개인적인 성격 혹은 기질(trait)적 특성인 긍정적 정서성(positive affectivity)이 하나의 스트레스 대처 자원일 수 있듯이, '상태적' 속성인 PWB 역시 개인으로 하여금 직장과 가정생활로부터의 다양한 요구에 좀 더 잘 대처해 나갈 수 있도록 도와주는 하나의 자원일수 있으며, 또한 추가적인 자원의 고갈로부터 스스로를 보호하는데도 상당한 도움을 주는 심리적, 정서적 자원이라는 것이다(Wright & Bonnet, 1997; Wright & Hobfoll, 2004).

실제로 일련의 실증연구들은 PWB가 단순히 스트레스에 대한 대처를 넘어, 직무성과와도 상당한 관계가 있음을 보여주었다. 먼저, 지금까지의 여러 실증연구들에서 PWB는 직무성과와 약 .30-.50의 상관관계 범위를 갖는 것으로 나타났다(Wright & Cropanzano, 2004). 또한 성과기준치가 주관적으로 측정되었든 아니면 객관적인 측정치든 관계없이, 그리고 횡단적 연구는 물론, 실험이나 혹은 통시적인 설계하에 이루어진 여러 연구들에서, PWB는 직무성과와 상당히 일관된 긍정적 관계가 있음이 확인되었다(Staw & Barsade, 1993; Wright & Bonnet, 1997; Wright & Staw, 1999 등). 예를 들어, Staw, Sutton & Pelled(1994)가 수행한 한 통시적 연구에서는, 유쾌함이라는 단일 차원에 기반하여 측정된 PWB가 연구대상자의 직무성과 평가 결과는 물론, 그들의 봉급수준과 사회적 지원 면에서의 긍정적 변화를 상당부분 예측해 주기도 했다.

2.3 연구모형과 연구가설: 일-가정 갈등, 심리적 안녕, 그리고 감정노동 간의 관계

지금까지의 논의를 바탕으로, 본 연구에서는 감정노동이 필요한 전문서비스직에 종사하는 사람들을 대상으로, [그림 2-1]의 연구모형에서 보듯이, 이들이 경험하는 일-가정 갈등 중 특히 가정에서 비롯되는 갈등이 이들의 PWB에 어떠한 영향을 미치며, 또 이는 결과적으로 표면연기와 심층연기 등 직장에서의 감정노동수행과 관련한 전략 선택에 어떠한 영향을 미치는 지를 확인해 보고자 한다.

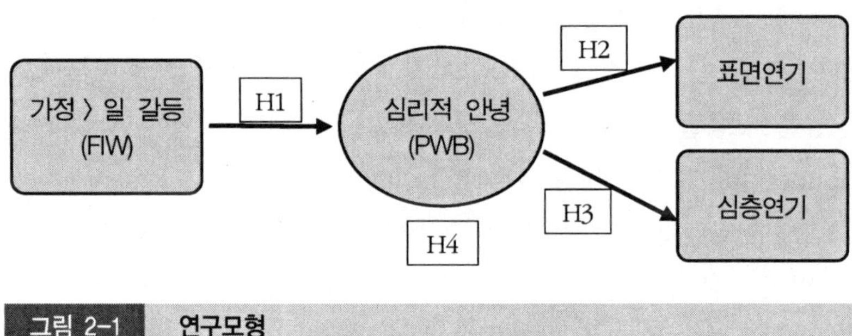

그림 2-1 연구모형

구체적으로, 본 연구의 대상은 종합병원에서 근무하는 임상간호사들로서, 전원 여성들이다. 일반 병동에서 근무하는 임상간호사들의 경우, 기본적으로 과도한 업무량과 휴일이 없는 교대 근무형태, 빈번히 돌아오는 심야근무 등으로 인해, 미혼 여성은 물론, 특히 자녀가 있는 기혼 여성 간호사들이 육아나 가사에 애로를 느끼고, 그 결과 일-가정 갈등을 많이 경험하는 대표적인 근무조건을 가지고 있다(강현아, 2002; 권혜림 외, 2004).

또 간호사는 직무수행 중에 환자나 그 보호자들을 대상으로 잦은 대인관계 접촉을 가지기 때문에, 본연의 간호 업무수행 중에 감정노동을 병행해야 하는 전형적인 한 직무로 간주되어 왔다(Bolton, 2001; 강현아, 2002). 또 직무에 통합된 이러한 감정노동 요구는 흔히 간호사들이 겪는 직무 스트레스와 소진을 초래하는 중요 원인으로 지목되어 오기도 했다(Bakker & Heuven, 2006; Farrington, 1995; Yoon & Kim, 2013 등). 이런 면에서 볼 때, 종합병원 임상간호사들은 본 연구의 측정변수들과 맥락적 적합성이 큰 연구대상으로 볼 수 있다.

하지만 본 연구의 모형에서 설정된 변수 간 관계성과 표본의 특성을 감안하여, 일-가정 갈등의 경우 직장생활이 가정생활에 영향을 미치는 일〉가정 갈등(work-to-family conflict 또는 work interfering family, 이하 WIF)은 제외하고, 가정생활이 직장생활에 영향을 미치는 가정〉일 갈등(family-to-work conflict 또는 family interfering work, 이하 FIW)에만 초점을 맞추려고 한다. 그 이유는 다음과 같다. 우선, 본 연구에서 확인하고자 하는 변수 간 관계성 때문이다. 감정노동 수행이 공식적인 직무요구로 통합되어 있는 간호사와 같은 전문서비스직 수행자에게 있어서는 WIF를 초래하는 한 요인이 바로 직장에서 요구되는 감정노동일 수 있다.

그러므로 직장에서의 감정노동 수행에 영향을 미치는 한 선행 요인으로서 일-가정 갈등을 설정하고 이를 실증해 보고자 하는 본 연구에서는, 갈등의 원천이 가정생활인 FIW 변수에만 초점을 맞추는 것이 WIF 및 직장에서 수행되는 감정노동 변수 간에 존재할 수 있는 개념적 중복성을 피하고 또 변수간 관계성을 보다 명확하게 설정하는 연구설계가 될 것으로 판단되었다.

아울러, 본 연구의 대상이 전원 여성이라는 특수성도 감안되었다. 직장을 가진 대부분의 여성의 경우, 직장과 가정 두 세팅에서 육체적으로나 감정적으로 그야말로 'second shift'를 담당해야 하는 것이 여전한 현실이라고 할 수 있다(Hochschild, 2001). 이에는 일반적인 성 역할 사회화(gender role socialization) 과정이 큰 원인을 제공한다. 남성들은 대개 직장과 가정 영역간의 분리(segmentation)가 상대적으로 용이하고 또 직장 생활에 실제로 더 많은 시간적, 정신적 관여를 해도 쉽게 용인이 될 수 있는 경우가 많다(Rothbard, 2001). 하지만 기혼 직장 여성들에게는 이러한 대응이 현실적으로 결코 쉽지 않을 수 있다. 많은 직장 여성들이 가사와 육아 등 가정에서 주어지는 역할수행을 위해 실제로 남성보다 훨씬 더 많은 시간을 할애하고 있는 현실에서 볼 수 있듯이, 이들은 직장과 가정 영역을 남성처럼 쉽게 분리할 수 없는 입장에 처할 경우가 많다.

더욱이 우리 사회에는 아직도 많은 여성들이 심지어 직장을 가지고 있는 경우에도 가정 영역에서의 역할에 대해 남성보다도 더 큰 책임감을 느끼는 경우가 많다(Lee et al., 2011; 장재윤, 2004). 실제로, 병원에 종사하는 여성 근무자들을 대상으로 했던 한 연구에서는, 직장에서의 감정노동 요구보다도 이들이 가정에서 감당해야 하는 감정표현 요구 등 가정에서 비롯되는 제반 요인들이 정서적 고갈 등 이들의 직무관련 심리적 안녕감에 더 큰 영향을 미치는 요인임이 확인되기도 했다(Wharton & Erickson, 1995).

이런 점들을 감안하여, 본 연구에서는 앞서 [그림 2-1]의 연구모형에서 볼 수 있듯이, 종합병원 임상간호사들의 PWB와 이들이 직장에서 수행하는 감정노동 수행 전략에 영향을 미치는 선행요인으로서 FIW만을 고려해 보고자 한다. 지금까지 일-가정 상호관계 요인과 감정노동 변수들을 함께 다룬 선행연구들은 대부분 일-가정 갈등을 초래하는 선행 영향요인으로서 감정노동을 다루어 왔다(Beal et al., 2006; Montgomery et al., 2005, 2006 등). 하지만 본 연구는 그와는 달리, FIW, 즉 가정〉일 갈등 경험이 직장에서의 감정노동 수행에 어떠한 영향을 미치는 지를 살펴보고, 그 과정에서 심리적 안녕이 수행하는 매개역할을 분석해 보고자 한다는 점에서 나름의 독자적 연구의의를 부여해 볼 수 있을 것이다.

이러한 연구모형 아래, 본 연구에서 실증해 보고자 하는 연구가설은 다음과 같다. 먼저, 본 연구에서 확인해 보고자 하는 첫 번째 가설은 FIW와 PWB 간의 관계에 관한 것이다. 지금까지 행복이나 PWB에 영향을 미칠 수 있는 여러 선행 요인에 대해 많은 연구가 이루어져 왔지만, 일상생활 속에서 경험하는 사회적 관계, 그 가운데서도 가족관계가 매우 중요한 요인이라는 점에는 큰 이견이 없어 왔다(Diener et al., 1999; Donald et al., 2005 등). 가족은 일반적으로 개인에게 가장 직접적인 영향을 미치는 요인일 뿐만 아니라, 특히 가족의 정서적 기능은 개인의 행복이나 PWB를 구성하는 가장 중요한 사회심리적 자원이기 때문이다. 따라서 가족관계가 원만하지 못하거나 혹은 가정으로부터의 역할 요구가 과다하게 되면, 이는 개인의 PWB를 저해하는 중요한 한 원인이 된다.

한편, 자원보존이론에 입각해 보더라도 FIW와 PWB 간의 부정적인 영향관계는 충분히 예상해 볼 수 있다. 가정으로부터의 역할 요구가 증대하여 가정과 직장 간의 역할간 갈등(interrole conflict)이 발생되면, 두 영역으로부터 오는 역할수행의 '저글링'(juggling) 과정에서 대개 자원의 손실과 고갈이 발생되게 된다. 이런 실제적 또는 잠재적 자원의 손실은 개인으로 하여금 생리적 긴장과 정서적 고갈, 불만과 불안 등 부정적인 생리, 심리적 상태를 초래하게 되어 결국 이들의 PWB에 부정적인 영향을 주기 쉽다(Hobfoll & Shirom, 2000; Grandey & Cropanzano, 1999; Lam et al., 2010; Wright & Cropanzano, 1998).

실제로 일-가정 갈등과 각종 정신질환 및 정서적 고갈의 관계를 입증해 온 국내외 선행연구들이 FIW와 PWB 간의 부정적인 영향관계를 간접적으로 뒷받침해 주고 있다고 볼 수 있고(Frone et al, 1997; Yavas et al., 2008; 김석영 외, 2012; 우정원·홍혜영, 2011 등), 특히 가정에서 비롯된 FIW가 심지어 죄의식이나 화를 불러오는 등, 부정적인 정서 상태를 초래하는 것을 입증해 준 연구는 보다 직접적으로 이를 뒷받침해 주고 있다(Judge et al., 2006). 이에 의거하여, 본 연구에서는 다음과 같은 가설을 설정하였다.

가설 1. 구성원들이 지각하는 가정 〉일 갈등(FIW)은 이들이 느끼는 심리적 안녕(PWB)과 부(-)의 영향관계에 있을 것이다.

다음은 PWB와 직장에서 수행하는 감정노동 간의 관계이다. 자원보존이론에 의하면, 정서적 고갈 등 스트레스를 경험할 때와 그렇지 않을 경우, 사람들은 자원 확보와 관련한 행동이 다르게 나타난다. 일상적인 상황이라면 사람들은 장래에 발생 가능한 손실을 상쇄시킬 수 있도록 자원 획득을 위해 노력해 가게 된다. 하지만 정서적 고갈 등 스트레스를 겪고 있는 경우에는 기왕의 자원을 보존하고 향후의 손실을 최소화하기 위해 우선적으로 노력하게 되며, 이 과정에서 이미 투입한 자원을 철회하기도 한다. 그 결과, 심지어는 기존의 직무태도나 직무성과가 결과적으로 더 나빠지는, 소위 '나선형의 (부정적) 과정'(spiraling precess)이 발생될 수도 있게 된다(Hobfoll, 1989; Wright & Hobfoll, 2004).

이러한 자원보존이론 관점을 직장에서의 감정노동 수행 맥락에 적용해 보자면, 구성원의 PWB 상태는 이들의 감정노동 표현 전략의 선택에 일정한 영향을 미친다고 추론해 볼 수 있다. 먼저, FIW로 인한 PWB의 훼손이 그리 심하지 않을 경우, 이는 직장에서 좀 더 많은 몰입이 요구되는 심층연기를 수행할 수 있는 가능성을 높여준다고 볼 수 있다. 물론 표면연기를 행함에 있어서도 일정한 노력과 에너지 소모가 수반되기 마련이지만, 자신의 본심을 표현규칙에 맞추어 변화시키고 보다 진정성 있게 고객을 응대해야 하는 심층연기를 위해서는 일반적으로 더 많은 몰입과 심적인 에너지가 요구되기 때문이다(Brotheridge & Lee, 2002, Grandey, 2003; Trougakos et al., 2008).

하지만 FIW로 인해 PWB가 심각하게 훼손될 경우, 감정노동 수행을 위한 전략적 선택에 변화가 있을 수 있다. 낮은 PWB와 같은 부정적인 심리 상태는 곧 감정노동 수행을 위한 정서적 자원과 에너지의 손실을 의미한다고 볼 수 있기 때문에, 이러한 상태에 처한 구성원은 기존의 자원을 보존하기 위한 차원에서 고객에 대한 응대에 있어 소극적이거나 낮은 수준의 동기를 보이기 쉽고, 결국 심층연기보다는 자원과 에너지 소모가 적은 표면연기를 선택할 가능성이 높아진다고 볼 수 있다.

사실, 소진의 한 하위차원이기도 한 '몰인격화'(depersonalization) 현상 역시 바로 이런 맥락에서 해석해 볼 수 있다. 극심한 소진을 경험할 때 사람들이 흔히 보이기 쉬운 몰인격화는, 타인을 대할 때 진정성 없이 기계적으로 응대하며 심리적인 거리두기를 하는 측면을 지칭한다. 그렇지만 자원보존이론의 관점에서 본다면, 이는 이미 고갈상태인 자신의 정서적 자원을 보존하고 더 이상의 추가적인 손실을 최소화하기 위한, 어쩌면 자연스런 적응이자 선택일 수도 있다(Wright & Hobfoll, 2004; 김영조·한주희, 2008; 박상언 외, 2005).

그간 여러 실증연구들은 긍정적 정서 경험이 많고 행복하다고 느끼는 사람일수록 자신의 삶과 자아에 대한 수용도가 높고, 또 직무에 대한 열의나 실제 직무성과가 높게 나타난다는 것을 보여주었다

(Fredrickson, 2001; Lyubomirsky et al., 2005; Robertson & Flint-Taylor, 2009). 반면, 긍정적 정서 경험의 저하 및 자신에 대한 비하 경향은 감정노동 수행시 표면연기 전략과 깊은 연관이 있으며(Beal et al., 2006), 또 PWB가 낮은 사람일수록 낮은 직무동기와 낮은 직무성과를 보인다는 것을 입증한 연구들도 상당수 존재한다(Staw & Barsade, 1993; Wright & Bonett, 1997). 그러므로 이러한 선행 실증연구들 역시 PWB와 감정노동 간에 다음과 같은 가설을 설정하는 것을 간접적으로 뒷받침해 주고 있다고 볼 수 있다.

가설 2. 구성원들이 느끼는 심리적 안녕(PWB)은 이들이 업무 중 행하는 표면연기와 부(-)의 영향관계에 있을 것이다. 즉 PWB를 낮게 느낄수록, 표면연기가 증가할 것이다.

가설 3. 구성원들이 느끼는 심리적 안녕(PWB)은 이들이 업무 중 행하는 심층연기와 정(+)의 영향관계에 있을 것이다. 즉 PWB를 낮게 느낄수록, 심층연기가 감소할 것이다.

끝으로, 본 연구에서는 앞서 [그림 2-1]의 연구모형에서 시사되듯이, FIW와 조직내 감정노동 간의 관계를 PWB가 매개할 것이라는 가설을 설정해 보고자 한다. 이미 지적한 바 있듯이, 그동안 일-가정 갈등과 같은 일-가정 상호관계(work-family interface) 요인이 직무태도와 행동, 그리고 직무성과에 미치는 영향관계를 실증한 연구는 많았지만, 구체적으로 어떠한 과정을 거쳐 그러한 결과가 초래되는지 그 심리적 메카니즘을 함께 규명해 준 연구는 상대적으로 많지 않아 왔다. 이러한 취지에서, 본 연구에서는 임상간호사들이 병원에서의 감정노동 수행시 표면연기와 심층연기 등 감정노동 수행 전략을 선택함에 있어서, FIW로 인해 경험하는 PWB가 중요한 한 매개요인이 된다는 것을 실증해 보고자 한다.

앞서 논한 바와 같이, 자원보존이론에 의하면 PWB 역시 스트레스에 대처하는데 도움을 주는 하나의 심리, 정서적 자원일 수 있다. 하지만 가정에서 비롯되는 여러 가지 역할 요구에 대처하느라 발생되는 FIW는, 여성 간호사들로 하여금 직장생활 속에서 정신적, 육체적 피로나 스트레스 등으로 인해 다양한 부정적인 정서를 경험하게 만들 수 있고, 이는 결국 이들의 심리, 정서자원인 PWB를 저하시키는 결과를 초래하게 된다. 이처럼 한정된 정서자원인 PWB가 손실될 경우, 이는 직장에서의 후속적인 역할 대처를 더욱 어렵게 하거나 혹은 소극적으로 만드는 요인으로 작용될 가능성이 크다. 즉 이들은 자신의 잔존 자원을 보존하기 위해, 조직과 직무에 대한 몰입과 노력을 점차 줄이게 되고, 고객접점에서 이들을 응대하기 위해 감정노동 수행전략을 선택함에 있어서도 보다 많은 자원과 몰입이 투입되는 심층연기보다는 표면연기를 더 많이 선택해 갈 가능성이 커질 수 있는 것이다.

지금까지 일-가정 상호관계와 감정노동의 맥락에서 PWB가 수행하는 매개역할을 직접적으로 실증해 본 연구는 없었다. 하지만 일부 선행연구들에 의하면, 다양한 직무여건에 처한 조직구성원들이 소속 조직과 일에 대해 어떠한 태도를 갖는가는 상당부분 이들의 정서적 안녕 상태가 매개한다는 사실을 확인해 주었다. 먼저, 각종 직무 스트레스 요인이 결근과 직무불만족 등 조직구성원의 행동 및 심리적 반응에 미치는 영향은, 이들이 가진 부정적인 차원의 정서가 상당부분 매개한다는 사실이 입증된 바 있다(Spector, 1998).

또한 일-가정 갈등 요인과 감정노동 간의 관계를 동시에 고찰해 보았던 Cheung & Tang(2009)의 실증연구에 따르면, 마케팅 및 세일즈 업종 종사자들이 느끼는 직장생활의 질(quality of work life)

은 이들이 수행하는 표면연기와 일〉가정 갈등(WIF) 간의 관계를 부분 매개하는 것으로 나타났다. 이들이 측정한 '직장생활의 질' 변수는 직무 수행과 관련하여 구성원이 느끼는 여러 가지 욕구의 만족도를 나타내는 개념으로서, 직장생활에서의 심리적 안녕을 상당 부분 대변한다고 볼 수 있다. 이러한 선행연구들은 비록 PWB의 매개효과를 직접적으로 확인한 것은 아니지만, 여러 면에서 그 가능성을 간접적으로 시사해 주는 것들로 볼 수 있다.

한편, Edwards & Rothbard(2000)의 연구는, 가정에서 비롯되는 여러 갈등 요인들이 좋지 않은 가정 분위기를 조성하게 되고, 여기서 느끼는 나쁜 기분은 결국 직장으로 이어져 직장에서의 역할 수행을 저해하게 될 수도 있음을 암시해 주기도 했다. 이는 본 연구에서 실증해 보려하는, FIW와 감정노동 간의 관계에 있어서 PWB의 매개효과를 좀 더 직접적으로 시사해 주는 것이라 할 수 있다. 그러므로 이러한 선행연구들에 의거하여, 본 연구에서는 PWB의 매개역할에 대해 다음과 같은 가설을 설정하고 이를 확인해 보기로 한다.

가설 4. 구성원들이 느끼는 심리적 안녕(PWB)은 (독립변수로서의) 가정〉일 갈등(FIW)이 (종속변수인) 표면 및 심층연기에 미치는 영향관계를 매개할 것이다. 즉 구성원이 지각하는 가정〉일 갈등(FIW)의 증가는 이들의 심리적 안녕(PWB)을 저해하게 될 것이고, 이를 통해 감정노동 수행시 표면연기는 증가하는 반면, 심층연기는 감소하게 될 것이다.

Ⅲ. 연구방법

3.1 표본조직과 자료수집

이상의 가설을 검증하기 위해서, 본 연구에서는 9개의 국내 종합병원에서 근무하고 있는 여성 간호사 419명을 대상으로 설문 자료를 수집하였다. 종합병원내 외래, 수술실 등 근무 장소에 따라서도 이들 간호사의 근무여건과 노동강도에 일정한 차이가 있을 수 있다는 점을 고려하여, 본 연구에서는 일반 병동에서 근무하는 여성 임상간호사들만을 연구대상으로 하였다.

앞서 지적한 바와 같이, 종합병원 임상간호사는 업무수행과정에서 환자와 보호자, 의사 등 다양한 사람들과 빈번한 접촉을 해야 하기 때문에, 감정노동과 연관된 업무요구가 많은 직무로 알려져 왔다. 또 임상간호사들의 경우, 병실 라운딩, 담당 환자에 대한 검사와 체크, 투약, 수술 준비 등 정해진 기본 업무 이외에도, 돌발적으로 발생되는 위급상황이 많아 직무관련 스트레스가 많은 것으로 알려져 있다. 즉 기본적으로 업무의 불예측성(unpredictability)이 크고, 팽팽한 긴장 속에 예민해져 있는 의사와 환자 등 여러 사람들과의 접촉에서 오는 스트레스는 물론, 사소한 실수가 환자의 생명과도 직결될 수 있는 위험성과 그에 따른 불안감 등으로 인해, 일반적으로 간호사는 업무수행 중에 직무소진과 스트레스를 많이 경험하는 대표적인 직무로 평가되어져 왔다(Bakker & Heuven, 2006; Briscoe, 2006; Farrington, 1995 등).

이처럼, 교대 근무형태와 그로 인한 심야근무, 또 예기치 않은 오버타임(연장근무) 등으로 인하여, 특히 자녀가 있는 기혼 간호사들은 육아나 가사에 애로를 많이 느낄 수밖에 없는 근무조건을 가지고 있다(김옥선 · 김효선, 2012; 박상언 · 신다혜, 2011). 따라서 여성 임상간호사가 처한 이러한 근무여건과 또 이들이 가정에서 부담해야할 여러 가지 역할들을 감안할 때, 본 연구의 표본인 종합병원 임상간호사들은 일-가정 갈등과 감정노동 맥락을 연구하는 본 연구의 성격에 잘 부합되는 표본이라 판단되었다.

3.2 변수의 측정

3.2.1 가정〉일 갈등(FIW)

일반적으로 일-가정 간 역할갈등은 '시간'과 '긴장'(strain) 그리고 '행동'에 기반한 역할갈등으로 구분될 수 있다(Greenhaus & Beutell, 1985). 하지만 본 연구의 측정대상인 여성 간호사는 가정과 직장에서 기본적으로 '보살핌'(caring) 노동을 많이 수행하는 반면(Bolton, 2001; 강현아, 2002), 직장에서 기대되는 역할 행동이 가정에서의 기대 역할 행동과 불일치함으로 인해 생기는 '행동'에 기반한 역할갈등은 그리 크지 않다고 볼 수 있다. 따라서 본 연구에서 FIW는 그 원천이 가정에서의 역할요구에서 비롯되는, '시간'에 기반한 역할갈등과, 그로 인해 유발되는 '긴장'에 기반한 역할갈등을 중심으로 측정되었다. 이러한 FIW를 측정하기 위하여 Frone 등(1992)과 Gutek 등(1991), 그리고 Netemeyer 등(1996, 2005)이 개발한 문항들을 병원 조직의 맥락에 적합하도록 수정하여 활용하였다. 총 5문항을 5점 척도로 측정하였는데, 신뢰도는 .814로 확인되었다.

3.2.2 심리적 안녕(PWB)

본 연구에서 심리적 안녕은 Beckman(1971)이 개발한 Index of Psychological Well-Being 측정문항들 가운데 간호사 표본에 보다 적합하다고 판단되는 4문항을 활용하였다. Beckman의 문항들은 주로 '유쾌함에 기반한 차원'(pleasantness-based dimension)에서 사람들의 정신적 건강과 안녕의 상태를 단일 정서 차원에서 측정하고 있는 것이 특징이라 할 수 있다. 5점 척도로 측정된 4문항 간의 신뢰도는 .724로 나타났으며, 이는 이 척도를 활용했던 다른 선행연구들(예를 들어, Wight & Bonnet, 1997; Wright & Cropanzano, 2000)과 비슷한 수준이었다.

3.2.3 표면연기와 심층연기

표면연기는 감정노동을 수행할 때 자신이 느끼는 내적 감정과 조직이 표현하기를 요구하는 감정이 서로 다를 경우, 자신의 내적 감정은 변화시키지 않은 채 외적인 표현만을 조직의 감정표현규칙에 준하여 행동하는 것을 의미한다(Grandey, 2003). 이에 비해, 심층연기는 조직이 표현규칙을 통해 요구하는 규범적 감정을 내면화시키고, 이를 자신의 내적 감정으로 동일화시킨 상태에서 수행되는 감정노동을 말한다. 조직의 규범적 감정을 내면화하기 위해서는 통상 의도적인 차원의 심리적 몰입과 노력이 많이 요구되어진다고 볼 수 있다(Brotheridge & Lee, 2002; Trougakos et al., 2008; Zapf, 2002). 본 연구에서는 Brotheridge & Grandey(2002)와 Diefendorff 등(2005)의 문항을 임상간호사의 노동과정과 직무맥락에 적합하도록 수정하여 활용하였다. 각기 4문항씩(5점 척도)으로 측정된 표면연기와 심층연기는 .775와 .766의 신뢰도를 나타내었다.

〈표 2-1〉은 이들 변수를 측정하는 문항들에 대한 요인분석 결과를 요약해 주고 있다. 요인분석방법으로는 주성분분석법(principal components analysis)을 사용하였으며, 직교회전(varimax) 방식에 의해 아이겐 값(eigen value)이 1 이상인 요인만을 선택하였고, 요인적재치(factor loading)는 0.5 이상인 경우를 유의적인 것으로 판

단하였다. 요인분석 결과, 모든 설문문항들은 원래 측정하고자 했던 구성 개념으로 잘 적재되었으며, 이들 요인적재치는 모든 문항들에서 0.6 이상으로 나타나 모든 변수들이 구성타당도가 있는 것으로 확인되었다.

표 2-1 연구변수들에 대한 요인분석 결과

문 항	〈요인 1〉 가정〉일 갈등(FIW)	〈요인 2〉 표면연기	〈요인 3〉 심층연기	〈요인 4〉 심리적 안녕(PWB)
- 가정을 돌보기 위한 시간 때문에, 병원 업무를 위한 시간을 충분히 확보하기 어려움.	**.785**	-.132	-.089	-.025
- 가정에서의 책임을 이행하는 시간 때문에, 직장과 관련된 활동들에 방해를 받음.	**.753**	-.025	-.045	-.046
- 가정생활로 인한 긴장과 근심이 직장내 업무수행능력을 떨어뜨림.	**.735**	-.001	-.054	-.025
- 가족이나 배우자의 요구 때문에, 병원 일에 집중하기가 힘듦.	**.727**	.078	-.141	-.159
- 가족이나 배우자가 요구하는 것이 너무 많아, 내가 직장에서 하기 원하는 것들을 제대로 할 수가 없음.	**.722**	-.220	-.096	-.180
- 환자를 대할 때, 실제로 내가 느끼는 것과는 다른 기분이나 감정을 표현하는 경우가 많음.	-.038	**.805**	.042	-.038
- 업무상 요구되는 감정표현은 내가 실제로 느끼는 기분과는 다를 때가 많음.	-.039	**.792**	.070	.005
- 일을 할 때, 실제 감정을 숨긴 채 업무상 요구되는 감정을 꾸며내어	-.071	**.785**	.039	-.125

문 항	〈요인 1〉 가정〉일 갈등(FIW)	〈요인 2〉 표면연기	〈요인 3〉 심층연기	〈요인 4〉 심리적 안녕(PWB)
표현할 때가 많음.				
- 환자를 대할 때, 기분 좋은 표정이나 인상을 주기 위해 의도적으로 노력함.	-.086	**.642**	.332	.096
- 환자들을 친절하게 응대하다 보면, 실제로 그런 감정이 내 마음 속에서 생겨나는 것을 느낌.	-.022	-.017	**.812**	-.041
- 업무상 환자에게 보여야 하는 감정을 실제로 내 마음으로도 느껴 보려고 노력함.	-.115	.061	**.768**	.016
- 병원 측의 요구에 의해서가 아니라, 진심에서 우러나오는 마음으로 환자에게 기분 좋은 인상을 심어주려고 노력함.	-.202	.140	**.725**	.227
- 병원의 좋은 이미지를 보여주기 위해 환자에게 진심으로 친절하게 대하려고 노력함.	-.072	.274	**.664**	.168
- 종종 삶이 덧없고 싫증난다고 느낌. (*)	-.052	-.080	.002	**.812**
- 외롭고, 다른 사람들로부터 동떨어져 있는 것처럼 느낌. (*)	.017	-.089	.052	**.720**
- 내가 좋아하는 것에 특별히 심취하거나 흥미를 느끼고 있음.	-.232	.031	.093	**.704**
- 내가 이룬 것에 대해 만족하고 행복감을 느끼곤 함.	-.105	.066	.124	**.665**
고유치(Eigen Value)	4.122	2.489	1.950	1.538
설명된 변량(Percentage of Variance; %)	24.248	14.643	11.469	9.045
누적 변량(Cumulative Percentage; %)	24.248	38.891	50.361	59.405

(*) 역척도 문항으로서, 반대 방향으로 recode하여 처리하였음.

3.2.4 통제변수

본 연구의 주요 변수 측정치들에 대해 응답자들의 인구통계적 속성들이 일정한 영향을 미칠 수 있으므로 이를 통제할 필요가 있다. 앞서 언급한 바와 같이, 본 연구에서는 전원 '여성' 간호사로서 '일반 병동'에서 근무하는 임상간호사들로 표본을 한정하였기 때문에, 이러한 표본설계로 인해 간호사의 성별과 근무여건 등에 따른 차이는 사전 통제하고 있는 셈이다. 표본설계 과정에서 사전 통제된 이러한 변수들 이외에, 본 연구에서는 응답자의 연령과 재직기간, 결혼 여부, 직급, 그리고 고용형태를 통제변수로 도입하였다. 직급의 경우, 책임간호사와 수간호사, 그리고 간호부장 등 팀장급 이상은 관리직 간호사로, 그리고 나머지를 일반 평간호사로 구분하였으며, 고용형태는 정규직과 비정규직으로 구분하였다.

Ⅳ. 분석 결과

4.1 기초통계 분석

가설검증에 앞서, 본 연구에서 측정된 변수들의 평균과 표준편차, 그리고 변수들 간의 상관관계를 살펴보면 〈표 2-2〉와 같다. 먼저, 총 419명의 표본 집단에 대한 인구통계적 특성을 간단히 살펴보면, 응답자의 평균 연령은 28.7세, 평균 재직기간은 4.6년으로 나타났다. 연령의 경우, 21세부터 50세까지 폭넓게 분포했지만, 그 중 25-35세가 73.6%에 해당할 정도로 20대 후반부터 30대 중반의 응답자가 대부분을 차지하였다. 전체 응답자 중 책임간호사 이상 관리자급은 10%로 나타났으며, 정규직은 72%로서 다수를 차지했다. 정규직이고 직급이 높을수록 PWB를 더 크게 느끼고 있는 반면, 비정규직 간호사가 정규직 간호사보다 FIW를 더 크게 지각하고 있는 것으로 나타났다.

표 2-2 연구변수들 간의 상관관계 (N=419)

구 분	평균	표준편차	(1)	(2)	(3)	(4)	(5)	(6)	(7)	(8)	(9)
(1) 연령	28.66	4.89	1.00								
(2) 재직기간	4.64	4.09	.842**	1.00							
(3) 결혼여부	.26	.44	.538**	.434**	1.00						
(4) 직급	.10	.30	.423**	.402**	.299**	1.00					
(5) 고용형태	.72	.45	.127**	.255**	.187**	.205**	1.00				
(6) 가정〉일 갈등(FIW)	2.59	.61	.023	-.091	.003	-.004	-.269**	1.00			
(7) 심리적 안녕 (PWB)	3.09	.66	-.031	.076	.028	.098*	.210**	-.247**	1.00		
(8) 표면연기	3.54	.53	.019	.122*	.054	.071	.304**	-.166**	-.016	1.00	
(9) 심층연기	3.48	.50	.074	.197**	.080	.103*	.275**	-.265**	.221**	.301**	1.00

* P 〈 .05, ** P 〈 .01

1) 결혼여부: 미혼 = 0, 기혼 = 1

2) 직급: 평간호사 = 0, 팀장 또는 관리자급(책임간호사, 수간호사, 간호부장 등) = 1

3) 고용형태: 비정규직 = 0, 정규직 = 1

4.2 가설검증

본 연구의 가설 검증을 위해 계층적 회귀분석(hierarchical regression analysis)을 활용하였다. 본 연구에서 측정하고 있는 여러 인구통계 변수들 중 〈표 2-2〉의 변수 간 상관관계에서 확인할 수 있듯이, 연령과 재직기간은 서로 상관관계가 매우 높게 나타나고 있다(r=.842, p〈.01). 따라서 다중공선성(multicollinearity) 문제를 피하고 또 연구모형의 간명성(parsimony)을 위해 이 가운데 재직기간 변수만 투입하였다. 또한 회귀분석을 실시할 때 변수들의 변량증폭요인(variance inflation factor, VIF)을 점검해 본 결과, 그 값이 모두 2 이하로 확인되어 다중공선성 문제는 발생하지 않는 것으로 확인되었다.

이제 가설검증 결과를 살펴보면 다음과 같다. 본 연구의 첫 번째 가설은 FIW가 PWB와 부정적인 영향관계에 있을 것이라는 내용이었다. 다음 〈표 2-3〉은 이를 위한 분석결과를 요약해 주고 있다. 모형 II에서 보듯이, 재직기간과 결혼여부, 직급과 고용형태 등 일련의 인구통계변수들의 영향력을 통제한 이후, 간호사들이 평소 지각하는 FIW는 이들의 PWB에 유의적인 부(-)의 영향관계에 있음이 확인되었다. 따라서 가설 1은 지지되었다.

표 2-3 심리적 안녕(PWB)과 가정〉일 갈등(FIW) 간의 관계에 대한 회귀분석 결과

구분	심리적 안녕(PWB)	
	모형 I	모형 II
재직기간	.016	.000
결혼여부[1)]	-.035	-.020
직급[2)]	.061	.074
고용형태[3)]	.200***	.143**
가정 〉일 갈등(FIW)		-.208***
F값	5.256***	7.987***
R^2	.048	.088
ΔR^2		.040***

* p〈.05, ** p〈.01, *** p〈.001

1) 결혼여부: 미혼 = 0, 기혼 = 1

2) 직급: 평간호사 = 0, 팀장 또는 관리자급(책임간호사, 수간호사, 간호부장 등) = 1

3) 고용형태: 비정규직 = 0, 정규직 = 1

4) 표에 제시된 수치는 표준화된 회귀계수(standardized regression coefficient)임.

다음은 PWB와 표면연기 및 심층연기 등 감정노동 수행 전략 간의 관계에 관한 가설 2와 가설 3에 대한 검증 결과이다. 이는 〈표 2-4〉의 모형 II에서 확인할 수 있다. 분석결과, PWB는 표면연기와 가설에서 예상한 부(-)의 관계는 나타났지만, 그 정도가 미약하여 유의적인 수준으로 보기는 어려웠다($p<.10$). 그에 비해, 심층연기에 있어서는 가설에서 예상한 바와 같이 유의적인 수준의 정(+)의 관계가 확인되었다. 따라서 가설 2는 기각된 반면, 가설 3은 지지되었다고 볼 수 있다.

한편, 비록 본 연구에서 가설화되진 않았지만, 〈표 2-4〉의 모형 I을 통해서 독립변수인 FIW와 종속변수인 감정노동 수행 전략 간의 직접적인 영향관계를 살펴볼 수 있다. 본 연구에서 FIW는 직장에서의 표면연기에 대해 부(-)의 관계가 나타났지만, 그 정도가 유의적이진 않았다($p<.10$). 그렇지만 심층연기에 대해서는 유의적인 수준의 부(-)의 관계를 보여주고 있어서, FIW가 직장에서의 심층연기에 대해 부정적인 관계에 있음을 시사해 주고 있다.

다음으로, 가설 4는 FIW와 감정노동 수행전략의 선택에 있어서 PWB가 매개역할을 할 것이라는 내용이었다. 본 연구에서는 Baron & Kenny(1986)가 추천한 절차에 따라 이를 검증해 보기로 한다. 첫째 조건은, 독립변수와 매개변수가 각기 종속변수와 유의미한 관계가 있어야 한다. 이는 〈표 2-4〉의 모형 I과 모형 II를 통해 확인할 수 있었다. 즉 종속변수인 표면연기의 경우, 매개변수인 PWB는 물론, 독립변수인 FIW와도 그 영향관계가 그리 크지 않은 것으로 나타났다($p<.10$). 반면 심층연기의 경우, 앞서 확인한 바 있듯이 통계적으로 유의적인 수준에서 PWB와는 정(+)의 관계, 그리고 FIW와는 부(-)의 관계를 보여주고 있다.

매개효과를 검증하기 위한 두 번째 조건은 독립변수와 매개변수

간에도 유의적인 관계가 존재하는 것이다. 이는 앞서 〈표 2-3〉을 통해 가설 1을 검증하기 위한 과정에서 이미 확인되었다. 즉 FIW는 PWB와 유의적인 수준의 부(-)의 관계에 있었다.

매개효과를 검증하기 위한 마지막 조건은 다음과 같다. 독립변수와 매개변수가 동시에 회귀방정식에 투입되었을 때 매개변수가 종속변수에 여전히 유의적인 영향을 미치는 한편, 독립변수와 종속변수들 간의 관계는 매개변수가 투입되지 않았을 경우보다도 더 약화되거나 혹은 유의하지 않게 나타나야 한다. 이러한 세 번째 조건의 충족 여부는 〈표 2-4〉의 모형 III을 통해 확인할 수 있다.

표 2-4 감정노동 수행 전략과 가정〉일 갈등(FIW) 및 심리적 안녕(PWB) 간의 관계에 대한 회귀분석 결과

구분	표면연기			심층연기		
	모형 I	모형 II	모형 III	모형 I	모형 II	모형 III
재직기간	.053	.061	.053	.132*	.145**	.132*
결혼여부[1)]	-.019	-.028	-.021	-.016	-.025	-.014
직급[2)]	-.001	-.001	.007	.016	-.007	.006
고용형태[3)]	.270***	.312***	.286***	.186***.	208***	.167**
심리적 안녕(PWB)		-.085 +	-.107*		.168***	.132**
가정〉일 갈등(FIW)	-.088 +		-.110*	-.202***		-.175***
F값	9.382***	9.364***	8.707***	12.460***	11.285***	11.841***
R^2	.102	.102	.113	.131	.120	.147
ΔR^2			.011*			.016**

+p 〈 .10, * p〈.05, ** p〈.01, *** p〈.001

1) 결혼여부: 미혼 = 0, 기혼 = 1

2) 직급: 평간호사 = 0, 팀장 또는 관리자급(책임간호사, 수간호사, 간호부장 등) = 1

3) 고용형태: 비정규직 = 0, 정규직 = 1

4) 표에 제시된 수치는 표준화된 회귀계수(standardized regression coefficient)임.

이미 표면연기의 경우는 앞서의 조건을 충족시키지 못했기 때문에, 심층연기의 경우만을 살펴보면 된다. 독립변수인 FIW와 매개변수인 PWB가 동시 투입된 모형 III에서, 매개변수인 PWB는 여전히 심층연기와 유의적인 관계에 있는데 비해, 비록 여전히 유의적인 수준이긴 했지만 독립변수인 FIW의 영향력은 약화된 것으로 나타났다. 이는 매개변수인 PWB가 독립변수와 종속변수 간의 관계를 부분적으로 매개할 가능성을 시사하는 것이다.

다음 〈표 2-5〉는 이러한 매개효과를 좀 더 확실하게 확인해 보기 위해 Sobel Test를 추가로 시행해 본 결과이다. 그 결과, 앞서 확인된 FIW → PWB → 심층연기 경로는 부분 매개효과를 가짐을 재확인해 볼 수 있었다. 따라서 본 연구의 경우, 간호사들이 평소 지각하는 FIW는 이들이 직장에서 수행하는 심층연기에 직접적으로도 부정적인 영향을 미치지만, 그 영향의 일부는 이들이 느끼는 PWB의 저하를 통해 부분적으로 매개되고 있음을 알 수가 있다.

표 2-5 Sobel Test 결과

경로	a, s_a, b, s_b [1]	test 통계량(z), [2] p값
FIW → PWB → 심층연기	$a = -.232$ $s_a = .042$ $b = .262$ $s_b = .045$	-3.977 .0001

1) a는 매개변수인 PWB에 대한 독립변수 FIW의 비표준화 회귀계수임. b는 종속변수인 심층연기에 대한 매개변수의 비표준화 회귀계수임(단, 독립변수가 종속변수에 대한 예측치로서 동시에 투입되었을 경우임). 또한 s_a와 s_b는 각각의 경우 a, b의 표준편차임.

2) 매개효과의 유의도는 $z = a^*b/\mathrm{SQRT}(b_2{}^*s_a{}^2 + a_2{}^*s_b{}^2 + s_a{}^{2*}s_b{}^2)$로 산출되는 Aroian Test 통계량에 의해 결정.

Ⅴ. 마무리 토론: 일·생활 균형을 위한 시사점과 향후 연구과제

비록 수적으로 많지는 않았지만, 일-가정 상호관계와 감정노동 요인을 함께 다루었던 그간의 연구들은 주로 감정노동이 일-가정 갈등에 미치는 영향에 주목해 왔다(Beal et al., 2006; Montgomery et al., 2005, 2006 등). 하지만 본 연구는 역으로, 직장에서의 감정노동 수행에 영향을 미치는 선행 조건으로서의 FIW를 고찰하고 있다. 또한 그 과정에서 조직구성원이 경험하는 PWB의 저하가 그러한 심리적 과정을 설명하는 한 매개요인일 수 있음을 실증해 보고자 하였다.

먼저, 본 연구에서 첫 번째 가설로 설정한 데로, FIW는 여성 임상간호사들의 PWB에 부정적인 영향을 미치는 한 요인임이 확인되었다. 이는 기혼의 여성 간호사들이 병원에서뿐만 아니라 가사와 육아 등 가정에서의 돌봄(caring) 노동을 본인의 당연한 책임으로 받아들이는 경향이 있고(장재윤, 2004), 또 실제로 가정에서 주어지는 역할수행을 위해 남성보다 훨씬 더 많은 시간을 할애하고 있는 대다수 직장 여성들의 현실을 감안하면 당연한 결과로 생각된다(Rothbard, 2001).

그런데, 이와 관련하여 본 연구에서는 통제변수로 도입한 '고용형태' 변수가 흥미로운 결과를 보여주고 있다. 즉 〈표 2-3〉에서 볼 수 있듯이, 정규직 간호사들일수록 PWB를 더 크게 인식하고 있는 것이다. 또 〈표 2-4〉에서 확인 가능하듯이, 정규직 여부는 이들이 직장에서 표면연기와 심층연기 등 감정노동을 수행하는 측면과도 상당한 수준에서 유의한 정(+)의 관계를 보여주고 있다. 이는 결국 정규직이라는 신분 혹은 '상태'를 획득하는 것이 이들의 PWB를 증대시키는 것은 물론, 이들이 병원에서 감정노동을 수행할 때도 상당한 도움을 주는 '자원'이 되고 있음을 입증해 주고 있다고 볼 수 있다. 그러므로 본 연구의 배경이론이 되고 있는 자원보존이론에 입각해서 보더라도, 간호사의 정규직화는 이들의 PWB 증진과 서비스의 질 향상을 위해 중요한 조건이 된다는 것을 짐작해 볼 수 있다.

다음으로, 임상간호사가 평소 경험하는 PWB는 직장에서 이들이 수행하는 감정노동의 전략적 선택에도 일정한 영향을 미칠 것이라는 것이 본 연구의 두 번째 및 세 번째 연구 가설이었다. 분석결과, PWB는 표면연기에는 기대한 만큼의 영향관계를 보여주지 못했지만, 심층연기에는 가설에서 예측한데로 유의적인 정(+)의 관계가 확인되었다. 이는, 병원에서 간호사들이 환자나 보호자들과의 접촉과정에서 진정성 있는 감정노동을 수행하기 위해서는 이들이 느끼는 PWB가 중요한 심리적, 감정적 자원으로 기능한다는 것을 시사해 준다. 따라서 간호사가 제공하는 돌봄 서비스의 질을 향상시키기 위해서는 이들의 PWB를 증진시킬 수 있는 방안을 강구하는 것이 필요하다고 볼 수 있다. 그렇지만 PWB와 표면연기 간에는 비록 부(-)의 관계가 관찰되기는 했지만, 가설을 채택할 만큼 유의한 수준은 아니었다. 따라서 PWB와 표면연기 간의 관계에 대해서는 추후 유사한 반복연구를 통해 재검증이 필요하다고 생각된다.

또한 비록 본 연구에서 공식적으로 가설화되지는 않았지만, 〈표 2-4〉에서 확인할 수 있었던 FIW와 감정노동 간의 관계 역시 눈여겨 볼 시사점을 제공해 주고 있다. 왜냐하면, 간호사가 느끼는 FIW는 이들이 직장에서 수행하는 표면연기(β=-.088, p〈.10)는 물론, 특히 심층연기(β=-.202, p〈.001)와 상당한 수준의 부정적인 관계에 있음이 확인되었기 때문이다. 이는 FIW가 직장에서의 표면연기는 물론, 특히 심층연기를 상당 수준 감소시킬 수 있음을 시사한다. 즉 앞서 이론적 배경 부분에서도 논의한 바 있듯이, 가정에서 요구되는 역할 수행을 위해 본인의 가용 자원을 상당 부분 소진한 간호사는 직장에서 와서 보다 많은 심적 자원이 요구되는 진심어린 고객응대에 그만큼 소극적일 수 있다는 것이다. 그러므로 이러한 분석결과는, 고객만족을 위한 진정성 있는 서비스 제공을 위해서는 조직이 그 구성원의 FIW에 대해서도 상당한 배려와 지원을 강구할 필요가 있음을 시사해 준다고 볼 수 있다.

아울러, 본 연구의 분석결과는, FIW가 이처럼 심층연기에 대해 직접적으로 부정적인 영향을 미치기도 하지만, 그 영향의 일부는 구성원의 PWB의 저하를 통해 매개된다는 것을 확인해주었다. 그동안 일-가정 갈등과 같은 일-가정 상호관계 요인이 조직구성원의 직무관련 태도와 행동에 미치는 영향을 다룬 연구들은 많이 있었지만, 그러한 영향관계가 구체적으로 어떠한 심리적 과정을 거쳐 이루어지는 지를 규명한 연구는 많지 않았다. 이런 점에서, 본 연구는 그러한 심리적 과정과 메커니즘의 한 경로를 열어 보여 주었다는 점에서 나름의 의의를 부여해 볼 수 있을 것이다. 즉 본 연구의 분석결과에 의하면, 조직구성원이 가정에서 비롯되는 역할 갈등인 FIW를 크게 경험하는 것은, 특히 직장에서 감정노동을 수행할 때 진정성 있는 고객응대를 위하여 좀 더 많은 심적 몰입과 에너지를 투입해 심층연기를 수행하는 것을 저해할 수 있다. 또한 본 연구는, FIW가 미치는 이러한 부정적인 영향의 일부는 그 구성원이 평소 지각하는 긍정적인 심리, 정서자원인 PWB의 저하를 통해 발생된다는 것을 보여주고 있다.

이러한 본 연구의 결과에 입각해 볼 때, 종합병원의 임상간호사들처럼 고객접점에서 감정노동을 수행해야 할 필요가 있는 전문서비스직 사원들의 직무동기와 서비스의 질을 향상시키기 위해서는,

이들이 당면하는 FIW에 대한 대처 자원을 확충해 주는 한편, 평소 이들이 경험하는 PWB를 증진시켜주기 위한 차원의 대책을 모색해 보는 것이 필요하다고 볼 수 있다. 이런 차원에서, 본 연구의 대상 조직인 종합병원과 같이 여성이 다수의 핵심 인력을 차지하는 조직에서는, 이른바 가족친화제도(family-friendly policies)를 적극 도입, 시행하는 것이 조직구성원의 FIW에 대한 대처 능력과 자원을 확충시키고, 그 결과 이들의 PWB를 제고시키는 효과적인 방안이 될 수 있다. 가족친화제도는 조직구성원들이 직장과 가정의 일을 조화롭게 병행할 수 있도록 지원하는 조직 내부의 제도나 프로그램을 일컫는다(Allen, 2001). 즉 사내 보육시설 운영 등 다양한 형태로 운영되는 각종 육아지원제도는 물론, 산전후 휴가와 육아휴직제도의 실질적 운영은 특히 여성 인력에게 직장에서의 경력단절이 초래되지 않도록 도와주는 중요한 제도적 자원일 수 있다. 아울러, 전일제 근무 이외에, 시간제 정규직을 허용할 경우, 이는 특히 여성 인력에게 시간 탄력성을 제공함으로써 직장과 가정 영역의 일을 보다 조화롭게 수행하는데 큰 도움을 주게 될 것이다.

이러한 가족친화적인 인사 프로그램이 가져다주는 개인 및 조직 차원의 성과 개선 효과에 대해서는 지금까지 국내외적으로 많은 증거가 축적되어 오고 있다(Bloom et al., 2011; Butts et al., 2013; Clifton & Shepard, 2004; 김효선·차운아, 2009; 박상언·최민오, 2013; 유규창·김향아, 2006 등). 또한 이러한 가족친화적인 인사 프로그램은 구성원들의 교육 수준이 높고 또 이들이 전문직에 종사하는 경우일수록 더 효과적이라는 증거도 있다(Konrad & Mangel, 2000). 그러므로 본 연구의 대상인 종합병원 역시 이러한 프로그램을 통해 적지 않은 효과를 기대해 볼 수 있는 조직이라 할 수 있을 것이다.

그렇지만, 여러 선행연구들에 따르면, 이를 위해서는 무엇보다 경영관리자의 의식 전환이 중요한 전제 조건일 수 있다(Netemeyer et al., 2005). 구성원들이 직장에서 고객에 대한 마인드를 철저히 가지고 이를 진심으로 실천해 주기를 바라는 만큼, 조직의 경영관리자들은 일-가정 상호관계에서 비롯되는 이들의 고충과 애로에 대해 적극적인 관심을 기울여 줄 필요가 있다. 가족친화적인 일터의 조직분위기와 이에 대한 경영층의 지속적인 관심은 구성원의 일-가정 갈등을 낮추는데 매우 중요한 역할을 한다는 사실이 이미 많은 연구를 통해 밝혀져 왔기 때문이다(Allen, 2001; Kossek et al., 2001; Ngo et al., 2009; Tayler et al., 2009 등). 따라서 정기적인 미팅이나 관련 워크숍 개최 등을 통해 조직구성원이 경험하고 있는 일-가정 갈등에 대해 경영진과 일반 구성원들이 함께 의견을 공유하고 개선방안을 찾아보는 소통의 장을 마련하는 것도 좋은 출발일 수 있을 것이다.

자원보존이론에 입각해 보더라도, 이러한 회사의 관심과 가족친화제도의 운용은 구성원의 적극적인 직무태도 유인에 매우 중요할 수 있다. 앞서도 언급한 바 있듯이, 가용 자원이 적은 개인은 추가적인 자원 손실에 매우 민감하고 취약해 진다. 그래서 한 영역에서의 자원의 손실로 인해 스트레스를 경험하는 사람일수록 다른 영역에서의 적극적인 자원 투입을 꺼리고 소극적이기 쉽다(Hobfoll & Shirom, 2000). FIW로 인해 스트레스를 겪는 사람일수록, 추가적인 자원손실을 최소화하기 위해 진정성 있는 감정노동에 적극적으로 임하지 않을 수 있는 것이다. 본 연구 역시 그러한 결과를 보여주고 있었다. 하지만 가용자원에 여유가 있는 사람일수록 추가적인 자원 획득에 더 적극적이며, 따라서 과업에도 더 적극적으로 임할 가능성이 많다. 구성원들로 하여금 FIW에 적절히 대처할 수 있도록 도와주고, 또 그 결과 이들의 PWB를 증진시켜 주는 조직의 배려와 관련 제도의 운용은, 바로 이런 점에서 구성원의 적극적인 과업행동을 유인하는 효과적인 여유자원 구실을 하게 될 것이다.

하지만 본 연구는 다음과 같은 한계점을 내재하고 있어서 추후 연구에서는 이러한 점을 보완해 갈 필요가 있다고 생각된다. 우선, 본 연구는 횡단적(cross-sectional) 연구 설계로 인해 변수 간 인과적 해석에 한계가 있다는 점을 지적할 수 있다. 본 연구에서는 그간의 선행연구들과는 달리, 감정노동의 선행 영향요인으로서 FIW를 고려해 보았다. 그렇지만 직장에서의 감정노동 수행과 그로 말미암은 정서적 고갈은 구성원의 PWB를 저하시킬 수 있고, 그 결과 일-가정 갈등 경험을 더 악화시킬 가능성도 얼마든지 존재한다. 그러므로 변수 간 인과적 해석을 보다 타당하게 하기 위해서는 통시적 연구(longitudinal study) 등 대안적 연구 설계가 필요할 것이다.

또한 전체 응답자 가운데 미혼인 간호사가 많다는 표본구성 상의 문제를 들 수 있다. 그래서 본 연구에서는 응답자의 결혼여부를 통제변수로 도입하여 분석하였지만, 일-가정 상호관계 변수를 다루는 향후 연구에서는 기혼자 표본을 더 많이 확보하여 조사할 필요가 있을 것이다. 뿐만 아니라, 본 연구는 종합병원 임상간호사라는 다소 특수한 직종에 종사하는 사람들이 연구대상이었다. 연구결과의 일반화를 위해서는, 향후 감정노동을 수행하는 다양한 서비스 직종을 대상으로 연구대상이 확대될 필요도 있을 것이다.

다음은 측정의 문제이다. 본 연구는 모든 연구변수들을 응답자의 자기보고(self-report)식 설문에 의존하여 측정함으로써 동일방법분산(common method variance)의 오류가 내재되었을 가능성이 있다. 이를 확인하기 위해 Harman의 단일요인 검증(Harman's one-factor test)을 실시해 본 결과에 의하면, 앞서 〈표 2-1〉에서 제시된 연구변수들의 요인분석 결과에서 볼 수 있었듯이 본 연구에서 측정된 문항들은 모든 연구변수들에 대응되는 4개의 요인으로 정확히 적재되었으며, 또 요인의 수를 1로 한정하여 분석을 실시하였을 때, 단일 요인이 설명하는 변량은 24.25%에 불과한 것으로 확인되었다. 이러한 결과는 본 연구의 동일방법분산 문제가 연구결과를 왜곡할 만큼 심각하지는 않다는 것을 의미한다(Podsakoff et al., 2003). 그렇지만 향후 연구에서는 변수들의 측정 원천을 달리함으로써 이러한 문제를 원천적으로 배제해 갈 필요가 있을 것이다.

더불어, 본 연구에서 분석해 보고 있는 변수 간 관계성을 좀 더 엄밀하게 파악하기 위해서는, 현재 도입하고 있는 통제변수들 이외에 특히 응답자의 일-가정 갈등 지각에 영향을 미칠 수 있는 (양육기) 자녀의 수나 돌봄이 필요한 노인 가족의 포함 여부 등을 통제변수로 포함시키는 것이 필요할 것이다. 또한 응답자의 경제적 자원 상태를 대리할 수 있는 경제적 여건 등을 측정하여 이를 통제한 뒤 분석할 수 있다면, 좀 더 엄격한 분석결과를 도출해 볼 수 있을 것이다.

끝으로, 본 연구의 PWB처럼 정서적 상태 요인을 측정할 때는 단순히 1회성의 측정에 그치는 것이 아니라 일정기간 동안 다수의 측정을 통해 개인내 분산(within-individual variation)을 고려해 보는 것도 바람직할 것이다. 사람의 정서나 기분은 늘 일정하지 않고, 시간과 상황적 조건에 따라 변화하기 때문이다. 이런 점에서, 본 연구와 같이 정서 변수를 포함하는 향후 연구는 '경험-표본추출 방법'(experience-sampling method)의 활용을 고려해 보는 것도 가치 있는 선택이라 생각된다(Judge et al., 2006; Ilies & Judge, 2002).

참고문헌

강현아 (2002), 간호전문직 노동의 변화: 감정노동의 강화, 『경제와사회』, 55: 142-168.

권혜림 외 12인 (2004), 『간호사가 말하는 간호사』, 서울: 부·키.

김석영·이수진·박은경·손승연·윤석화·박희태 (2012), 일-가정 갈등이 정서적 고갈과 과업성과에 미치는 영향: 스트레스 대처전략의 조절효과, 『조직과 인사관리연구』, 36(3): 103-133.

김영조·한주희 (2008), 서비스 직원의 감정노동 수행과 직무소진의 관계에 관한 연구, 『조직과 인사관리연구』, 32(3): 95-128.

김옥선·김효선 (2012), 일-가정 상호작용에 대한 역할요구-역할자원의 접근: 국내 병원조직 종사자를 대상으로, 『조직과 인사관리연구』, 36(2): 85-120.

김효선·차운아 (2009), 직장-가정 간 상호작용과 가족친화적 조직지원이 근로자의 조직몰입과 이직의도에 미치는 효과, 『한국심리학회지: 산업 및 조직』, 22(4): 515-540.

박상언 (2008), 감정표현요구와 감정부조화, 그리고 심리적 반응 간의 관계에 관한 연구, 『조직과 인사관리연구』, 32(1): 25-53.

박상언·김주엽·김민용 (2005), 소진(Burnout)에 대한 직무요구, 직무통제 그리고 사회적 지원의 효과, 『조직과 인사관리연구』, 29(2): 25-57.

박상언·신다혜 (2011), 감정노동과 직장-가정 갈등: 직무소진의 두 영향요인에 대한 실증연구, 『인사·조직연구』, 19(1): 227-266.

박상언·최민오 (2013), 가정친화제도의 효과성과 직장-가정 상호작용의 매개효과, 『경영학연구』, 42(2): 355-381.

우정원·홍혜영 (2011), 가족친화적 조직분위기, 직장-가정 갈등과 심리적 안녕감이 조직몰입에 미치는 영향, 『한국심리학회지: 일반』, 30(4): 933-957.

유규창·김향아 (2006), 모성보호제도 도입의 결정요인과 기업 성과에 미치는 영향에 관한 연구, 『노동정책연구』, 6(3), 97-129.

이동섭·조봉순·김기태·김성국·이인석·최용득 (2009), 긍정심리학의 응용을 통한 인사조직연구의 새로운 접근, 『인사·조직연구』, 17(2): 307-339.

이지영·김명언 (2008), 조직에서의 긍정심리학의 적용: 긍정조직학의 현주소와 지향점, 『한국심리학회지: 산업 및 조직』, 21(4): 677-703.

장재윤 (2004), 직무특성과 직장-가정간 갈등이 조직에 대한 애착 및 조직시민행동에 미치는 효과: 성차를 중심으로, 『한국심리학회지: 산업 및 조직』, 17(1), 107-127.

Allen, T. D. (2001), Family-supportive work environment: The role of organizational perceptions, *Journal of Vocational Behavior*, 58: 414-435.

Bakker, A. B. & Heuven, E. (2006), Emotional dissonance, burnout, and in-role performance among nurses and police officers. *International Journal of Stress Management,* 13(4): 423-440.

Baron, R. M. & Kenny, D. A. (1986), The moderator-mediator variable distinction in social psychological research: Conceptual, strategic, and statistical considerations. *Journal of Personality & Social Psychology*, 51(6): 1173-1182.

Beal, D. J., Trougakos, J. P., Weiss, H. M. & Green, S. G. (2006), Episodic processes in emotional labor: Perceptions of affective delivery and regulation strategies, *Journal of Applied Psychology*, 91(5): 1053-1065.

Beckman, P. L. (1971), Measurement of mental health in a general population survey, *American Journal of Epidemiology*, 94: 105-111.

Bloom, N., Kretschmer, T. & Van Reenen, J. (2011), Are family-friendly workplace practices a valuable firm resource?, *Strategic Management Journal,* 32(4): 343-367.

Bolton, C. S. (2001), Changing faces: Nurses as emotional jugglers. *Sociology of Health & Illness*, 23(1): 85-100.

Briscoe, F. (2006), Temporal flexibility and careers: The role of large scale organizations for physician, *Industrial and Labor Relations Review*, 60(1): 297-314.

Brotheridge, C. M. & Grandey, A. A. (2002), Emotional labor and burnout: Comparing two perspectives of people work? *Journal of Vocational Behavior*, 60: 17-39.

Brotheridge, C. M. & Lee, R. T. (2002), Testing a conservation of resources model of dynamics of emotional labor, *Journal of Occupational Health*

Psychology, 7(1): 57-67.

Brough, P. & Kalliath, T. (2009), work-family balance: Theoretical and empirical advancements, *Journal of Organizational Behavior*, 30: 581-585.

Butts, M. M., Casper, W. J. & Yang, T. S. (2013, How important are work-family support policies? A meta-analytic investigation of their effects on employee outcomes, *Journal of Applied Psychology*, 98(1): 1-25.

Byron, K. (2005), A meta-analytic review of work-family conflict and its antecedents, *Journal of Vocational Behavior*, 67: 169-198.

Carlson, D. S., Kacmar, K. M., Grzywacz, J. G., Tepper, B. & Whitten, D. (2013), Work-family balance and supervisor appraised citizenship behavior: The link of positive affect, *Journal of Behavioral and Applied Management*, 14(2): 87-106.

Cheung, F. Y.-L. & Tang, C. S.-K. (2009), Quality of work life as a mediator between emotional labor and work family interference, *Journal of Business Psychology,* 24: 245-255.

Clifton, T. J. & Shepard, E. (2004), Work and family programs and productivity: Estimates applying a production function model, *International Journal of Manpower*, 25(8): 714-728.

Diener, E. (1984), Subjective well-being, *Psychological Bulletin*, 95(3): 542-575.

Diener, E., Suh, E. M., Lucas, R. E. & Smith, H. L. (1999), Subjective well-being: Three decades of progress, *Psychological Bulletin,* 125(2): 276-302.

Diefendorff, J. M., Croyle, M. H., & Gosserand, R. H. (2005), The dimensionality and antecedents of emotional labor strategies. *Journal of Vocational Behavior*, 66(2): 339-357.

Donald, I., Taylor, P., Johnson, S., Cooper, C. Cartwright, S. & Robertson, S. (2005), Work environment, stress, and productivity: An examination using ASSET, *International Journal of Stress Management*, 12(4): 409-423.

Eby, L. T., Casper, W. J., Lockwood, A., Bordeaux, C. & Brinley, A.

(2005), Work and family research in IO/OB: Content analysis and review of the literature(1980-2002), *Journal of Vocational Behavior*, 66(1): 124-197.

Edwards, J. R. & Rothbard, N. P. (2000), Mechanisms liking work and family: Clarifying the relationship between work and family constructs, *Academy of Management Review*, 25(1): 178-199.

Farrington, A. (1995), Stress and nursing. *British Journal of Nursing*, 4(10): 574-578.

Fredrickson, B. L. (2001), The role of positive emotions in positive psychology, *American Psychologist*, 56: 218-226.

Friede, A. & Ryan, A. M. (2005), The importance of the individual: How self-evaluations influence the work-family interface, in Kossek, E. E.., Lambart, S. J. (Eds.), *Work and Life Integration: Organizational, Cultural, and Individual Perspective,* pp. 193-209. Mahwah, NJ: Erlbaum.

Frone, M. R., Russell, M. & Cooper, M. L. (1992), Antecedents and outcomes of work family conflict: Testing a model of the work-family interface, *Journal of Applied Psychology*, 77: 65-78.

Frone, M. R., Russell, M. & Cooper, M. L. (1997), Relation of work-family conflict to hearth outcomes: A four year longitudinal study of employed parents, *Journal of Occupational and Organizational Psychology*, 70: 325-335.

Grandey, A. A. (2003), When "the show must go on": Surface and deep acting as determinants of emotional exhaustion and peer-rated service delivery. *Academy of Management Journal*, 46: 86-96.

Grandey, A. A. & Cropanzano, R. (1999), The conservation of resources model applied to work-family conflict and strain, *Journal of Vocational Behavior*, 54: 350-370.

Greenhaus, J. H. & Beutell, N. (1985), Sources of conflict between work and family roles, *Academy of Management Review*, 10: 76-88.

Greenhaus, J. H. & Powell, G. N. (2003), When work and family collide: Deciding between competing role demands, *Organizational Behavior & Human Decision Processes*, 90(2): 291-303.

Gutek, B. A., Searle, S. & Klepa, L. (1991), Rational versus gender role explanations for work-family conflict, *Journal of Applied Psychology,* 76: 560-568.

Hobfoll, S. E. (1989), Conservation of resources: A new approach at conceptualizing stress. *American Psychologist*, 44(3): 513-524.

Hobfoll, S. E. & Shirom, A. (2000), Conservation of resources theory: Application to stress and management in the workplace, in R. T. Golembiewski (Ed.) *Handbook of Organizational Behavior*, 57-81. New York: Dekker.

Hochschild, A. R. (1983),. *The Managed Heart: Commercialization of Human Feeling*. Berkeley, CA: University of California Press.

Hochschild, A. R. (2001), *The Second Shift*, Penguin Books.

Ilies, R. & Judge, T. A. (2002), Understanding the dynamic relationship between personality, mood, and job satisfaction: A field experience-sampling study, *Organizational Behavior and Human Decision Processes*, 89: 1119-1139.

Judge, T. A., Ilies, R. & Scott, B. A. (2006), Work-family conflict and emotions: Effects at work and at home, *Personnel Psychology*, 59: 779-814.

Konrad, A. M. & Mangel, R. (2000), The impact of work-life programs on firm productivity, *Strategic Management Journal*, 21(2): 1225-1237.

Kossek, E. E., Colquiit, E. J. A. & Noe, R. A. (2001), Care-giving decisions, well-being, and performance: The effects of place and provider as a function of dependent type and work-family climates, *Academy of Management Journal*, 44(1): 29-44.

Lam, C. K., Huang, X. & Janssen, O. (2010), Contextualizing emotional exhaustion and positive emotional display: The signaling effects of supervisors' emotional exhaustion and service climate, *Journal of Applied Psychology,* 95: 368-376.

Lee, E.-S., Chang, J. Y. & Kim, H. (2011), The work-family interface in Korea: Can family life enrich work life?, *The International Journal of Human Resource Management*, 22(9): 2032-2053.

Luthans, F. (2002), The need for and meaning of positive organizational behavior, *Journal of Organizational Behavior*, 23: 695-706.

Luthans, F. & Avolio, B. (2009), The "point" of positive organizational behavior, *Journal of Organizational Behavior*, 30: 291-307.

Lyubomirsky, S., King, L. & Diener, E. (2005), The benefits of frequent positive affect: Does happiness lead to success?, *Psychological Bulletin,* 131: 803-855.

Marks, S. R. (1977), Multiple roles and role strain: Some notes on human energy, time, and commitment, *American Sociological Review*, 42: 921-936.

Montgomery, A. J., Panagopolou, E. & Benos, A. (2005), Emotional labor at work and home among Greek health professionals, *Journal of Health Management*, 19: 395-408.

Montgomery, A. J., Panagopolou, E., de Wildt, M. & Meenks, E. (2006), Work-family interference, emotional labor and burnout, *Journal of Managerial Psychology*, 21(1): 36-51.

Netemeyer, R. G., Boles, J. S. & McMurrian, R. (1996), Development and validation of family-work conflict scales, *Journal of Applied Psychology*, 81(4): 400-410.

Netemeyer, R. G., Maxham III, J. G. & Pullig, C. (2005), Conflicts in the work-family interface: Links to job stress, customer service employee performance, and customer purchase intent, *Journal of Marketing,* 69: 130-143.

Ngo, H., Foley, S. & Loi, R. (2009), Family friendly work practices, organizational climate, and firm performance: A study of multinational corporations in Hong Kong, *Journal of Organizational Behavior*, 30: 665-680.

Podsakoff, P. M., MacKenzie, S. B., Lee, J. Y. & Podsakoff, N. P. (2003), Common Method Biases in Behavioral Research: A Critical Review of the Literature and Recommended Remedies. *Journal of Applied Psychology,* 88(5): 879-903.

Robertson, I. T. & Flint-Taylor, J. (2009), Leadership, psychological well-being and organizational outcomes, in S. Cartwright & C. L. Cooper (Eds.), *The Oxford Handbook on Organizational Well-being*, 159-179.

Oxford, UK: Oxford Univ. Press.

Rothbard, (2001), Enriching or depleting? The dynamics of engagement in work and family roles, *Administrative Science Quarterly*, 46: 655-684.

Ryff, C. D. & Keyes, C. L. M. (1995), The structure of psychological well-being revisited, *Journal of Personality and Social Psychology*, 69(4): 719-727.

Seligman, M. E. P. (2002), Positive psychology, positive prevention, and positive therapy, In C. R. Synder & S. J. Lopez (Eds.), *Handbook of Positive Psychology*, vol. 1, 3-9. New York: Wiely.

Spector, P. E. (1998), A control theory of the job stress process, In C. L. Cooper (Ed.), *Theories of Organizational Stress*, 153-169. Oxford, England: Oxford Univ. Press.

Staw, B. M. & Barsade, S. G. (1993), Affect and managerial performance: A test of the sadder-but-wiser vs. happier-and-smarter hypotheses, *Administrative Science Quarterly*, 38: 304-331.

Staw, B. M., Sutton, R. L. & Pelled, L. H. (1994), Employee positive emotion and favorable outcomes at the workplace, *Organization Science*, 5: 51-71.

Tayler, B. L., Delcompo, R. G. & Blancero, D. M. (2009), Work-family conflict/facilitation and the role of workplace supports for U.S. Hispanic professionals, *Journal of Organizational Behavior*, 30: 643-664.

Trougakos, J. P., Beal, D. J., Green, S. G. & Weiss, H. M. (2008), Making the break count: An episodic examination of recovery activities, emotional experiences, and positive affective displays, *Academy of Management Journal*, 51(1): 131-146.

Wharton, A. S. & Erickson, R. J. (1993), Managing emotions on the job and at home. *Academy of Management Review*, 18: 457-486.

Wharton, A. S. & Erickson, R. J. (1995), The consequences of caring: Exploring the links between women's job and family emotion work, *Sociological Quarterly,* 36: 273-296.

Wright, T. A. & Bonnet, D. G. (1997), *Journal of Occupational Health Psychology,* 2(3): 212-219.

Wright, T. A. & Cropanzano, R. (1998), Emotional exhaustion as a predictor of job performance and voluntary turnover, *Journal of Applied Psychology*, 83: 486-493.

Wright, T. A. & Cropanzano, R. (2000), Psychological well-being and job satisfaction as predictors of job performance, *Journal of Occupational Health Psychology,* 5(1): 84-94.

Wright, T. A. & Cropanzano, R. (2004), The role of psychological well-being in job performance: A fresh look at an age-old quest, *Organizational Dynamics*, 33(4): 338-351.

Wright, T. A. & Hobfoll, S. E. (2004), Commitment, psychological well-being and job performance: An examination of conservation of resources(COR) theory ad job burnout. *Journal of Business and Management,* 9(4): 389-406.

Wright, T. A. & Staw, B. M. (1999), Affect and favorable work outcomes: Two longitudinal tests of the happy-productive worker thesis, *Journal of Organizational Behavior*, 20: 1-23.

Yavas, U., Babakus, E. & Karatepe, O. M. (2008), Attitudinal and behavioral consequences of work-family conflict: Does gender matter? *International Journal of Service Industry Management,* 19(1): 7-31.

Yoon, S. L. & Kim, J.-H. (2013), Job-related stress, emotional labor, and depressive symptoms among Korean nurses, *Journal of Nursing Scholarship*, 45(2): 169-176.

Zapf, D. (2002), Emotion work and psychological well-being: A review of the literature and some conceptual considerations. *Human Resource Management Review*, 12: 237-268.

일·생활 균형과 직무만족 및 이직의도와의 관계[1)]

Ⅰ. 머리말

인간에게 있어서 일과 그것을 뺀 나머지 삶(non-work)이 따로 분리되어질 수 없는 것임에도 불구하고, 역사적으로 조직행동이나 인적자원관리 분야의 기존 학계에서는 일과 나머지 삶의 경계를 분명하게 선을 그어 접근하려 한 경향이 있다(Near, Rice, & Hunt, 1980). 하지만 산업사회가 만들어낸 이런 이분법적 접근은 최근에 일-가정의 경계를 모호하게 만드는 정보기술의 발달과 함께, 여성의 사회진출 증가, 삶에 대한 근로자의 의식변화 등으로 인해, 일과 가정생활, 넓게는 일과 생활의 균형이라는 문제가 새로운 연구 주제로 주목받고 있다.

1) 이 글은 김주엽, 지혜정과 함께 썼다.

지난 20여 년 동안 이루어진 국내외 많은 연구들이 일과 나머지 삶과는 상호관련성이 깊은 영역으로, 서로 완벽하게 분리되는 것이 아니라 서로 간 일정한 영향을 미칠 수 있음을 시사해 주고 있으며(강혜련·최서연, 2001; Allen & Martin, 2017), 그래서 이제 이러한 일·생활의 균형(work-life balance, 이하 WLB)의 문제는 비단 개인뿐 아니라, 조직에 이르기까지 상당한 파장을 일으킬 수 있는 사회 경제적 의제로 대두되고 있다(Quick, Henry & Quick, 2004).

그런데, 지금까지 이루어진 일과 생활에 대한 대부분의 연구는 주로 일과 가정생활 사이의 관계에 초점을 맞추어 온 한계를 가지고 있다. 뿐만 아니라, 이와 관련된 초기의 연구는 일과 가정이라는 두 영역의 역할 수행에서 오는 갈등에 주로 집중해 온 면이 없지 않았다(Greenhaus & Beutell, 1985). 이 과정에서 특히 일-가정 갈등을 적절히 관리하지 못할 때 야기되는 개인의 문제들이 불성실한 직무수행과 조직성과에 까지도 부정적인 영향을 미칠 수 있다는 면에 주목했던 것이다(Allen, Herst, Bruck & Sutton, 2000; Quick, Henry, & Quick, 2004).

그러나 최근에 들면서, 이 두 영역의 갈등적 측면 뿐만 아니라, 두 영역 사이의 호혜적 관련성에 대해서도 관심을 보이는 연구들이 늘고 있다. 이들 연구는 일과 가정의 두 영역이 제각각 상대 영역에 미치는 긍정적인 측면을 촉진(facilitation), 또는 향상(enrichment)[2)]

---

2) 일과 가정생활 사이의 긍정적인 상호 관계에 대한 연구들이 늘어가면서, 이런 현상을 지칭하는 용어들도 다양하게 사용되고 있다. 촉진(facilitation; Frone, 2003), 긍정적 전이(positive spillover; Gryzwacz & Marks, 2000), 향상(enrichment; Rothbard, 2001), 고양(enhancement, Ruderman, Ohlott, Panzer, & King, 2002) 등이 바로 그것인데, 이 글에서는 최근에 관련 연구들을 문헌적으로 정리한 Greenhaus & Powell(2006)의 의견에 따라 '향상'이라는 용어를 주로 사용하기로 한다.

이라고 칭하면서, 일과 가정의 균형 문제는 이들 사이의 갈등적 측면과 호혜적 측면을 통합적으로 고려해 파악해야 한다는 점을 강조하였다(김주엽, 2008; Barnett & Hyde, 2001; Frone, 2003, Greenhaus & Powell 2006; Rothbard, 2001).

일과 가정생활의 향상에 주목한 초기 연구들은 일-가정 갈등과 일-가정 향상 현상 사이에 높은 역상관 관계가 존재한다는 점을 근거하여 이 두 현상이 동일한 차원의 반대 개념으로 받아들였으며, 따라서 일-가정 향상의 증진을 통해 일-가정의 갈등을 줄일 수 있을 것으로 생각했다. 그러나 이 두 현상이 각기 서로 다른 원인변수들을 가진, 상호 독립적인 현상임을 후속 연구들이 지적하기 시작하면서(Gryzywacz & Marks, 2000; Rothbard, 2001; Wayne, Musisca, & Fleesen, 2004), 최근에는 이 두 현상의 상호관련성을 함께 고려해야만 일과 가정생활 간 균형의 실체에 좀 더 가깝게 접근할 수 있으리라는 입장이 점차 설득력을 얻고 있다(Frone, 2003; Greenhaus & Powell, 2006; McNall, Nicklin & Masuda, 2010).

본 연구는 이러한 최근 연구 경향을 적극 수용함과 동시에, 관련 개념도 좀 더 확장해서 파악해 보고자 한다. 즉 본 연구에서는 지금까지 대부분의 연구들에서 활용되어 온 '일·가정 균형'(work-family balance) 개념보다는, 가정 이외의 사적인 개인 생활을 모두 포함하는 '일·생활 균형'(work-life balance)이란 좀 더 확장된 개념을 사용하기로 한다. 최근 들어, 독신자나 편부 및 편모 가정, 그리고 자녀 없는 가정의 수가 크게 늘고 있고, 또 자기계발이나 취미생활, 동호회 활동 등이 늘어나는 반면, 현대인의 삶에서 전통적인 가정 개념이 차지하는 비중이 점차 축소되고 있는 점을 고려하면, 이제는 일·가정 균형보다는 일·생활 균형이라는 좀 더 넓은 맥락에서 이 문제를 고찰할 필요성이 커지고 있기 때문이다(Quick, Henry, &

Quick, 2004).

이러한 연구경향과 취지를 반영하여, 본 연구는 일·생활 균형의 문제를 일-생활 갈등과 일-생활 향상이라는 두 측면의 통합적 관점에서 파악하고, 이러한 일·생활 균형이 이들의 핵심 직무관련 태도라고 할 수 있는 직무만족과 이직의도에 어떠한 영향을 미치는지를 실증해 보고자 한다. 또 일-생활 갈등과 일-생활 향상의 정도가 크고 작음에 따라, 이러한 직무관련 태도에 어떠한 차이가 나타나는지에 대해서도 함께 비교해 보고자 한다. 그간의 관련 연구들에서는 주로 일-가정 갈등 측면에만 연구의 초점을 맞추어 온 반면, 향상적 측면에서 이 문제를 균형 있게 들여다 본 연구는 많지 않았다. 이런 점에서, 본 연구는 무엇보다 일·생활 균형을 갈등과 향상이라는 두 측면의 통합적 관점에서 바라볼 뿐만 아니라, 조직구성원들의 일·생활 균형 인식 유형의 차이에 따라 이들의 직무태도에는 어떠한 차이가 있는 지를 비교분석해 보고자 한다는 점에서 기존 연구들에서 찾기 어려운, 의미있는 토론을 더해 줄 수 있을 것으로 기대한다.

Ⅱ. 이론적 배경과 연구가설

2.1 일·생활 균형의 두 측면: 일-생활 갈등과 일-생활 향상

일·생활 균형 개념은 초기에 일·가정 균형 개념으로 연구되기 시작하였다. 초기의 일-가정에 관한 연구는 희소성 가설(scarcity hypothesis)이나 혹은 개인이 역할 수행을 하는데 사용할 수 있는 정신적, 물질적, 또는 시간적 자원이 한정되어 있다고 가정하는 자원소모 모형(resource drain model)에 기반하여, 일과 가정에서의 각 역할 수행에서 일어나는 갈등에 주로 초점을 두었으며(Edward & Rothbard, 2000; Greenhaus & Parasuraman, 1999; Barnett, 1998), 일-가정 균형은 이러한 일-가정 갈등을 최소화, 또는 해소를 통해 획득되는 것으로 생각했다. 그래서 연구자들은 일-가정 갈등의 원인과 결과를 밝히는데 집중하고, 두 영역에서 한정된 자원의 효율적인 배분을 위한 방법을 찾아내기 위해 관심을 기울였다.

선행연구들을 살펴보면, 크게 일-가정 갈등의 개념에 관한 연구 및 그 원인과 결과에 관한 연구로 구분된다. 우선 일-가정 갈등 개념에 관한 연구들은 이를 역할 간 갈등의 한 유형으로 파악한다(Frone, Russell, & Cooper, 1992; Gutek, et al. 1991 등). 이러한 갈등은 한정되어진 자원을 조화롭게 사용하지 못함으로써 발생하는 과정으로서, 한 영역에서 습득한 기술, 가치들이 다른 영역에서 효과적으로 사용할 수 없는 경우에 주로 발생한다(Repetti, 1987). 이러한 갈등은 흔히 일이 가정에 미치는 영향(work interfering family)과 가정이 일에 미치는 영향(family interfering work)으로 구분되며, 어느 한쪽이 일방적으로 다른 쪽에 갈등을 유발한다기보다는 상호 순환적인 특성을 지닌다고 평가되었다(Frone, Russell & Cooper, 1992).

하지만 최근에는 일과 가정의 다중 역할을 동시에 수행하는 것으로부터 기대할 수 있는 여러 긍정적 효과에 대해서 다양한 연구가 이루어지고 있다(Frone, 2003). 즉 일-가정 균형은 단지 갈등의 최소화로만 이루어지는 것이 아니라, 각 영역 사이의 호혜성을 높임으로써 이룩할 수 있는 것이라는 새로운 견해가 등장하게 된 것이다. 이러한 취지에서 부각된 개념이 바로 일-가정 향상이다. 일-가정 향상이란 한 쪽 영역에서의 경험이 다른 쪽 영역에서의 삶의 질을 향상시키는 것으로, 일-가정 두 가지 역할을 동시에 수행함으로써 얻는 이점이 단점보다 더 많다는 확장이론에서 출발하였다(Marks, 1977; Sieber 1974). 그래서 이러한 다중역할 수행은 보람된 삶을 충족시킬 수 있는 다양한 기회를 제공하고 심리적 자원을 증대시키는 등, 긍정적인 차원의 자기 경험과 만족감의 기회를 확대시켜 줄 수 있다는 점이 강조되었다(Allis & O'Driscoll, 2008; Carlson, Hunter, Ferguson & Whitten, 2011; Marks & MacDermid, 1996).

Greenhaus & Powell(2006)에 따르면, 이러한 새로운 연구들에서는 향상, 촉진, 긍정적 전이, 혹은 고양 등과 같은 다양한 개념들을 활용하여 일과 가정에서의 다중역할 수행이 가져다주는 이러한 긍정적인 영향관계 측면을 강조해 오고 있다. 이를테면, 일-가정 향상은 일에서의 경험이 가정생활의 질을 향상시킬 때 발생하고, 마찬가지로 가정-일 향상은 가정생활의 경험이 직장 생활의 질을 향상시킬 때 발생하는 등, 이들 영향은 양방향성을 지니면서 일과 가정 영역 모두에게 긍정적인 영향을 미칠 수 있다는 것이다. 또한 이들 연구는 일-가정 균형 문제의 경우 일-가정 갈등과 일-가정 향상이라는 두 측면에 대한 통합적인 연구를 통해 제대로 이루어질 수 있음을 강조한다. 이에 따라, 일-가정 균형에 대한 개념도 기존과는 다르게 새롭게 정의되기 시작했다. 즉 일-가정 균형은 단순히 일-가정 접점에서 경험되는 여러 갈등 수준을 낮추는 것만으로 달성되는 것이 아니라, 여기에 더하여 일-가정 향상을 적극적으로 증대시킴으로서 달성될 수 있는 것으로 주장되었다(Carlson, Kacmar, Zivnuska, Ferguson & Whitten, 2011; Greenhaus & Powell, 2006; Rothbard, 2001).

한편, 최근의 연구들에서는 '일-가정'이란 개념을 넓게 보아 '일-생활' 개념으로 확대해 조망할 필요가 있으며, 마찬가지로 '일-가정 향상'의 개념 역시 '일-생활 향상' 개념으로 그 의미가 확장될 필요가 있다고 주장되고 있다(Greenhaus & Powell, 2006). 즉 많은 학자들이 '일-가정' 균형을 일과 그 이외의 삶, 즉 시간과 공간 차원의 개념을 모두 포함하여, 일과 그 이외의 개인적이고 사적인 생활을 모두 포함하는 '일-생활'의 균형 개념으로 확대해야 한다는 데에 뜻을 모으고 있다(Williams, 2001; Unigerson & Yeandle, 2005). 즉 진정한 의미의 균형이란, 삶의 각 영역에 동일한 수준의 주의, 관심, 시간을 할애하는 것으로부터 달성될 수 있다고 보는 것이다(Greenhaus, Collins & Shaw, 2003).

2.2 연구과제: 일·생활 균형과 직무태도 간의 관계

그간 일-가정 균형 관련 연구에서 결과변수로 직무만족과 조직몰입, 경력만족, 승진, 스트레스, 생애 만족, 결혼만족도, 가족의 건강 등 다양한 변인들이 연구되어 왔다(Kossek & Ozeki, 1998; Gutek et al., 1991). 그 중 직무만족은 일반적으로 개인이 자신의 직무에 대해 갖고 있는 태도를 말한다. 직무만족이 높은 개인은 자신의 직무에 대해 긍정적인 태도를 가지는 반면, 직무만족이 낮은 사람은 자신의 직무에 대해 부정적인 태도를 가지게 되기 쉽다. 직무만족이 일반적으로 생산성을 향상시키고 이직률을 감소시키는 효과가 있으리라는 추정에 근거하여, 그 동안 이 변수는 조직의 유효성을 평가하는 중요한 한 잣대로 인식되어 왔다.

한편, 대부분의 기업들은 조직구성원을 기업의 성과에 직접적인 영향을 미치는 핵심적인 자원으로 파악하여 이들을 관리하는데 많은 비용과 노력을 들여왔다(Bendapudi & Leone, 2002). 지금껏 이루어진 많은 선행연구들은 구성원의 이직의도가 실제 이들의 이직행동을 효과적으로 예측해 주는 선행 변수로서 간주하고, 이직행위의 대체 개념으로 이직의도 변수를 흔히 사용해 오고 있다(Brown & Perterson, 1993; Meyer & Allen, 1984). 이에 따라 이직의도 역시 일·생활 균형 관련 연구들에서 결과변수로 종종 활용되어져 왔다. 특히 일-가정 갈등은 직무만족이나 조직몰입의 경우처럼, 이직의도에도 의미있는 영향을 미치는 요인으로 확인되어 왔는데, 국내 연구에서도 일-가정 갈등은 조직구성원의 이직의도에 긍정적인 영향을 미치고 있음이 확인된 바 있다(이요행 외, 2005; 임효창 외, 2005).

이처럼 일-가정 갈등이나 일-생활 갈등과 같이 갈등적 요인들이 직무만족이나 이직의도에 미치는 영향과는 달리, 일-가정 향상이나 일-생활 향상 등 향상 측면이 이들 결과변수에 미치는 영향을 실증해 주고 있는 연구는 매우 드물다. 특히 갈등 측면과 향상 측면을 동시에 고려하여, 이 두 현상이 상호관련성을 가질 때 그것이 직무만족과 이직의도 등 조직구성원의 직무관련 태도에 어떠한 영향을 미치는지를 확인해 준 연구는 거의 찾기 어렵다. 이런 취지에서, 조직구성원들이 경험하는 일-생활 갈등과 일-생활 향상이 이들의 직무만족과 이직의도에 어떠한 영향을 미치는 지를 실증해 보고자 한다.

아울러, 본 연구에서는 조직구성원들이 경험하는 일-생활 갈등과 일-생활 향상의 정도가 크고 작음에 따라 직무만족과 이직의도 등 이들의 핵심 직무관련 태도에는 어떠한 차이가 있는지를 비교해 보고자 한다. 구체적으로 본 연구에서는 일-생활 갈등과 일-생활 향상을 서로 독립적인 차원으로 인식하고, 김주엽(2008)이 제안했던 분석 틀을 이용하여 일-생활의 갈등 수준과 향상 수준의 높고 낮음에 따라 조직구성원이 경험하는 일·생활 균형 상태를 4가지 유형으로 구분한 뒤(〈표 3-1〉의 내용 참조), 이에 따라 구성원들이 경험하는 직무만족과 이직의도에는 어떠한 차이가 있는지를 확인해 보고자 한다.

표 3-1 일·생활 균형(WLB)의 4가지 유형

		일-생활 향상	
		낮음	높음
일-생활 갈등	낮음	WLB1 (갈등↓, 향상↓)	WLB2 (갈등↓, 향상↑)
	높음	WLB3 (갈등↑, 향상↓)	WLB4 (갈등↑, 향상↑)

본 연구에서 추구해 보고자 하는 이상의 연구과제를 구체적인 연구가설로 제시하면 다음과 같다.

가설 1-1. 일-생활 갈등은 직무만족과 부(-)의 영향관계에 있을 것이다.

가설 1-2. 일-생활 향상은 직무만족과 정(+)의 영향관계에 있을 것이다.

가설 2-1. 일-생활 갈등은 이직의도와 정(+)의 영향관계에 있을 것이다.

가설 2-2. 일-생활 향상은 이직의도와 부(-)의 영향관계에 있을 것이다.

가설 3-1. 일·생활 균형의 4유형은 직무만족 면에서 유의한 차이를 나타낼 것이다.

가설 3-2. 일·생활 균형의 4유형은 이직의도 면에서 유의한 차이를 나타낼 것이다.

Ⅲ. 연구방법

3.1 자료수집

본 연구는 가설 검증을 위해 설문지를 활용하여 자료수집을 시행하였다. 설문조사는 서울, 경기, 충북, 강원에 위치한 기업, 학교, 유치원 등의 일반관리/사무직을 대상으로 시행되었다. 기업 조직의 경우, 금융, 유통, 건설, 호텔, 디자인 등 다양한 직군에서 근무하는 사람들이 설문 응답 대상이었으며, 학교나 유치원의 경우 공무원도 일부 포함되었다.

3.2 표본현황

회수된 설문 중 응답이 불성실한 35부를 제외하고, 본 연구에서는 총 585부가 실제 분석에 활용되었다. 이들 응답자의 인구통계학적 특성은 다음의 〈표 3-2〉와 같이 요약될 수 있다.

표 3-2 표본의 인구통계학적 특성

변수명	구분	빈도(명)	비율(%)	변수명	구분	빈도(명)	비율(%)
성별	남자	320	54.8	업무분야	공무원	83	14.3
	여자	264	45.1		교육직	36	6.2
	합계	584	100		금융직	74	12.8
연령	20대	162	28		기타	5	0.9
	30대	217	37.5		합계	580	100
	40대	146	25.2	근속연수	1년 이하	102	18.2
	50대 이상	54	9.3		2~5년이하	203	36.2
	합계	579	100		6~10년이하	105	18.7

변수명	구분	빈도(명)	비율(%)	변수명	구분	빈도(명)	비율(%)
학력	고졸	113	19.5		11~20년이하	107	19.1
	전문대졸	130	22.5		21년이상	44	7.8
	대학교졸	276	47.7		합계	561	100
	대학원졸	60	10.4	연봉	2천미만	137	23.7
	합계	579	100		2천5백미만	109	18.9
직위	사원급	386	66.7		3천5백미만	135	23.4
	대리급	85	14.7		3천5백이상	197	34.1
	과장급	54	9.3		합계	578	100
	부장급	34	5.9	결혼유무	미혼	261	44.8
	부장급이상	20	3.5		기혼	321	55.2
	합계	579	100		합계	582	100
업무분야	일반사무직	137	23.6	자녀수	없음	44	51.8
	전문직	41	7.1		1명	71	12.4
	기술직	57	9.8		2명	173	30.1
	영업직	48	8.3		3명 이상	33	5.7
	서비스직	99	17.1		합계	321	100
전체응답자수				585			

3.3 변수의 조작적 정의와 측정

3.3.1 일-생활 갈등(WLC)과 일-생활 향상(WLE)

일-생활 갈등(Work-Life Conflict, WLC)과 일-생활 향상(Work-Life Enhancement, WLE)은 각기 일과 생활이라는 두 영역 모두에서 초래될 수 있으며, 그 중에서 갈등은 각 영역의 역할 압력이 여러 이유에서 양립하지 못할 때 나타나는 역할 갈등의 한 형태라고 정의할 수 있다(Greenhaus & Beutell, 1985). 향상 역시 일과 생활, 각 영역에서 얻은 경험이나 지식, 자신감, 긍정적 정서, 혹은 물질적 자원 등이 다른 영역의 역할 수행에 도움을 주거나 촉진하는 요소로 작용되는 것이라고 할 수 있다(김주엽, 2008).

본 연구에서는 일-생활 갈등과 일-생활 향상을 측정함에 있어서 선행연구에 기반하여 에너지와 긴장, 시간과 행동 요인을 중심으로 측정하되(Greenhaus & Beutell, 1985), 그 방향성을 고려하여 일 초래 갈등(WLC)과 생활 초래 갈등(LWC), 그리고 일 초래 향상(WLE)과 생활 초래 향상(LWE) 등 4개의 하위 구성 변수를 모두 측정하였다. 구체적으로, 일-생활 갈등 변수는 영향의 방향에 따라 2개의 구성요인을 가지는데, 첫 번째 구성요인인 일 초래 갈등(WLC)은 일 영역에서 초래되는 에너지(활력), 긴장, 시간, 행동 기반의 갈등이 개인 생활에 지장을 주는지에 대한 4개의 문항으로, 그리고 두 번째 구성요인인 생활 초래 갈등(LWC)은 개인 생활에서 초래되는 여러 갈등 요인들이 일 영역에 지장을 주는지에 대한 4개의 문항으로 측정되었다.

또한 일-생활 향상 변수 역시 영향의 방향에 따라 두 구성요인을 가지는데, 첫 번째 구성요인인 일 초래 향상(WLE)은 일 영역에서 비롯되는 에너지(활력), 긴장, 시간, 행동, 지지(후원)로부터의 향상이 개인 생활에 긍정적 도움이 되는지에 대한 5개의 문항으로, 그리고 두 번째 구성요인인 생활 초래 향상(LWE)은 개인 생활에서 비롯되는 여러 향상 요인들이 일 영역에서의 업무 수행에 긍정적인 도움에 되는지에 대한 5개의 문항으로 측정되었다.

3.3.2 직무만족과 이직의도

직무만족이란 한 개인이 자신의 직무에 대해 가지고 있는 일련의 태도로서, 직무에 대한 개인의 정서반응의 한 형태이다. 일찍이

Meyer & Allen(1984)은 이러한 직무만족에, 감정적 애착, 평생직장이란 생각, 소속감 등의 개념 구성 요소들이 포함될 필요가 있다고 주장한 바 있다. 본 연구에서는 선행연구를 좇아서, 직무만족을 직무 또는 직무 수행결과로부터 얻어지는 유쾌하고도 긍정적인 정서 상태라고 정의한다(Steers, 1981). 이런 취지에서, 본 연구에서는 직무만족을 측정하기 위해 Davison & Cooper(1983)와 가영희(2006)의 연구에서 사용하였던 문항 중, 전반적인 업무만족과 일에 대한 호감 등 3개의 문항으로 측정하였다.

이직의도는 조직구성원이 조직을 떠나려는 태도나 의식을 말하는 것으로, 현재의 바람직하지 않은 상태에서 벗어나고자 하는 작업자의 의도를 나타내는 개념이라고 할 수 있다(박근수·유태용, 2007). 이와 같은 이직의도를 측정하기 위하여, 본 연구에서는 Seashore(1982)가 제안한 새로운 일을 구하고자 하는 가능성과 퇴사에 대한 생각 등의 3개의 문항으로 측정하였다.

또한 설문지의 마지막 영역에서는 인구통계학적 변수로, 성별, 연령, 학력, 직위, 업무분야, 근속연수, 연봉, 결혼여부, 자녀의 수 등 9개의 변수들을 측정하였다. 일-생활 갈등 및 향상 변수와 직무만족 및 이직의도 등 주요 연구변수들을 측정하는 문항들은 Likert 타입의 7점 척도를 사용하였다.

3.4 측정도구의 신뢰성 및 타당성 검증

본 연구는 모든 척도의 타당성과 신뢰성을 높이기 위해서 본 연구의 바탕이 되는 기존 문헌의 이론적 논의와 선행연구를 충분히 검토하고자 하였으며, 또한 외국에서 개발된 척도의 번역상의 오류를 최소화하기 위해 재번역 과정을 거치는 등 타당성의 확보를 위해 노력하였다.

표 3-3 변수의 타당성 및 신뢰성 검증

구성개념	측정 항목	적재값						아이겐 값	신뢰 계수
		요인1	요인2	요인3	요인4	요인5	요인6		
일〉생활 갈등 (WLC)	WLC2	.875						6.862	.894
	WLC1	.848							
	WLC3	.841							
	WLC4	.811							
생활〉일 갈등 (LWC)	LWC4				.828			2.008	.824
	LWC3				.827				
	LWC1				.772				
	LWC2				.727				
일〉생활 향상 (WLE)	WLE2			.744				2.417	.816
	WLE1			.739					
	WLE4			.721					
	WLE3			.643					
	WLE5			.598					
생활〉일 향상 (LWE)	LWE2		.832					3.393	.831
	LWE1		.788						
	LWE5		.734						
	LWE3		.693						
	LWE4		.671						
직무만족	JS2					.853		1.256	.925
	JS1					.811			
	JS3					.800			
이직의도	TO3						.930	1.021	.866
	TO1						.916		
	TO2						.717		

또한 모든 척도에 대해 요인분석과 Cronbach's Alpha를 이용하여 타당성과 신뢰성을 검증하였다. 요인추출 방법으로는 주성분분석(principal component analysis)과 요인간의 관계를 뚜렷하게 보여주는 대표적인 직각회전(varimax rotation) 방식을 사용하였다.

분석결과는 〈표 3-3〉과 같이 모두 0.8이상의 높은 신뢰도계수를 보여주고 있고, 또한 각 문항들은 원래 측정하고자 하는 요인별로 잘 묶이고 있음을 알 수 있다.

Ⅳ. 분석결과

4.1 기초통계분석

본 연구에서는 가설 검증을 하기에 앞서, 분석에 사용된 변수들 간의 관련성 정도를 알아보기 위해 상관관계 분석을 실시하였다. 분석에는 피어슨 상관계수가 활용되었으며, 양측 검증 방법으로 유의성을 확인하였다. 일반적으로 피어슨 상관관계분석(Pearson's correlation analysis)에서 상관계수가 0.8이면 다중공선성을 우려해 보아야 한다. 따라서 회귀분석을 실시할 때 변수들의 변량증폭요인(variance inflation factor, VIF)을 점검해 본 결과, 그 값이 모두 10 이하로 확인되어 다중공선성의 문제로 인해 본 실증분석 결과의 타당성이 훼손될만한 수준은 아닌 것으로 확인되었다.

표 3-4 변수간 상관관계 분석

구 분	M±Std	WLC	LWC	WLE	LWE	직무 만족	이직 의도	성별	연령	학력	직위	근속	연봉	결혼 여부	자녀 수
WLC	3.367±1.432	1.000													
LWC	2.162±0.987	.341**	1.000												
WLE	3.981±1.124	-.237**	-.099*	1.000											
LWE	4.562±1.089	-.091*	-.137**	.513**	1.000										
직무만족	4.477±1.370	-.250**	-.242**	.556**	0.342**	1.000									
이직의도	3.301±1.656	.264**	0.193**	-.311**	-.083*	-.490**	1.000								
성별	1.45±0.498	-.155**	-.096*	-.075	-.057	-.052	0.025	1.000							
연령	2.16±0.939	-.088*	-.134**	.204**	.067	.215**	-.231**	-.103*	1.000						
학력	2.49±0.921	.122**	.041	.033	.049	.026	.008	-.179**	-.057	1.000					
직위	1.65±1.088	.002	.008	.084*	-.024	.098*	-.074	-.291**	.332**	.112**	1.000				
근속	2.62±1.206	.012	-.122**	.129**	.005	.196**	-.217**	-.214**	.703**	.030	.310**	1.000			
연봉	2.68±1.173	-.029	-.076	.071	-.034	.117**	-.220**	-.256**	.378**	.224**	.323**	.477**	1.000		
결혼여부	1.55±0.498	-.001	-.031	.128**	.006	.128**	-232**	-.118**	.584**	-.116**	.317**	.473**	.385**	1.000	
자녀수	1.90±1.019	-.041	-.054	.154**	-.031	.122**	-.241**	-.120**	.656**	-.151**	.322**	.535**	.358**	.847**	1.000

*p〈.05, **p〈.01, ***p〈.001
성별: 남자0, 여자1, 연령: 40대 미만 0, 40대 이상1,학력: 대학졸 이하0,대학교졸 이상1, 직위: 대리 이하0, 과장이상1, 근속: 10년 미만0, 10년 이상1, 연봉: 2500미만0, 2500이상1 결혼여부: 미혼0, 기혼1, 자녀수: 없음0, 1명 이상1.

4.2 일·생활 균형의 4유형 분류

본 연구의 주요 목적 중 하나는 일-생활(생활-일) 갈등과 일-생활(생활-일) 향상의 수준에 따라 직무만족과 이직의도 면에서 유의한 차이가 있는지를 검증해 보고자 하는 것이다. 즉 김주엽(2008)의 분석틀을 기반으로 하여, 일-생활 갈등과 일-생활 향상 수준의 높고 낮음에 따라 일·생활 균형 상태를 4가지 유형으로 구분하고, 이들 유형에 따라 조직구성원의 직무만족과 이직의도에는 어떠한 차이가 나타나는지를 확인해 보고자 한다. 각 유형의 높고 낮음의 분류는 중앙값(median)을 이용하여, 일-생활 갈등의 경우, 중앙값 2.75보다 위는 높은 수준, 아래는 낮은 수준으로, 또 일-생활 향상의 경우는 중앙값 4.2보다 위는 높은 수준, 아래는 낮은 수준으로 분류하였다. 그 결과, 중앙값과 동일한 값을 갖는 케이스 55명을 제외하고, 표본 중 530명이 〈표 3-5〉와 같이 4유형으로 분류되었다.

표 3-5 본 연구에서 일·생활 균형(WLB)의 4가지 유형 분류

		일-생활 향상(WLE)	
		낮음	높음
일-생활 갈등 (WLC)	낮음	**WLB1** (WLC〈2.75, WLE〈4.2) N = 103	**WLB2** (WLC〈2.75, WLE〉4.2) N = 178
	높음	**WLB3** (WLC〉2.75, WLE〈4.2) N = 150	**WLB4** (WLC〉2.75, WLE〉4.2) N = 99

4.3 가설 검증

4.3.1 가설 1 및 가설2의 검증

일-생활 갈등과 일-생활 향상이라는 두 가지 일·생활 균형변수가 조직구성원의 직무만족(가설 1-1, 1-2)과 이직의도(가설 2-1, 2-2)에 미치는 영향관계를 검증하고자 하였다. 이를 위하여, 직무만족과 이직의도에 영향을 미칠 수 있다고 보여지는 연령, 근속연수, 연봉, 결혼여부, 자녀수와 같은 인구통계 변수들을 통제하였다. 이와 같이

인적특성 변수를 먼저 포함시킴으로써, 직무만족과 이직의도를 느끼는 근로자들 간의 인적특성의 차이를 통제시키고, 다음 단계에서 일-생활 갈등과 일-생활 향상을 추가적으로 포함시켜 모형을 추정하였다. 이러한 추정결과는 일-생활 갈등과 일-생활 향상이 직무만족과 이직의도에 미치는 독립적인 영향의 크기를 밝혀줄 수 있다.

먼저, 〈표 3-6〉에서와 같이 직무만족에 영향을 미치는 변수들의 설명력을 분석한 결과, 수정된 R^2 값은 0.299로서 종속변수 분산의 약 30%가 일-생활 갈등과 일-생활 향상에 의해 설명됨을 알 수 있다. 따라서 직무만족의 영향요인으로서 일-생활 갈등과 일-생활 향상이 중요한 의미를 지닌다는 것을 알 수 있다.

직무만족에 미치는 영향력을 알아보기 위해 표준화 계수 β를 보면 일-가정 향상이 β=.438로 가장 큰 영향력을 가지고 있으며, 일-생활 갈등의 영향력도 β=-.194로 통계적으로 유의미한 영향을 미치고 있음을 확인할 수 있었다. 따라서 가설에서 예측된 바와 같이, 직무만족에 대해 일-생활 갈등은 부(-)의 유의적 영향을 미치고 있는 것으로 나타난 반면, 일-생활 향상은 정(+)의 유의적인 영향을 미치고 있는 것으로 확인되었다. 이로써 가설 1-1과 가설 1-2는 채택되었다. 흥미있는 점으로서, 본 연구의 분석결과에 따르면, 직무만족에 대해서는 일-생활 갈등보다 일-생활 향상의 영향력이 더 큰 것을 알 수 있는데, 이는 직무만족을 제고하기 위해서는 일-생활 갈등을 줄이는 것보다 일-생활 향상을 높이는 프로그램이나 정책의 실행이 보다 효과적일 수 있음을 시사한다.

표 3-6 직무만족에 대한 위계적 회귀분석 결과

변인	모형 1		모형 2	
	표준화계수	t	표준화계수	t
연령	.179	2.702	.031	.543
학력	.009	.212	.001	.286
직위	.038	.828	.041	1.029
근속연수	.057	.916	.110	2.047
연봉	.006	.117	.011	.253
결혼여부	.056	.719	.055	.827
자녀여부	-.098	-1.189	-.046	-.644
WLC			-.194	-5.221***
WLE			.438	11.806***
R^2	.059		.310	
$adj-R^2$	.047		.299	
F-value	4.853***		27.093***	

***p〈.001

다음으로, 〈표 3-7〉에서와 같이 이직의도에 영향을 미치는 변수들의 설명력을 분석한 결과, 수정된 R^2 값은 0.166으로서 종속변수 분산의 약 17%가 일-생활 갈등과 일-생활 향상에 의해 설명됨을 알 수 있다. 따라서 이직의도의 영향요인으로서 일-생활 갈등과 일-생활 향상이 통계적으로 유의미하다는 것을 알 수 있다.

각 변수가 이직의도에 미치는 영향력을 알아보기 위해 표준화 계수 β를 보면, 일-생활 갈등이 β=.235으로 상대적으로 큰 영향력을 가지고 있으며, 일-생활 향상의 영향력은 그보다 작은 β=-.170로서 통계적으로 유의미한 영향을 미치고 있음을 확인할 수 있었다. 따라서 이직의도에 일-생활 갈등은 정(+)의 유의적 영향을 미치고 있는 것으로 나타나는 반면, 일-생활 향상은 부(-)의 유의적 영향을 미치고 있는 것으로 확인되었다. 이로써, 가설 2-1과 가설 2-2 역시 채택되었다. 또한 본 연구의 분석결과가 보여주는 흥미로운 점으로서, 직무만족과는 달리 이직의도에 대해서는 일-가정 향상보다는 일-가정 갈등이 더 큰 영향력을 행사하고 있음을 알 수 있다.

표 3-7 이직의도에 대한 위계적 회귀분석 결과

변인	모형 1		모형 2	
	표준화계수	t	표준화계수	t
연령	-.076	-1.168	.016	.259
학력	.014	.323	-.007	-.156
직위	.056	1.225	.049	1.136
근속연수	-.041	-.667	-.077	-1.324
연봉	-.121	-2.415	-.107	-2.239
결혼여부	-.056	-.734	-.079	-1.077
자녀여부	-.098	-1.189	-.091	-1.167
WLC			.235	5.784***
WLE			-.170	-4.195***
R^2	.085		.180	
$adj-R^2$	.073		.166	
F-value	7.194***		13.186***	

***p〈.001

4.3.2 가설 3의 검증

다음으로, 조직구성원이 경험하는 일·생활 균형의 4가지 유형(WLB 1, 2, 3, 4)에 따라 이들의 직무만족 및 이직의도 면에서 유의한 차이가 있을 것이라는 가설 3을 검증하기 위해, 4가지 집단간 분산분석(ANOVA)을 실시하였다. 먼저, 4가지 유형별 직무만족은 다음 〈표 3-8〉과 같은 결과가 나타났다.

〈표 3-8〉에서 보는 바와 같이, 4가지 유형에 따라 직무만족에는 유의한 차이가 있는 것으로 나타났다(p〈.001). 이러한 집단간 차이를 좀 더 구체적으로 비교해 보면, 갈등 수준은 낮은 반면, 향상 수준은 높은 WLB2가 직무만족이 5.294로 가장 높은 것으로 나타났으며, 그 다음은 WLB4, WLB1이며, 갈등 수준은 높고 향상 수준은 낮은 WLB3의 경우가 직무만족이 3.715로 가장 낮은 것을 알 수 있다. WLB4의 경우에는, 비록 갈등 수준이 높음에도 불구하고 향상 수준 역시 공히 높기 때문에, 직무만족이 비교적 높게 나타난 것으로 보인다. 즉 일-생활 향상과 일-생활 갈등이 공히 높은 경우(WLB4)가, 이 두 요인이 모두 낮은 경우(WLB1)보다 직무만족 면에서 더 긍정적인 효과를 나타내고 있음을 알 수 있다.

표 3-8 직무만족 변수에 대한 일·생활 균형의 4가지 유형 간 차이 분석

항목	유형분류	N	Mean	S.d	F
직무만족	WLB1	103	4.184	1.404	49.332 (***)
	WLB2	178	5.294	1.150	
	WLB3	150	3.715	1.160	
	WLB4	99	4.683	1.187	

*** p〈.001

한편, 분류된 4가지 유형 간에 직무만족 면에서 일정한 차이가 존재하므로, 각 유형간의 차이가 유의한 지를 확인해 보기 위해 추가적인 사후 검증을 실시하였다. 사후검증 방법으로는, 각 집단은 표본 크기가 다름을 감안하여 Scheffe 방법을 사용하였다, 분석결과는 다음의 〈표 3-9〉에 요약되어 있다. 사후검증을 실시한 결과, 직무만족의 정도에 있어서 4가지 유형들은 모든 유형 간에 통계적으로 유의미한 차이를 나타내고 있었다. 즉 직무만족의 유의적인 차이는 WLB2 〉 WLB4 〉 WLB1 〉 WLB3 순서로 나타났는데, 조직구성원이 일-생활 갈등과 일-생활 향상의 수준을 높게 느끼거나 혹은 낮게 느낌에 따라 이들이 지각하는 직무만족 역시 일정하게 차이가 난다는 것을 시사해 준다. 이로써, 가설 3-1은 채택되었다.

표 3-9 직무만족 변수의 차이분석 결과에 대한 사후검증

항목	(I)유형분류	(J)유형분류	평균차이(I-J)
직무만족	WLB1	WLB2	-1.109(*)
		WLB3	.486(*)
		WLB4	-.499(*)
	WLB2	WLB3	1.578(*)
		WLB4	.610(*)
	WLB3	WLB4	-.967(*)

*p〈.05

다음은 또 다른 종속변수인 이직의도에 대한 분석결과이다. 다음 〈표 3-10〉에서 볼 수 있듯이, 이직의도 면에서도 4가지 유형 간에 마찬가지로 유의적인 차이가 있는 것으로 확인되었다(p〈.001). 4가지 유형 집단 간 이직의도의 차이를 좀 더 구체적으로 비교해 보면, 갈등 수준이 높은 반면 향상 수준은 낮은 WLB3이 이직의도가 3.762로 가장 높게 나타났으며, 그 다음은 WLB4, WLB1 순이고, 갈등 수준은 낮은 반면 향상 수준은 높은 WLB2가 이직의도에 있어서

는 2.441로 가장 낮은 것을 알 수 있다. WLB4의 경우, 높은 향상 수준에도 불구하고, 갈등 요인 수준 역시 높기 때문에 이직의도가 비교적 높게 나타난 것으로 추정된다.

표 3-10 이직의도 변수에 대한 일·생활 균형의 4가지 유형 간 차이분석

항목	유형분류	N	Mean	S.d	F
이직의도	WLB1	103	3.022	1.724	19.628 (***)
	WLB2	178	2.441	1.418	
	WLB3	150	3.762	1.631	
	WLB4	99	3.306	1.636	

***p〈.001

한편, 4가지 유형 간 이직의도에 일정한 차이가 존재하므로, 각 유형 간의 차이가 유의적인지에 대해 확인해 보기 위해 마찬가지로 사후 검증을 실시해 보았다. 직무만족 변수와 동일하게 검증 방법으로는 Scheffe 방법을 사용하였으며, 그 결과는 다음의 〈표 3-11〉에 요약되어 있다.

사후검증을 실시한 결과, 이직의도의 정도에 있어서 4가지 유형간의 차이들 가운데 일부가 통계적으로 유의한 것으로 나타났다. 즉 이직의도 면에서는 4가지 유형에 따라 WLB3 〉 WLB4 = WLB1 〉 WLB2와 같은 유의적 차이가 확인되었다. 보수적인 성격의 사후검증 방법인 Scheffe 방법에 의하면, 앞서 직무만족의 경우에 있어서는 WLB4(일-생활 갈등과 일-생활 향상 모두 높음)와 WLB1(일-생활 갈등, 일-생활 향상 모두 낮음)간의 차이가 유의적으로 나타났지만, 이직의도에 있어서는 이들 두 유형 간의 차이가 통계적으로 유의하게 확인되지 못하였다. 하지만 다른 유형간의 차이는 유의적인 것으로 확인되었으므로, 가설 3-2는 부분적으로 채택되었다고 볼 수 있다.

표 3-11 이직의도 변수의 차이분석 결과에 대한 사후검증

항목	(I) 유형분류	(J) 유형분류	평균차이(I-J)
이직의도	WLB1	WLB2	.580(*)
		WLB3	-.739(*)
		WLB4	-.283
	WLB2	WLB3	-1.320(*)
		WLB4	-.864(*)
	WLB3	WLB4	.455

*p<.05

Ⅴ. 마무리 토론

5.1 연구의 의의와 일·생활 균형을 위한 시사점

본 연구는 기존의 연구와 달리, 일·생활 균형 이슈와 관련하여 일-생활 갈등과 일-생활 향상의 두 측면을 동시에 측정, 연구하고 있다는 점에서 의의를 찾을 수 있다. 본 연구에서는 일-생활 갈등과 일-생활 향상이 각각 조직구성원의 직무만족과 이직의도에 대해 미치는 영향은 물론, 일-생활 갈등과 일-생활 향상이 높고 낮음에 따라 그 결합효과가 조직구성원의 직무만족 및 이직의도 면에서 어떠한 차이로 나타나는지를 알아보았다.

이러한 본 연구의 분석 결과를 간단히 요약하고, 일·생활 균형 차원에서 인사·조직관리적 시사점을 토론해 보고자 한다. 먼저, 가설에서 설정해 본 바와 같이, 직무만족에 대해 일-생활 갈등은 부(-)의 영향관계를, 그리고 일-생활 향상은 정(+)의 영향관계가 있음을 확인할 수 있었다. 또 이직의도와 관련해서는 일-생활 갈등이 정(+)의 영향관계를, 그리고 일-생활 향상은 부(-)의 영향관계를 나타내고 있음을 확인할 수 있었다. 이는 가설에서 예측한 바와 같이, 일-생활 갈등은 직무만족에 부정적인 영향을 미치는 반면, 일-생활 향상은 긍정적인 영향을 미친다는 것을 의미한다. 아울러, 일-생활 갈등이 클수록 조직구성원의 이직의도를 키울 수 있는 반면, 일-생활 향상 경험은 구성원의 이직의도를 낮출 수 있음을 시사해 주고 있다.

다음으로, 일-생활 갈등과 일-생활 향상의 높고 낮음에 따른 일·생활 균형의 4가지 유형 분류에 따라, 조직구성원의 직무만족과 이직의도에 어떠한 차이가 나타나는가를 확인하기 위한 내용이 가설 3이었다. 일·생활 균형의 4가지 유형간 차이분석과 사후검증을 실시한 결과, 이들 유형에 따라 직무만족과 이직의도 면에서 의미있는 차이가 발견되었다. 먼저, 직무만족의 경우 그 크기가 WLB2 〉 WLB4 〉 WLB1 〉 WLB3의 순으로 확인되었다. 전반적으로 볼 때, 이는 일-생활 갈등이 직무만족에 부(-)의 영향을 미치고, 일-생활 향상은 직무만족에 정(+)의 영향을 미치는 것으로 확인되어 왔던 선행연구들과 맥락을 같이 하는 분석결과라 할 수 있다.

또한 본 연구에서는 기존의 선행연구들에서 고찰하지 못한 4가지 유형 사이의 의미 있는 차이도 발견하였다. 분석 결과, 예상했던 대로 일-생활 갈등이 낮고 일-생활 향상이 높은 WLB2에서 제일 높은 직무만족이 나타났고, 그 반대로 일-생활 갈등이 높고 일-생활 향상은 낮은 WLB3에서 가장 낮은 직무만족이 나타났다.

흥미로운 점은, WLB4와 WLB1의 직무만족 수준 역시 통계적으로 유의한 차이를 있음을 확인할 수 있었다는 것이다. 즉 WLB4의 경우에는 비록 갈등 수준이 높음에도 불구하고 향상 수준도 함께 높기 때문에, 이러한 이유로 인해 갈등 수준도 낮고 향상 수준도 낮은 WLB1보다 직무만족이 좀 더 높게 나타난 것으로 추정된다. 본 연구의 이러한 분석결과는, 일-생활 향상이 높은 경우, 비록 일-생활 갈등이 상당한 수준으로 존재해도 업무와 가정의 동시 역할 수행이 갈등보다는 향상을 초래할 가능성이 크다는 사실을 지적한 바 있는 Greenhaus & Powell(2006)의 연구와도 유사한 결과를 보여주고 있다고 평가해 볼 수 있다.

한편, 이직의도 면에 있어서도 유형간 차이는 통계적으로 유의하게 나타났다. 이직의도의 경우, 그 크기가 WLB3 〉 WLB4 = WLB1 〉 WLB2로 확인되었다. 전반적으로 볼 때, 이는 일-생활 갈등이 이직의도에 정(+)의 영향을 미치는 반면, 일-생활 향상은 이직의도에 부(-)의 영향을 미친다는 것을 보여주었던 선행연구결과들과 유사한 분석결과라 할 수 있다. 또한 예상대로 일-생활 갈등은 낮고 일-생활 향상의 수준이 높은 WLB2가 가장 낮은 의직의도를 나타내었고, 반대로 일-생활 갈등이 높고 일-생활 향상이 낮은 WLB3이 가장 높은 이직의도를 나타냈다. WLB4와 WLB1를 비교해 볼 때, 비록 WLB4가 WLB1보다 조금 더 높은 이직의도를 나타내고 있었지만, 그 차이가 통계적으로 유의하지는 않았다. WLB4의 경우, 상대적으로 높은 일-생활 향상 수준에도 불구하고, 일-생활 갈등 또한 높기 때문에, 이직의도 면에서 WLB1과 유의적인 차이를 보이지 않았는데, 이는 그만큼 일-생활 갈등이 이직의도에 미치는 효과가 크다는 것을 간접적으로 시사한다고 하겠다.

이상의 분석결과에 따르면, 조직구성원이 지각하는 일-생활 갈등과 일-생활 향상 수준의 차이는 이들의 직무만족과 이직의도 등 주요 직무관련 태도에 일정한 영향을 줄 수 있음을 알 수 있다. 일-생활 갈등과 일-생활 향상이 직무만족과 이직의도에 미치는 영향 정도를 회귀계수를 통해 추정해 보면, 직무만족에는 일-생활 향상의 긍정적 영향이 일-생활 갈등의 부정적 영향보다 훨씬 더 큰 반면, 이직의도에 있어서는 일-생활 갈등의 영향이 일-생활 향상보다 더 큰 것을 알 수 있다. 이는 구성원의 직무만족 제고를 위해서는 일-가정 향상을, 그리고 구성원들의 이직의도를 낮추기 위해서는 일-생활 갈등을 중점적으로 관리하는 것이 보다 효과적일 수 있음을 시사한다.

아울러, 본 연구의 분석결과에 따르면, 조직구성원의 일·생활 균형을 증진시키기 위해서는, 이들이 경험하는 일-생활 갈등을 최소화시킬 수 있는 관리방안을 찾는 것만이 능사는 아니며, 그러한 노력과 함께 조직구성원의 일-생활 향상을 증진시킬 수 있는 관리방안을 함께 모색하는 것이 현실적으로 매우 중요할 수 있다는 점을 시사해 준다. 앞서 지적한 바와 같이, 일-생활 향상 증진은 특히 조직구성원의 직무만족 제고에 큰 영향력을 발휘할 수 있다는 점을 고려한다면, 조직원들의 일-생활 접점에서 이들의 일-생활 향상을 증진시켜 줄 수 있는 직무설계 및 여러 가지 경영관리 프로그램, 예컨대 직무와 가정생활의 연결성에 대한 교육 프로그램의 시행이 적극적으로 고려될 필요가 있어 보인다.

5.2 연구의 한계점과 향후 연구방향

이러한 연구의의에도 불구하고, 본 연구는 여러 한계점을 가지고 있다. 먼저, 본 연구는 모든 변수들을 자기기입식(self-report) 설문지를 통하여 측정하였는데, 이는 응답자가 설문문항을 제대로 이해하지 못하거나, 혹은 의도적으로 자신의 생각을 감추고 있는 경우에 정확하게 응답자의 속성을 파악하지 못하는 단점이 있다. 또한 표본에 대한 문제로서, 가급적 다양한 지역과 직종의 표본을 확보하려 노력하였으나, 수집된 응답자 표본의 인구통계학적 특성이 다소 한정되어 있는 한계를 들 수 있다. 아울러, 본 연구에서는 직장이나 일의 영역으로부터 비롯된 일-생활 갈등과 일-생활 향상, 그리고 가정 등 개인 생활 영역으로부터 비롯된 일-생활 갈등과 일-생활 향상 등, 일-생활 갈등과 향상 변수를 그 방향성을 구분하여 가설을 제시하고 이를 검증해 보지 못한 한계가 있다.

보다 근본적인 연구의 한계점으로는 일-생활 갈등 및 일-생활 향상 차원을 이용한 일·생활 균형과 관련한 연구에 있어서는 설문조사와 같은 양적 방법의 적용만으로는 조직구성원의 내적인 경험 세계를 보다 풍요롭게 드러내는데 있어서 일정한 한계가 있을 수 있다는 점을 들 수 있겠다. 따라서 설문 응답자와의 인터뷰는 물론, 가능하다면 이들의 업무 및 일상생활에 대한 참여관찰 등 보다 질적인 연구방법을 동원하여, 연구대상의 주관적 경험세계에 접근해 갈 필요성이 있다. 향후 보다 다양한 양적, 질적 연구방법을 적용한 많은 연구들이 제기되길 기대한다.

참고문헌

가영희 (2006), 성인의 직장-가정 갈등이 영역별 만족도와 주관적 삶의 질에 미치는 영향, 『한국심리학회지』, 11(2), 163-189.

강혜련·최서연 (2001), 기혼여성 직장-가정 갈등의 예측변수와 결과변수에 관한 연구, 『한국심리학회지: 여성』, 6(1), 23-42.

김주엽 (2008), 직무특성과 일-가정 균형, 『인적자원개발연구』, 11(1), 101-121.

박근수·유태용 (2007), 일 몰입의 선행변인 및 결과변인에 관한 연구, 『한국심리학회지』, 20(3), 219-251.

이요행·박묘진·오세진 (2005), 가족 친화적 조직문화가 조직몰입, 직장만족, 이직의도, 그리고 가정만족에 미치는 영향, 『한국심리학회지: 산업과 조직』, 18, 639-657.

임효창·이봉세·박경규 (2005), 기혼직장인의 직장-가정갈등의 원인과 결과에 관한 연구, 『경영학연구』, 제34권 제5호, 1417-1443.

Allen, T. D., Herst, D. E., Bruck, C. S., & Sutton, M. (2000), Consequences Associated with Work-to-Family Conflict: A Review and Agenda for Future Research, *Journal of Occupational Health Psychology, 5*, 278-308.

Allen, T. D. & Martin, A. (2017), The work-family interface: A retrospective look at 20 years of research in JOHP, *Journal of Occupational Health Psychology,* 22(3): 259-272.

Allis, P. & O'Driscoll, M. (2008), Positive effects of nonwork-to-work facilitation on well-being in work, family and personal domains, *Journal of Managerial Psychology*, 23(3): 273-291.

Barnett, R. C. (1998), Toward a Review and Reconceptualization of the Work/Family Literature, *Genetic, Social, and General Psychology Monographs*, 124, 125-182.

Barnett, R. C. and Hyde, J. S. (2001), Women, men, work and family: An expansionist theory. *The American Psychologist,* 56(10), 781-796.

Bendapudi, N. & Leone, R. P. (2002), Managing Business-to-Business Customer

Relationships Following Key Contact Employee Turnover in a vendor Firm, *Journal of Marketing*, *66*, 83-101.

Brown, S. P. & Peterson, R. A. (1993), Antecedents and Consequences of Salesperson Job Satisfaction: Meta-Analysis and Assessment of Causal Effects, *Journal of Marketing Research*, 30, 63-77.

Carlson, D. S., Hunter, E. M., Ferguson, M. & Whitten, D. (2011), Work-family enrichment and satisfaction: Mediating processes and relative impact of originating and receiving domains, *Journal of Management*, 40(3): 845-865.

Carlson, D. S., Kacmar, K. M., Zivnuska, S., Ferguson, M. & Whitten, D. (2011), Work-family enrichment and job performance: A constructive replication of affective events theory, *Journal of Occupational Health Psychology,* 16(3): 297-312.

Davidson, M. & Cooper, C. (1983), *Stress and The Woman Manager*, Oxford, Martin Robertson & Company Ltd.

Edwards, J. R., & Rothbard, N. P. (2000), Mechanisms Linking Work and Family: Specifying the Relationships between Work and Family Constructs. *Academy of Management Review, 25,* 178-199.

Frone, M. R., Russell, M., & Cooper, M. L. (1992), Antecedents and Outcomes of Work-Family Conflict: Testing an Model of the Work-Family Interface, *Journal of Applied Psychology*, *77,* 65-78.

Frone, M. R. (2003), Work-family Balance. In J. C. Quick & L. E. Tetrick (Eds.), *Handbook of occupational health psychology,* 143-162. Washington, DC: American Psychological Association.

Greenhaus, J. H. & Beutell, N. J. (1985), Sources of Conflict between Work and Family Roles, *Academy of Management Review*, *10*, 76-88.

Greenhaus, J. H. & Collins, K. M. & Shaw, J. D. (2003), The Relation between Work-Family Balance and Quality of Life, *Journal of Vocational Behavior*, *63*, 510-531.

Greenhaus, J. H. & Parasuraman, S. (1999), Research on Work, Family and Gender: Current Status and Future Directions, *Handbook of Gender in Organization*. Newbury Park, CA: Sage.

Greenhaus, J. H. & Powell, G. N. (2006), When Work and Family are Allies:

A Theory of Work-Family facilitation, *Academy of Management Review, 31*, 72-92.

Grzywacz, J. G., & Marks, N. F. (2000), Reconceptualizing the Work-Family Interface: An Ecological Perspective on The Correlates of Positive and Negative Spillover Between Work and Family, *Journal of Occupational Health Psychology, 5*, 111-126.

Gutek, B. A., Searle, S., & Klepa, L. (1991), Rational Versus Gender Role Explanations for Work-Family Conflict, *Journal of Applied Psychology, 76*, 560-568.

Kossek, E., & Ozeki, C. (1998), Work-Family Conflict, Policies, and The Job-Life Satisfaction Relationship: A Review and Directions For Organizational Behavior -Human Resources Research. *Journal Of Applied Psychology, 83*. 139-149.

Marks, S. R. and S. M. MacDermid (1996), Multiple role and the self: a theory of role balance, *Journal of Marriage and Family, 58*, 417-432.

Marks, S. R. (1977), Multiple Roles and Role Strain: Some Notes on Human Energy, Time and Commitment, *American Sociological Review, 42*, 921-936.

McNall, L. A., Nicklin, J. M. & Masuda A. D. 2010. A Meta-Analytic review of the consequences associated with work-family enrichment, *Journal of Business Psychology*, 25: 381-396.

Meyer, J. P. & Allen, N J. (1984), Testing the Side-bet Theory of Organizational Commitment; Some Methodological Considerations, *Journal of Applied Psychology*, 69, 372-378.

Near, J. P., Rice, R. W., & Hunt, R. G. (1980), The Relationship Between Work and Nonwork Domains: A Review of Empirical Research, *Academy of Management Review, 5*, 415-429.

Quick, J. D., Henley, A. B., & Quick, J. C. (2004), The Balancing Act: At Work and at Home, *Organizational Dynamics, 33*, 426-438.

Repetti, R. L. (1987), Linkages between work and family roles, *Applied Social Psychology Annual, 7*, 98-127.

Rothbard, N. P. (2001), Enriching or Depleting? the Dynamics of Engagement in Work and Family Roles, *Administrative Science Quarterly, 46*.

655-684.

Seashore, S. E., Lawler, E. E., Mirvis, P. and Cammann, C. (eds.), (1982), *Observing and Measuring Organizational Change: A Guide to Field Practice*, New York: Wiley.

Sieber, S. D. (1974), Toward an Theory of Role Accumulation, *American Sociological Review, 39,* 567-578.

Steer, R. M. and Mowday, R. T. (1981), Employee Turnover and the Post Decision Accommodation Process, In B. M. Shaw & L. L. Cummings, (Eds.), *Research in Organizational Behavior, vol. 3,* Greenwitch, CT: JAI Press.

Ungerson, C. and Yeandle, S. (2005), Care workers and work-life balance: the example of domiciliary care workers, in D. M. Hounston (ed.). *Work-life balance in the 21st century.* Hampshire: Palgrave Macmillan.

Wayne, J. H., Musisca, N., & Fleeson, W. (2004). Considering the Role of Personality in the Work-Family Experience: Relationships of the Big Five to Work-Family Conflict and Facilitation, *Journal of Vocational Behavior,* 64. 108-130.

Williams, F. (2001), In and beyond new labour: towards a new political ethical ethics of care, *Critical Social Policy, 21*, 467-493.

Chapter
04

모바일 기기 활용과 일·생활 균형[3)]

Ⅰ. 머리말

정보통신기술의 발달로 인해 스마트폰이나 태블릿 등 각종 모바일 기기 활용이 확산되면서, 이러한 기기의 활용이 최근 또 다른 사회적 화두로 부상한 조직구성원의 '일·생활 균형'(work-life balance)에 미치는 영향에 대한 관심이 커지고 있다. 무엇보다 모바일기기 활용은 물리적 거리에 구애받지 않고 타인과 언제든 직접 소통하고 필요한 정보를 공유할 수 있게 만들어 줌으로써, 그 사용자에게 시간 및 공간성에 대한 전통적인 인식을 변화시키는데 크게 기여해 왔다. 그 결과, 이제는 '일터'와 '가정'이라는 개념까지도 시간 및 공간적으로 얼마든지 축소 내지 확장 가능한 유연한 개념으로 바뀌고 있다(Spreitzer, Cameron, & Garrett, 2017; Wajcman, Bittman, & Brown, 2008).

3) 이 글은 최민오와 함께 썼다.

반면에 정보통신기술과 그에 기반한 모바일 기기 활용이 야기하는 부작용에 대한 우려도 적지 않다. 많은 경우 모바일 기기 활용이 가져오는 유연성은 개인적 삶이나 가정 영역이 아닌 일터나 직장 영역의 확장으로 귀결되는 수가 많아, 이른바 '연결되지 않을 권리'(right to disconnect)가 사회적 이슈가 될 정도로 조직구성원의 사적 영역이 침탈되는 경우가 빈번해졌다(이승길·이주호, 2016; Allen, Cho, & Meier, 2014; Gadeyne, Verbruggen, Delanoeije, & De Cooman, 2018).

이처럼 정보통신기술과 모바일 기기의 활용은 그 효과성 측면에서 양면적 특성을 가지기 쉽다(Ferguson, Carlson, Boswell, Whitten, Butts & Kacmar, 2016; Frissen, 2000). 또한 바로 그 점으로 인해, 지금까지 모바일 기기 활용이 직무환경의 변화는 물론, 직무담당자의 심리적 안녕이나 일-가정 균형에 실제로 어떠한 영향을 미치는지를 확인해 온 많은 실증연구들이 제기되어 왔다고 볼 수 있다. 그렇지만 선행 연구들은 몇 가지 점에서 아쉬운 점이 있어 왔다. 우선, 모바일 기기 활용에 관심을 둔 선행연구들은 조직구성원이 퇴근 후 가정 내에서 모바일 기기를 업무에 활용하는 행태에만 주로 초점을 맞추어 온 경향이 있다(고현미·박재춘, 2017; Derks, Bakker, Peters, & van Wingerdern, 2016).

하지만 주지하듯이, 모바일 기기는 그 활용 측면에서 얼마든지 유연성을 가질 수 있다. 즉 퇴근 후 가정에서 업무를 보기 위해 모바일 기기를 활용하는 것뿐만 아니라, 근무시간 중 SNS를 활용하여 집안일을 처리하는 경우처럼 업무시간 중 가사를 돌보기 위해 모바일 기기를 활용하는 행위도 얼마든지 발생될 수 있는 것이다. 예컨대 미취학 자녀를 둔 직장인들은 자녀의 등·하원에 관한 어려움을 많이 경험하고 있는 데, 모바일 기기를 활용하여 배우자 또는 주위 가족과 일정을 조율하면서 그 어려움을 해결할 수 있다. 그럼에도 지금까지 이러한 양 측면을 모두 고려한 연구는 흔치 않아 왔다. 따라서 모바일 기기 활용이 조직구성원들에게 실제로 그들이 경험하는 일-가정 갈등을 감소시키는 효과적인 자원으로 작용되는지 아니면 그러한 갈등을 오히려 증폭시키는데 기여하고 있는 지를 확인함에 있어서도, 가정과 직장에서 실제 발생할 수 있는 모바일 기기 활용의 이러한 양 측면을 모두 고려한 분석이 이루어질 필요가 있다.

또한 모바일 기기 활용이나 일-가정 갈등이 조직구성원의 건강이나 심리적 안녕에 미치는 영향을 실증해 온 그간의 선행연구들은 대표적으로 구성원이 경험하는 소진(burnout)을 결과변수로 많이 활용해 왔다. 그렇지만 이러한 연구들은 대개 직무소진(job burnout)만을 측정하여 분석한 한계가 있다(박재춘·김성근, 2018; Derks & Bakker, 2014; Eby, Casper, Lockwood, Bordeaux, & Brinley, 2005 등). 이는 앞서 지적한 바와 같이, 그간의 연구들이 모바일 기기의 활용 측면을 '퇴근 후 가정 내에서 업무를 위해 활용하는 행태'에만 주목해 온 측면과도 무관치 않아 보인다. 그러나 모바일 기기 활용을 업무의 시공간적 연장을 위해서만이 아니라 가사 일을 보다 유연하게 처리하기 위해 활용할 수 있듯이, 그럴 경우 모바일 기기 활용이나 일-가정 갈등으로 말미암아 발생되는 소진 역시 직무차원의 소진만이 아니라 가사에서 비롯되는 소진으로 구분해 살펴볼 필요도 있다. 그럼에도 지금까지 이러한 관련 연구들에서 가정소진(family burnout)을 측정, 활용한 연구는 매우 찾아보기 어렵다.

이런 취지에서, 본 연구는 모바일 기기의 활용이 조직구성원의 일-가정 갈등과 소진에 미치는 영향을 실증함에 있어서, 선행연구들이 내재해 왔던 이러한 한계점들을 보완하는 연구 설계를 시도해 보고자 하였다. 먼저 모바일 기기 활용에 있어서는, '퇴근 후 모바일 업무활용' 측면만이 아니라 '근무 중 모바일 가사활용' 측면을 모두 포함한 측정을 시도함으로써, 모바일 기기의 공적 활용 측면과 사적 활용 측면을 모두 고려해 보고자 하였다. 그리하여, 모바일 기기 활용의 목적과 양태에 따라 일-가정 갈등에 미치는 영향을 좀 더 세분화한 가설을 설정하고 이를 실증해 보고 있다.

또한 본 연구는 주로 직무소진 개념에만 치중해 온 지금까지의 연구와는 달리, 가정소진 개념을 함께 도입하여 일-가정 갈등의 영향을 실증해 보고자 하였다. 주지하듯이, 일-가정 갈등 역시 방향성을 갖는 개념이다. 즉 일-가정 갈등 개념은 갈등의 원인을 제공하는 영역과 방향을 고려하여 일 영역에서 비롯되는 갈등인 '일 〉 가정 갈등'(work interference with family, 이하 WIF)과, 가정 영역에서 비롯되는 갈등인 '가정 〉 일 갈등'(family interference with work, 이하 FIW) 개념으로 구분해 볼 수 있다.

이 경우, 지금까지 선행연구들에서 WIF는 직무소진과 비교적 일관된 정(+)적 영향관계가 입증되어 왔었지만, FIW의 경우는 그렇지 못해왔다(허창구·신강현·양수현, 2010; Allen, Herst, Bruck, & Sutton, 2000; Jawahar, Kisamore, Stone, & Rahn, 2012). 이러한 연구결과가 야기된 이유는 선행연구들에서 일-가정 갈등의 영향을 주로 직무소진 차원에서만 분석해 왔던 경향과 무관치 않다고 생각된다. 따라서 본 연구에서는 가정소진 개념을 함께 측정하여 분석함으로써, 일-가정 갈등의 '방향'(direction)과 소진이 발생되는 '영역'(domain) 간에 일정한 관계가 있음을 입증해 보고자 하였다.

아울러, 본 연구는 모바일 기기의 활용이 조직구성원의 직무소진과 가정소진에 미치는 영향은 다소 상이한 경로를 통해 이루어질 수 있다는 사실을 일-가정 갈등의 매개역할을 통해 분석해 보이고자 한다. 이러한 분석을 위해, 본 연구에서는 직장과 가정 양 영역에서 돌봄노동을 주로 수행하는 의료서비스직 여성 근로자들을 연구대상으로 하였다.

Ⅱ. 이론적 배경 및 연구가설

2.1 모바일 기기의 활용과 일-가정 갈등

스마트폰을 필두로 한 모바일 기기 활용의 영향에 대해서는 이미 많은 논의가 있어 왔다. 예컨대, 모바일 기기는 그 사용자들에게 전통적인 시공간의 제약성을 뛰어넘어 유연한 활용과 조정이 가능하도록 만들어 줌으로써 업무수행의 자율성을 도모해 줄 수 있다(Cavazotte, Heloisa Lemos, & Villadsen, 2014; Wajcman et al., 2008). 그 결과, 재택근무가 가능해지고, 심지어 이동 중에도 어지간한 업무수행이 가능해지고 있다. 또 모바일 기기 활용은 원격 협업을 지원해 주고(Matusik & Mickel, 2011; Townsend & Batchelor, 2005), 직무만족을 높여 주기도 한다(Diaz, Chiaburu, Zimmerman, & Boswell, 2012).

반면 모바일 기기의 업무활용으로 조직구성원들의 실질 업무량이 증가되고, 특히 일과 생활 영역의 경계를 모호하게 하여 이른바 '테크노스트레스'(technostress)와 일-가정 갈등을 높이는 심각한 역효과도 우려되고 있다(박상철·고준, 2014; 이경희·김기선, 2015; Brown & Palvia, 2015; Derks et al., 2016).

이렇듯, 정보통신기술에 기반한 모바일 기기의 활용이 야기하는 양면적 효과에 대해서 이미 많은 연구들이 제기되어 왔지만, 본 연구에서는 특히 '요구-자원 이론'(demands-resources theory)에 기초하여 모바일 기기의 활용이 의료서비스직에 종사하는 여성 근로자의 일-가정 갈등에 미치는 영향관계를 좀 더 세밀하게 확인해 보고자 한다. 즉, 모바일 기기의 활용이 일과 가정 영역에서 비롯되는 갈등을 심화시키는 직무 또는 가사 '요구'(demand)로 작용하는 지, 아니면 일-가정 갈등의 해소에 필요한 직무 또는 가사 '자원'(resource)으로 간주되는지를 갈등의 방향성을 고려하여 확인해 보고자 하는 것이다.

요구-자원 이론(Voydanoff, 2005)에 의하면, 조직구성원들은 일과 가정 영역의 여러 역할을 수행해 나가는 과정에서 다양한 역할요구에 직면하기도 하고 또 그러한 역할요구에 대응해 가기 위해 필요한 역할자원도 획득해 간다. 이 과정에서, 일과 가정 영역에서의 자원의 확보를 통해 양 영역으로부터의 역할 요구를 적절하게 충족시켜 나갈 수 있게 되면 일-가정 간의 적합이 발생하게 되며, 일-가정 균형을 이룰 수 있게 된다. 반면, 일과 가정 영역에서의 요구가 개인의 능력을 초과하거나 환경이 적절한 자원을 제공하지 않을 때 일과 가정 영역 간의 부적합(misfit)이 발생하게 되며, 이러한 부적합 상태는 결국 일-가정 갈등이 초래되는 중요한 원인이 된다(Caplan & Harrison, 1993; Voydanoff, 2005).

이러한 맥락에서 볼 경우, 모바일 기기의 활용 역시 '요구'와 '자원'의 양면성을 갖고 있다고 볼 수 있다. 즉 모바일 기기는 일과 가정 영역 간의 시공간적 경계를 뛰어 넘어 유연하게 양 영역의 역할요구를 수행할 수 있도록 도와주는 자원이 되기도 하지만, 또한 바로 그처럼 유연한 활용이 가능하다는 사실 때문에 더 많은 역할요구에 직면할 수밖에 없도록 만드는 요인이기도 한 것이다(Day, Scot, & Kelloway, 2010; Diaz et al., 2012; Matusik & Mickel, 2011).

한편, 요구-자원이론은 일과 가정이라는 양 영역의 경계가 충분히 침투가능하고 유연할 때, 일과 가정 영역에서 상호 영향을 미치는 과정이 발생할 수 있다는 일-가정 경계이론(work-family border theory)을 수용하고 있다(Clark, 2000). 이러한 취지에서, 특히 Voydanoff(2005)는 요구-자원에 대한 이해와 적용의 폭을 넓히기 위해 일과 가정 영역 내에서의 요구와 자원 개념 이외에도 '경계관리 요구'(boundary-spanning demand)와 '경계관리 자원'(boundary-spanning resource)개념을 함께 포함시켜 논하고 있다.

이 때 경계-관리 요구 및 경계-관리 자원 개념은 특히, 일과 가정 영역 간의 상호관계에 초점을 맞추고 있다는 점에서 영역 내 요구 및 자원 개념과 차이가 있다. 예컨대 동일한 상사의 지원이라 할지라도, 상사 지원의 목적이 부하직원의 직무 영역에서의 성과 향상에 역점을 두고 있다면 이 경우 상사 지원은 한 영역 내 자원으로 간주될 수 있다. 이에 비해, 상사의 지원의 목적이 일과 가정 영역 간의 역할수행을 잘 조율하는 데 있다면, 이때는 경계관리 자원으로 간주될 수 있는 것이다. 또한 일 영역으로부터 발생되는 대표적인 경계관리 요구로는 출장숙박, 재택근무, 퇴근 후 가정 내 업무수행을 들 수 있으며, 가정 영역으로부터의 경계관리 요구로는 근무 중 가사업무 수행 등이 그 예가 될 수 있다.

따라서 경계관리 요구와 자원 개념은 일과 가정 영역의 경계 양단에 위치한, 분리(segmentation)와 통합(integration)의 상충관계를 포함하는 개념이라 할 수 있다(채연주·윤세준, 2012; Ashforth, Kreiner, & Fugate, 2000; Clark, 2000). 일반적으로 일과 가정의 경계는 분리될수록 두 영역간의 역할은 명확해지며, 경계의 침투는 어려워지는 반면, 역할중첩(role blurring)의 정도는 낮아진다. 반대로, 일과 가정의 경계가 통합될수록 두 영역 간의 역할은 모호해지며, 경계의 침투가 수월해지고, 역할중첩의 정도는 높아질 수 있다. 이처럼 일과 가정의 경계가 통합되어 갈수록 역할전환의 어려움과 역할의 모호성으로 인해 일과 가정의 경계를 관리할 수 있는 개인의 능력은 제한되기 쉽다(Bulger, Matthews, & Hoffman, 2007; Rothbard, Phillips & Dumas, 2005).

이러한 관점에서 볼 때, 조직구성원들이 퇴근 이후에도 가정에서 모바일 기기를 활용하여 업무를 수행하는 경우는 일 영역에서 비롯되는 전형적인 한 경계관리 요구에 직면한 상황이라고 볼 수 있다. 특히 퇴근 후 가사 일을 많이 돌보아야 하는 여성 근로자가 가정 내에서 모바일 기기를 통해 업무를 수행해야 하는 상황이 지속된다면, 그녀는 일과 가정의 경계를 관리하는 데 큰 어려움을 겪게 될 것이고, 이러한 경계관리 요구를 상쇄시킬 수 있는 자원을 주위 가족 등으로부터 적절히 확보하지 못할 경우 많은 어려움에 직면할 수 있다. 이런 취지에서 볼 때, 가사에 대한 책임이 아직도 여성에게 상당부분 전가되고 있는 우리 사회의 풍토 속에서 여성 근로자들이 가족으로부터 충분한 양의 지원 또는 자원을 획득하기가 쉽지 않을 것으로 예상된다. 따라서 여성 근로자의 경우에는 더 더욱 경계관리 요구와 경계관리 자원 간의 부적합이 발생하게 될 가능성이 커서, 이들이 경험하는 일-가정 갈등은 심화될 것으로 추론해 볼 수 있다.

그간 일-가정 갈등을 야기하는 선행요인들을 고찰한 연구들을 살펴보면, 양 방향의 일-가정 갈등 가운데 WIF는 직업 스트레스, 근무시간 등과 같이 주로 일과 관련된 변인들에 영향을 받는 반면, FIW은 가정에 대한 책임 또는 가정에서의 스트레스 등과 같이 주로 가족관련 변인들에 영향을 받는 것으로 나타났다(Byron, 2005; Ford, Heinen, & Langkamer, 2007; Frone, Russell, & Cooper, 1992). 또한 지금까지 이루어진 모바일 업무활용과 관련된 대다수 국내외 문헌들은 퇴근 후 모바일 업무활용이 특히 WIF에 상당한 영향을 미치고 있음을 비교적 일관되게 확인시켜주고 있다(고현미·박재춘, 2017; Brown & Palvia, 2015; Derks et al., 2016). 이에 본 연구에서는, 여성 근로자들이 '퇴근 후 모바일을 활용하여 업무를 수행'하는 것은 일 영역에서 비롯된 경계관리 요구로 작용하여 이들의 WIF를 증가시킬 것으로 예상하고, 다음과 같은 가설을 설정하였다.

가설 1. 퇴근 후 가정 내에서 모바일 기기를 활용하여 업무를 수행하는 '가정 내 모바일 업무활용'은 일 영역에서 비롯되는 갈등, 즉 WIF와 정(+)적인 영향관계에 있을 것이다.

한편 모바일 기기의 활용의 또 다른 모습인 '근무 중 모바일 기기를 활용하여 가사업무를 수행'하는 측면과 관련한 연구는 흔치 않아서, 특히 그러한 활용이 조직구성원의 일-가정 갈등에 어떠한 영향을 미치는 지에 대한 논의는 더 더욱 찾아보기가 쉽지 않다.

일반적으로 남성들은 젠더 역할(gender role)과 관련한 전통적인 사회화 과정에 힘입어 일-가정 영역간의 분리(segmentation)가 상대적으로 수월하며, 또한 직장생활에 보다 많은 시간적, 정신적 관여를 해도 쉽게 용납되는 경우가 많다(Rothbard, 2001). 이에 비해 여성 근로자는 젠더 역할과 관련해 볼 때, 아직도 가사돌봄의 책임을 더 많이 자임해야 하는 것을 당연하게 여기는 사회적 기대와 정체성을 갖고 있는 경우가 많다(정민우·이나영, 2011; Eagly & Wood, 2012). 또한 그로 인해 직장여성들은 남성에 비해 직장과 가정 영역을 쉽게 분리할 수 없는 입장에 처하는 경우가 많다고 할 수 있다. 이러한 상황을 감안하면, 모바일 기기 활용 양태와 관련해서도 남성과 여성 간에 일정한 차이가 있을 것으로 예상해 볼 수 있는데,

실제로 한 연구 결과, 남성은 주로 업무와 관련된 목적을 위해서 모바일 기기를 사용하는 경향이 짙은 반면, 여성은 공동체의 유대관리 또는 가정생활 관리를 위해 모바일 기기를 주로 이용하는 것으로 확인되었다(Grant & Kiesler, 2001).

이렇듯 젠더 역할과 관련한 전통적 관행과 사회적 기대 하에서 여성 근로자들이 업무시간에도 모바일 기기를 활용하여 자신에게 기대되는 가사돌봄의 역할과 책임을 적절하게 조율, 대응해 갈 수 있다면, 이때 모바일 기기는 경계를 관리해주는 일종의 자원으로 간주될 수도 있을 것이다. 이러한 논지를 뒷받침해주는 실증연구도 제시되고 있는데, 취업여성 근로자들은 모바일 기기를 통해 직장과 가정의 일을 동시에 병행할 수 있는 평행적 이동(parallel shift)이 가능하다는 사실이 일부 확인되기도 하였다(이를테면, Rakow & Navarro, 1993). 뿐만 아니라, 기혼 여성의 경우 일상적인 보살핌을 제공하는 도구적 어머니 역할과 자녀들에게 감정적인 지원 역할을 수행하는 정서적 어머니 역할을 동시에 수행함에 있어서, 모바일 기기 활용이 바로 그러한 수단이자 자원의 구실을 하고 있는 것으로 나타났다(김명혜, 2005).

그렇지만 요구-자원 이론의 관점에서 보면, 조직구성원이 근무 중 모바일 기기를 활용하여 집안일을 수행해야 하는 것은 가정영역으로부터 비롯되는 전형적인 한 경계관리 요구로 간주될 수 있다. 이때, 여성근로자들이 모바일 기기를 통해 직장과 가정생활이 상시 연결될 경우, 이는 가사돌봄의 역할을 여성 근로자들의 몫으로 당연시 여기는 전통적인 젠더 역할기대가 많이 남아있고 또 실제로 결혼여부를 떠나 어느 시기에서든지 남성보다 여성이 가사에 참여하는 비율과 시간이 더 많은 한국에서는(이진숙·이윤석, 2018), 여성이 경험하는 FIW를 더욱 가중시키는 요인으로 작용되기 쉽다고 생각된다. 이러한 추론 하에, 본 연구에서는 모바일 기기 활용의 또 다른 측면인 직장 내 모바일 가사활용과 관련해서는 다음과 같은 가설을 설정하였다.

> *가설 2.* 근무 중 모바일 기기를 활용하여 집안일을 수행하는 '직장 내 모바일 가사활용'은 가정 영역에서 비롯되는 갈등, 즉 FIW와 정(+)적인 영향관계에 있을 것이다.

2.2 일-가정 갈등과 직무 및 가정소진

소진(burnout)은 특정한 조건 하에 지속적으로 노출됨으로써 발생되는 육체적·정서적·인지적 긴장과 피로의 상태를 의미한다(Bakker, Demerouti, & Verbeke, 2004). 특히 일 영역으로부터 비롯된 소진을 의미하는 직무소진은 그간 일-가정 갈등의 영향을 다룬 선행연구들에서 가장 대표적으로 활용되어 온 결과변수 중 하나였다(허창구 등, 2010).

주지하듯이, 직무소진은 고갈, 탈인격화, 성취감 저하 등 세 가지 하위차원을 가진 다차원적 개념으로 인식되어져 왔다(Maslach & Jackson, 1981; Lee & Ashforth, 1996). 이 때, '고갈'(exhaustion)은 대인접촉 업무를 수행과정에서 정서적 자원을 지나치게 많이 소모함으로써 심리적, 육체적으로 피폐해진 상태를 의미한다. '탈인격화'(depersonalization)는 흔히 '일로부터의 심리적 이탈'(disengagement)로도 칭해져 왔는데, 개인이 일과 사람, 혹은 조직으로부터 심리적으로 이탈되어, 그에 대해 냉소적인 태도를 보이는 것을 말한다. 또 '성취감의 저하'(diminished personal accomplishment)는 자기 자신의 직무수행능력에 대해 부정적으로 평가, 인식하는 경향을 말한다. 그렇지만 '성취감의 저하'의 경우 소진의 나머지 두 차원과 상관관계가 낮을 뿐만 아니라(Lee & Ashforth, 1996; Maslach, Schaufeli, & Leiter, 2001), '자기효능감'에 더 가까운 개인적인 특성을 반영하는 개념이라는 지적이 제기되어 왔고(Cordes & Dougherty, 1993; Leiter, 1993), 그에 따라 최근에는 직무소진을 '고갈'과 '일로부터의 심리적 이탈' 등 두 차원을 중심으로 측정하는 경우도 많아졌다(김성철 · 김나정, 2019; 박상언 · 신다혜 2011; 하성욱 · 장함자, 2014; Bakker et al., 2004).

앞서도 지적한 바 있듯이, 일-가정 갈등의 효과성을 다룬 선행연구들에서 직무소진은 가장 흔히 채택되는 결과변수 중 하나였고, 또 실제로 양 변수 간에는 비교적 일관된 긍정적 관계가 관찰되어 왔다고 할 수 있다(Allen et al., 2000). 하지만 일-가정 갈등의 방향성까지 고려하여 좀 더 자세히 고찰해 볼 경우, 직무소진은 지금까지 주로 일에서 비롯되는 갈등인 WIF와 연관되어 분석되어 온 경향이 강해 왔다(최병권 · 김기태 · 김동현, 2017; Eby et al., 2005). 이에 비해, 가정에서 비롯되는 갈등인 FIW를 고려한 연구는 상대적으로 많지 않았을 뿐만 아니라, 직무소진과의 관계 면에서도 그리 일관된 분석결과를 보여주지 못해 왔다고 할 수 있다. 즉 어떤 연구들에서는 FIW와 직무소진 간에 정(+)적인 영향관계가 확인되었지만(최규현 · 박경규, 2013; Mete, Ünal, & Bilen, 2014; Netemeyer, Boles, & McMurrian, 1996), 다른 연구들에서는 유의한 영향관계가 관찰되지 않는 경우도 많았다(박상언 · 신다혜, 2011; Jawahar et al., 2012; Kinnuen & Manuno, 1998).

본 연구는 이러한 연구결과가 나타난 경향이 그간의 선행연구들에서 일-가정 갈등을 주로 일 영역의 소진, 즉 직무소진 차원에서만 분석해 온 경향과 무관치 않다고 생각한다. 이러한 주장의 배경으로는, 일-가정 갈등의 방향성 및 효과성과 관련하여 제기되어 왔던 이른바 '일치영역'(matching domain) 관점을 이해할 필요가 있다(김학수·박상언, 2018; Amstad, Meier, Fasel & Elfering, 2011; Shockley & Singla, 2011). 일치영역 관점은 원천 귀인이론을 기반으로 하여, 일-가정 갈등을 가져온 원천을 곧 갈등의 대상으로 인식하고, 갈등이 생성된 영역에서 주요 손실이나 부정적 결과가 발생된다고 주장하는 관점이다. 따라서 일치영역 관점에 의하면, 일 영역에서 발생하여 가정 영역으로 전이된 갈등은 일과 관련한 영역에서 더 큰 부정적 영향을 주게 된다.

그에 비해, '교차영역'(cross domain) 관점은 일-가정 갈등의 영향과 관련하여 상반된 주장을 펼친다. 즉 교차영역 관점은 갈등이 생성된 영역보다 갈등의 영향이 교차적으로 수신된 영역에 미치는 부정적 영향이 더 크다는 입장이다(Frone et al., 1992; Frone, Yardley, & Markel, 1997). 따라서 교차영역 관점에 의하면, 일 영역에서 빚어져 가정으로 전이된 갈등은 가정 영역에, 그리고 가정 영역에서 비롯된 갈등은 반대로 일 영역에서 더 큰 부정적 영향이 미칠 수 있게 된다.

일-가정 갈등의 방향성 및 효과성을 다룬 그간의 연구들을 리뷰하고 있는 일련의 메타연구들에 의하면, 비록 교차영역 관점이 먼저 제기되긴 했지만, 최근 들어서는 일치영역을 지지하는 연구결과가 더 많아지고 있다는 사실이 지적된 바 있다(Amstad et al., 2011; McNall, Nicklin, & Masuda, 2010; Sockley & Singla, 2011). 따라서 일치영역의 관점에서 본다면, 그간 주로 일 영역에서 비롯된 갈등인 WIF에 주목하면서 이를 일 영역과 관련된 직무소진과 연관시켜 분석해 왔던 선행연구들이 비교적 일관된 연구결과를 보였던 것은 어쩌면 당연한 귀결이라 할 수 있다. 또한 일치영역의 관점에 입각해서 볼 경우, 가정 영역에서 빚어진 갈등인 FIW가 직무소진과 일관된 분석결과를 보이지 않은 것도 충분히 이해할 수 있는 일이 될 것이다. 그러므로 만일 직무소진만이 아닌 가정 영역의 소진, 즉 가정소진을 측정하여 분석할 경우, FIW는 직무소진보다 가정소진과 더욱 밀접한 관계를 나타낼 개연성이 충분히 존재한다고 볼 수 있다.

이런 취지에서, 본 연구는 기존의 직무소진 개념에 더하여 가정소진 개념을 함께 측정하고, 앞서 설명한 일치영역 관점에 기초하여 일-가정 갈등의 두 방향성을 고려한 다음과 같은 가설을 설정해 보고자 한다.

가설 3. WIF는 FIW보다 직무소진과 더 큰 정(+)의 영향관계에 있을 것이다.

가설 4. FIW은 WIF보다 가정소진과 더 큰 정(+)의 영향관계에 있을 것이다.

2.3 일-가정 갈등의 매개효과: 요구-자원이론 × 일치 영역 관점

모바일 기기 활용을 다룬 최근 연구들은 대부분 그 사용자의 직무소진 등 신체적, 정신적 건강과 안녕에 미칠 부정적 영향에 대해 많은 우려를 표명해 왔다(박재춘·김성근, 2018; 이경희·김기선, 2015; Derks & Bakker, 2014). 그렇지만 앞서 지적한 바와 같이, 모바일 기기 활용과 직무소진 간의 관계를 실증해 온 이들 연구는 대개 '퇴근 후 모바일 업무활용' 측면에만 연구의 초점을 두어 온 경향이 있었으며, 그 효과성과 관련해서도 구체적으로 어떠한 심리적 매개과정을 통해 이러한 효과가 발현되는지를 규명하는 데 있어서는 아쉬운 점이 적지 않았다.

이에 본 연구에서는 여성근로자들이 직장 및 가정영역에서 모바일 기기를 활용하면서 경험하는 일-가정 갈등이 이들의 소진을 초래하는 한 심리적 매개과정일 수 있음을 가정하고 이를 확인해 보고자 한다. 또 앞서 설명했던 일-가정 갈등의 방향성과 효과성에 관한 일치영역 관점에 의거하여, 갈등의 원인을 제공하는 모바일 기기 활용의 양태에 따라 이를 매개하는 일-가정 갈등의 방향성이 달라질 수 있을 뿐만 아니라, 갈등의 부정적인 영향이 의미 있게 나타나는 소진의 영역도 달라질 수 있음을 실증해 보고자 한다.

사실, 모바일 기기는 업무와 가사돌봄 등 다양한 직무 및 가사요구에 보다 유연하게 대응할 수 있게 만들어주는 '자원'으로서의 성격을 가진다고 볼 수 있다. 그렇지만 모바일 기기 활용을 통해 시공간의 제약이 완화될 경우, 현실적으로 이는 일과 가정 영역의 요구가 다른 영역으로 보다 쉽게 전이, 침투되어 경계관리 '요구'를 가중시키는 요인으로도 작용되기 쉽다(고현미·박재춘, 2017; Day et al., 2010; Derks et al., 2016; Ragsdale & Hoover, 2016).

그러므로 일-가정 갈등과 관련한 일치영역 관점에 의하면, 여성근로자들이 퇴근 후 가정 내에서까지 모바일 기기 업무활용으로 인해 가사돌봄에 어려움을 겪게 될 경우, 이들은 일-가정 불균형의 원인을 제공하였던 자신의 업무나 조직에 대해 원망하거나 책임을 귀인시킴으로써 주로 WIF를 경험하게 될 가능성이 커진다고 볼 수 있다. 또한 일치영역 관점에 의하면, 일 영역에서 비롯되는 갈등인 WIF는 그러한 갈등의 원인을 제공하였던 일 영역과 관련하여 주로 부정적 결과가 초래된다. 따라서 이처럼 일 영역과 관련하여 발생할 수 있는 스트레스와 긴장 내지는 유쾌하지 않는 경험들이 지속될 경우, 이로 인해 결국 직무영역에서의 소진, 즉 직무소진이 초래될 수 있다. 실제로 이러한 논지를 뒷받침해주는 실증연구도 제시되어 왔는데, 의료서비스직 근로자들이 경험하는 직무요구가 그들의 직무소진에 직접적인 영향도 미치지만, 그 영향의 일부는 WIF의 증대로 인해 발생된다는 사실이 확인된 바 있다(Montgomery, Panagopolou, & Panagopolou, 2006).

한편, 조직구성원들이 근무 중 모바일 기기를 활용하여 집안일을 수행해야 하는 경우는 가정으로부터 발생되는 경계-관리 요구라 할 수 있다. 이처럼 가정 영역에서 비롯되는 경계관리 요구가 과중한데 비해서 필요한 경계관리 자원은 충분하지 않을 경우 해당 근로자는 부적합(misfit) 상태를 경험하게 되고, 그러한 불편과 어려움을 초래하게 된 원인인 가정 영역이 갈등의 원인으로 귀인되어 FIW가 야기될 수 있다. 또한 이처럼 가정 영역과 관련하여 발생된 스트레스와 힘든 상황이 지속될 경우, 이는 결국 갈등의 원인을 제공한 영역인 가정과 관련한 소진, 즉 가정소진이 심화될 가능성이 커진다고 추론해 볼 수 있다. 앞서도 지적한 바 있듯이, 그간의 관련 연구들은 주로 '가정 내 모바일 업무활용' 측면만을 다루어 왔기에, 이러한 추론을 입증한 선행 실증연구를 찾아보기는 쉽지 않으나, 본 연구의 배경이론인 요구-자원이론과 일-가정 갈등과 관련한 일치영역 관점에 입각해 볼 경우 이러한 가정은 충분한 논리적 근거를 가진다고 생각된다.

이러한 취지에서, 본 연구에서는 모바일 기기 활용의 두 양태에 따라 일-가정 갈등의 '방향'과 소진이 발생되는 '영역' 간에 일정한 관계가 있을 수 있다고 보고, 다음과 같은 두 매개가설을 설정하였다.

가설 5. WIF는 퇴근 후 가정 내 모바일 업무활용과 직무소진 간의 관계를 매개할 것이다.

가설 6. FIW은 근무 중 직장 내 모바일 가사활용과 가정소진 간의 관계를 매개할 것이다.

Ⅲ. 실증 분석

3.1 표본과 자료수집

앞서 언급한 바 있듯이, 본 연구에서는 직장과 가정 영역에서 이중돌봄 노동을 수행하고 있다고 볼 수 있는 의료서비스직 여성근로자들을 대상으로 자료를 수집하였다. 본 연구의 핵심 연구변수에 일과 가정영역에서 경험되는 역할갈등과 소진이 포함되어 있기에, 직장 및 가정 영역에서 공히 돌봄 노동을 수행하는 여성근로자들이 여러 면에서 본 연구의 대상으로 적합하다고 판단하였다. 또한 가족들에게 보살핌을 제공하는 경우를 포함하여, 일반적으로 보살핌과 돌봄 서비스를 제공하는 직업군에 속한 사람일수록 소진을 쉽게 경험한다는 지적을 감안할 때(Weber & Jaekel-Reinhard, 2000), 본 연구의 표본은 연구변수들을 측정하기 위한 기본적인 맥락적 타당성을 갖고 있다고 판단되었다.

본 연구의 측정 자료는 온라인 설문지를 활용하여 3차에 걸쳐 수집되었다. 연구변수들의 특성상 모든 변수들을 동일 원천에 의존하여 측정할 수밖에 없는 상황이어서, 이런 경우 발생할 수 있는 동일방법 편의(common method bias)의 문제를 완화시키기 위한 차선책으로 Podsakoff, MacKenzie, Lee, & Podsakoff(2003)가 제시한

'시간적 분리'(temporal separation) 방법을 채택하였다. 측정의 시간적 분리 간격은 3주의 시차를 두었다. 일반적으로 3주 정도의 시차를 두는 것이 선행 응답에 대한 단기 기억과 회상이 다음 측정시점에 영향을 미칠 가능성을 최소화할 수 있는 적정한 기간이라고 알려져 있기 때문이다(Carmeli & Spreitzer, 2009).

1차 설문에서는 응답자의 긍정적 정서성과 부정적 정서성 문항이 측정되었고, 2차 설문에서는 본 연구의 예측변인인 가정 및 직장 내 모바일 기기 활용과, 매개변인인 양방향의 일-가정 갈등을 측정하였다. 그리고 마지막 3차 설문에서는 결과변인인 직무소진과 가정소진이 측정되었고, 더불어 응답자의 인구통계학적 변수들이 측정되었다. 1차부터 3차까지 최종적으로 159명이 설문에 참여하였으며, 이 가운데 불성실한 응답을 보인 일부 설문을 제외하고 총 126부의 설문지가 최종분석에 활용되었다.

설문 응답자의 인구통계학적 특성을 간단히 살펴보면, 연령은 평균 28.7세, 표준편차 4.9세로 확인되었다. 결혼여부는 미혼 77.0%, 기혼 23.0%이고, 자녀의 수는 없음 81.9%, 1명 10.3%, 2명 5.6%, 3명 0.8%로 나타났다. 학력별로는 고졸 0.8%, 전문대졸 76.2%, 대졸 19.0%, 대학원졸 4.0%로 확인되었다. 병원규모는 상급종합병원 6.3%, 종합병원 13.5% 의원 80.2%이고, 직종은 치위생직 77.7%, 간호직 19.1%, 임상병리직 2.4%, 의사 0.8%로 나타났다. 병원 근무기간은 평균 33.8개월, 표준편차 37.1개월이고, 직위는 사원급(평간호사) 79.4%, 팀장급(주임간호사) 12.7%, 실장급(수간호사 이상) 7.9%로 나타났다. 마지막으로 고용형태를 살펴보면, 정규직이 90.5%, 비정규직이 9.5%로 확인되었다.

3.2 변수측정

본 연구의 독립변수인 '퇴근 후 모바일 기기의 업무활용'은 근로자들이 정해진 업무시간외에 모바일 기기를 활용하여 직장의 업무를 수행하는 것을 의미한다(Derks & Bakker, 2014). 반면, '근무 중 모바일 기기의 가사활용'은 근로자들이 정해진 업무시간에 모바일 기기를 활용하여 집안일을 수행하는 것을 뜻한다. 이 독립변수들을 측정하기 위한 설문문항은 Derks & Bakker(2014)가 개발하고, Derks et al.(2016)의 연구에서 수정·보완된 문항을 본 연구의 목적에 맞도록 각각 4개의 문항으로 수정하여 활용하였다.

매개변수인 일-가정 갈등은 직장과 가정에서 비롯되는 역할요구를 상호 양립시키기 어려울 때 발생되는 일종의 역할갈등을 의미하며. 방향성에 따라 일→가정 갈등(WIF)과 가정→일 갈등(FIW)으로 구분하였다. Gutek, Searle, & Klepa(1991)와 Frone 등(1992)이 제시한 WIF의 5개 문항 및 FIW의 5개 문항을 활용하였다,

종속변수인 직무소진은 개인이 그의 직무와 관련해서 느끼는 물리적, 정신적 피로도를 의미하며, OLBI(Oldenburg Burnout Inventory) 척도에 의거하여 측정되었다. 과도한 업무로 인한 정서적 또는 육체적 소진 정도가 극심하여 휴식에 대한 강한 욕구를 느끼는 상태를 의미하는 '고갈' 차원과, 과도한 업무과중으로 인해 일에 대한 회의와 냉소적인 태도를 형성하게 되는 측면을 반영한 '일로부터 심리적 이탈' 등 두 핵심차원을 각기 4문항씩 활용하였다.

반면, 가정소진은 가사일과 관련해 가정에서 발생할 수 있는 정서적이고 신체적인 소진을 의미한다(장은비, 2015). 이 또한 OLBI (Oldenburg Burnout Inventory)척도를 기반으로 하여 고갈과 심리적 이탈 차원을 4문항씩 측정하였다. 그렇지만 직무소진의 두 하위

차원과 구분하기 위해, 이를 '가사고갈'과 '가사로부터 심리적 이탈'로 표기하였다.

본 연구에서 통제변수는 일-가정 갈등 연구에서 보편적으로 측정되는 연령, 결혼 여부, 자녀여부, 학력, 병원규모, 근속기간, 직종, 직위, 고용형태 등의 요인을 측정하였다. 또한 일반적으로 긍정적 정서성은 긍정적 결과를 부풀리며, 부정적 정서성은 부정적 결과를 과장적으로 확대시키는 효과가 있기 때문에(Burke, Brief,& George, 1993), 본 연구에서는 PANAS 척도를 도입하여 이를 통제변수로 활용하였다. 이를 위해 Watson, Clark, & Tellegen(1988)이 제시한 긍정적 정서성 문항 10문항과 부정적 정서성 10문항을 각각 활용하였다. PANAS(5점 척도)를 제외한 모든 변수들의 측정문항들은 7점 척도로 제시되었다.

3.3 타당도와 신뢰도

1~3차에 걸친 설문조사 결과의 타당도 분석을 위해 주축요인 추출법을 활용한 요인분석을 실시하였다. 요인행렬 회전은 내재되어진 요인들 간의 완전한 독립을 가정하지 않는, 사각회전법 중에서 직접 오블리민 방식을 활용하였다. 앞서 언급한 바와 같이, 본 연구에서 1차 설문은 PANAS 척도로 구성되었는데, 분석결과 긍정적 정서성 및 부정적 정서성 등 2개의 요인이 추출되었고, 요인적재값 역시 .5 이상으로 나타나 구성타당도가 확인되었다. 문항 간 신뢰도 역시 .8 이상으로 나타나 문항 간 내적일관성 면에서도 문제가 없었다. 본 연구에서는 신뢰도 및 타당도 면에서 널리 공인된 Watson 등(1988)의 PANAS 척도를 활용하였기에, 지면 관계상 1차 설문조사의 요인분석 결과 제시는 생략하기로 한다.

본 연구의 예측변인과 매개변인을 측정하기 위해 구성된 2차 설문조사의 요인분석 결과는 〈표 4-1〉에 제시되었다. 모든 문항들은 4개의 측정변수들을 대변하는 4개 요인으로 잘 구성되었고, 모든 변수들의 요인적재값은 .6 이상으로 나타나 구성타당도가 확인되었다.

표 4-1 2차 설문조사의 요인분석 결과

항목		요인 1	요인 2	요인 3	요인 4
변수명	문항				
퇴근 후 모바일 기기 업무 활용	퇴근 후 모바일기기 업무 활용1	.02	.12	**.72**	.03
	퇴근 후 모바일기기 업무 활용2	.18	-.03	**.85**	-.07
	퇴근 후 모바일기기 업무 활용3	.02	-.02	**.83**	-.02
	퇴근 후 모바일기기 업무 활용4	-.12	.08	**.68**	.16
근무 중 모바일 기기 가사 활용	근무 중 모바일기기 가사 활용1	.06	**.84**	-.01	-.06
	근무 중 모바일기기 가사 활용2	-.03	**.96**	.01	-.02
	근무 중 모바일기기 가사 활용3	.06	**.82**	-.06	.06
	근무 중 모바일기기 가사 활용4	-.02	**.67**	.14	.03
WIF	일→가정 갈등 1	-.07	.05	.05	**.86**
	일→가정 갈등 2	.16	.03	-.06	**.76**
	일→가정 갈등 3	.03	.03	.05	**.68**
	일→가정 갈등 4	-.08	-.05	.05	**.81**
	일→가정 갈등 5	.15	-.01	-.08	**.81**
FIW	가정→일 갈등1	**.63**	-.04	.28	.05
	가정→일 갈등2	**.75**	-.04	.09	.17
	가정→일 갈등3	**.75**	.18	-.10	.00
	가정→일 갈등4	**.83**	.01	-.02	.07
	가정→일 갈등5	**.86**	.05	.02	-.03
고유값(Eigen Value)		7.62	2.50	2.04	1.40
설명분산(%)		42.33	13.89	11.35	7.79
크론바흐 알파		.91	.90	.87	.90

또한 각 변수들의 측정문항 간 신뢰도 값 역시 모두 .8이상으로 나타나 내적일관성 기준을 충족하는 것으로 확인되었다.

3차 설문조사는 종속변인인 직무 및 가정소진 변수를 측정하기 위한 것이었다. 분석결과, '가사로부터 심리적 이탈'을 측정하는 1문항이 구성타당성을 저해하는 것으로 확인되었다. 이에 해당 문항을 제외하고 통계 검증을 재실시한 결과, 〈표 4-2〉에서 확인할 수 있듯이 모든 측정문항들이 직무 및 가정소진의 두 하위차원들을 잘 대변하면서 4개의 요인으로 구성되었다. 또한 신뢰도 값도 모두 .8 이상으로 나타나 내적일관성 기준을 충족하는 것으로 확인되었다.

표 4-2 3차 설문조사의 요인분석 결과

항목		요인 1	요인 2	요인 3	요인 4
변수명	문항				
직무소진	고갈1	.02	-.02	**-.81**	-.02
	고갈2	.11	-.02	**-.82**	.00
	고갈3	-.13	.04	**-.76**	-.07
	고갈4	.04	.05	**-.68**	.07
	일로부터 심리적 이탈1	-.10	**.64**	-.30	-.03
	일로부터 심리적 이탈2	.08	**.70**	-.05	.11
	일로부터 심리적 이탈3	.05	**.91**	.13	-.04
	일로부터 심리적 이탈4	-.09	**.81**	-.03	-.08
가정소진	가사고갈1	**.83**	-.07	-.08	.00
	가사고갈2	**.91**	-.02	-.01	.02
	가사고갈3	**.81**	.17	.09	-.09
	가사고갈4	**.70**	-.04	-.03	-.14
	가사로부터 심리적 이탈2	.17	.02	-.01	**-.60**
	가사로부터 심리적 이탈3	-.11	.01	.02	**-1.01**
	가사로부터 심리적 이탈4	.20	-.02	-.07	**-.70**
고유값(Eigen Value)		4.93	3.64	1.72	1.07
설명분산(%)		32.87	24.24	11.47	7.12
크론바흐 알파		.91	.87	.86	.86

Ⅳ. 연구가설의 검증

4.1 상관관계 분석

먼저, 본 연구의 측정변수들 간의 관련성을 알아보기 위해 상관분석을 실시해 보았다. 〈표 4-3〉에 제시되었듯이, 퇴근 후 가정 내 모바일 기기의 업무활용과 WIF, 직장 내 근무 중 모바일 기기의 가사활용과 FIW 간에는 정(+)적인 관계가 나타났다. 이는 응답자가 퇴근 후 모바일 기기를 업무에 활용하는 정도가 클수록 WIF를 높게 지각하며, 또 직장 내 근무 중 모바일 기기를 가사에 활용하는 정도가 클수록 FIW를 높게 지각한다는 사실을 의미하는 것으로, 본 연구의 가설 1과 2를 뒷받침하는 결과라고 볼 수 있다.

WIF와 직무소진의 두 하위차원 간 상관관계는 정(+)적인 관계인 것으로 확인되어, 응답자가 WIF를 높게 지각할수록 직무소진을 높게 경험하는 것으로 나타났다. 또한 FIW와 가정소진의 두 하위차원 간에도 역시 정(+)적인 상관관계가 확인되어, 본 연구의 가설 3과 4에서 예상한 변수 간 방향과 일치하는 결과를 보여주고 있다.

표 4-3 상관관계 분석결과

구분	평균	표준편차	1	2	3	4	5	6	7	8	9	10	11	12	13	14	15	16	17	18
1	28.65	4.86	1																	
2	.23	.42	.69***	1																
3	1.24	.59	.64***	.68***	1															
4	2.26	.54	.10	.01	-.12	1														
5	1.26	.57	.24**	.15	.05	.32***	1													
6	33.81	37.13	.41***	.28**	.24**	.16	.24**	1												
7	1.59	1.27	.55***	43***	35***	32***	.47***	.21*	1											
8	.21	.41	.30**	.19*	.06	.15	.01	.29**	.20*	1										
9	.10	.30	.03	.08	.01	-.06	-.10	-.12	-.00	-.10	1									

구분	평균	표준편차	1	2	3	4	5	6	7	8	9	10	11	12	13	14	15	16	17	18
10	2.96	.71	.10	.02	.08	.00	-.07	.00	.02	.13	.00	1								
11	2.26	.82	-.02	-.03	-.00	.04	.16	.08	.10	-.22*	.06	-.29**	1							
12	2.14	1.40	.21*	.14	.07	.15	.24**	-.01	.46***	.07	.21	.09	.15	1						
13	2.32	1.38	.18*	.24**	.30**	-.06	.00	.06	.13	-.05	-.05	.26**	.13	.39***	1					
14	3.40	1.54	.18*	.26**	.13	.15	.19*	.10	34***	-.08	.06	-.11	.26**	.42***	.26**	1				
15	1.94	1.05	.30**	.32*	.33***	.01	.13	.27**	.24**	.13	.19*	.07	.20*	.41**	.48***	.53***	1			
16	5.40	1.20	-.12	-.04	-.12	.09	.06	.03	.06	-.07	-.00	-.17	.28**	.22*	.13	.42***	.16	1		
17	3.74	1.36	-.12	-.10	-.20*	.14	.05	-.00	-.04	-.13	.10	-.36***	33***	.19*	-.04	.28**	.08	.42***	1	
18	3.29	1.55	.29**	.43***	.41***	-.04	.04	.10	.33***	.03	.08	.06	.13	.24**	.40***	.30**	.62***	.16	.03	1
19	3.03	1.40	.15	.19*	.12	.16	.14	.00	.31***	.03	.14	-.10	.24**	.29**	.26**	.19*	.37***	.17	.11	.61***

N=126, *p〈.05, **p〈.01, ***p〈.001

1)연령, 2)결혼여부: 0=미혼, 1=기혼, 3)자녀의 수, 4)최종학력: 1=고졸, 2=전문대졸, 3=대졸, 4=대학원졸, 5)병원규모: 1=의원급, 2=종합병원, 3=상급종합병원, 6) 근속기간, 7)직종: 1=치위생사, 2=치과조무사, 3=간호사, 4=간호조무사, 5=임상병리사, 6=의사, 8)직위: 0=사원급 1=관리직, 9)고용형태: 0=정규직, 1=비정규직, 10)PA, 11)NA, 12)모바일 업무활용, 13)모바일 가사활용, 14)WIF, 15)FIW, 16)고갈, 17)일로부터 심리적이탈, 18)가사고갈, 19)가사로부터 심리적이탈

4.2 가설 1과 가설 2의 검증: 모바일 기기 활용과 일-가정 갈등 간의 관계

본 연구의 가설 검증을 위해 위계적 다중회귀분석을 실시하였다. 가설 1은 퇴근 후 '가정 내 모바일 업무활용'은 일 영역에서 비롯되는 갈등, 즉 WIF와 정(+)적인 영향관계에 있을 것이라는 내용이었다. 〈표 4-4〉의 의하면, 통제변수들의 영향을 모두 통제한 이후에도 '가정 내 모바일 업무활용'은 WIF에 유의한 정(+)의 영향(β=.31, p〈.01)을 미치는 반면, '직장 내 모바일 가사활용'은 WIF와 유의한 영향관계가 확인되지 않았다(β=.12, p=n.s). 이에 가설 1은 지지되었다.

한편, 본 연구의 두 번째 가설은 '직장 내 모바일 가사활용'은 가정 영역에서 비롯되는 갈등, 즉 FIW와 정(+)적인 영향관계에 있을

것이라는 내용이었다. 종속변수를 FIW로 한 <표 4-4>의 분석결과에서 볼 수 있듯이, '가정 내 모바일 업무활용'은 FIW에 별다른 유의한 영향관계(β=.18, p=n.s)에 있지 않은 반면, '직장 내 모바일 가사활용'은 FIW와 유의한 정(+)의 영향관계(β=.37, p<.001)를 나타내고 있다. 따라서 가설 2도 지지되었다.

표 4-4 가설 1과 가설 2의 검증결과

구분	일-가정 갈등			
	WIF		FIW	
	M1	M2	M1	M2
통제변수				
연령	-.11	-.09	-.05	-.02
근속기간	.03	.06	.18	.19
자녀유무_유	.14	.13	.23*	.15*
학력_대졸이상	.11	.13	-.06	-.01
병원규모_종합병원급	-.07	-.10	.05	.06
직종_비치위생직	.34*	.19	.12	.00
직위_관리직	-.06	-.09	.11	.11
고용형태_비정규직	.04	-.02	.22**	.21**
긍정적 정서성	-.03	-.11	.11	-.03
부정적 정서성	.19*	.12	.21*	.11
독립변수				
가정 내 모바일 업무활용		.31**		.18
직장 내 모바일 가사활용		.12		.37***
R^2	.20	.30	.26	.43
ΔR^2	.13	.23	.19	.37
F-value	2.82**	4.06***	3.19***	7.10***

N=126, *p<.05, **p<.01, ***p<.001

4.3 가설 3과 가설 4의 검증: 일-가정 갈등과 소진 간의 관계

본 연구는 이른바 '일치영역 관점'에 의거하여, WIF는 FIW보다 직무소진과 더 큰 정(+)의 영향관계에 있는 반면(가설 3), FIW은 WIF보다 가정소진과 더 큰 정(+)의 영향관계에 있을 것(가설 4)이라는 내용을 가설로 설정하였다. 이를 확인해 주는 분석결과는 〈표 4-5〉에 요약되어 있다.

표 4-5 가설 3과 가설 4의 검증결과

구분	직무 소진				가정 소진			
	고갈		이탈		가사고갈		가사 이탈	
	M1	M2	M3	M4	M1	M2	M3	M4
통제변수								
연령	-.15	-.10	.05	.08	-.02	.00	.04	.05
근속기간	.05	.06	.01	.01	-.02	-.13	-.11	-.17
자녀유무_유	-.03	-.08	-.14	-.17	.37**	.24*	.12	.05
학력_대졸이상	.02	-.04	.13	.11	-.08	-.03	.05	.08
병원규모_종합병원급	.09	.12	. 11	.12	-.02	-.06	.09	.07
직종_비치위생직	.00	-.15	-.16	-.24	.14	.10	.04	.03
직위_관리직	.02	.06	-.04	-.02	.02	-.05	.09	.04
고용형태_비정규직	.01	.01	.10	.09	.07	-.06	.12	.04
긍정적 정서성	-.08	-.06	-.28**	-.27**	.06	.00	-.06	-.10
부정적 정서성	.23*	.16	.24**	.19**	.15	.03	.22*	.16
매개변수								
WIF		.49***		.26*		-.08		-.11
FIW		-.08		-.02		.62***		.38**
R^2	.11	.28	.24	.29	.20	.45	.13	.21
ΔR^2	.03	.20	.17	.21	.13	.40	.05	.13
F-value	1.41	3.58***	3.62***	3.81***	2.94**	7.81***	1.61	2.57**

N=126, *p〈.05, **p〈.01, ***p〈.001

먼저, 직무소진을 종속변수로 한 분석결과를 보면, WIF는 직무소진의 고갈 차원(β=.49, p<.001)은 물론, 일로부터 심리적 이탈(β=.26, p<.05) 차원과 모두 유의한 정(+)의 영향관계에 있는 반면, FIW는 고갈 및 이탈의 두 차원 모두에서 별다른 유의한 관계를 보여주지 못하고 있다. 그러므로 가설 3에서 예상한 데로, 직무소진에 미치는 부정적 영향에 있어서는 WIF가 FIW보다 더 큰 것으로 확인되었다.

다음으로, 가정소진을 종속변수로 한 분석결과에 있어서는, FIW가 가정소진의 고갈차원(β=.62, p<.001)은 물론, 이탈 차원(β=.38, p<.01)과도 유의한 정(+)의 영향관계에 있는 반면, WIF는 가정소진의 두 차원 모두에서 이렇다 할 유의적인 영향관계를 나타내지 못하고 있다. 따라서 가설 4에서 예상한 데로, 가정소진에 미치는 부정적 영향 면에 있어서는 FIW가 WIF보다 더 큰 것으로 확인되었다.

4.4 가설 5와 가설 6의 검증: 일-가정 갈등의 매개효과

본 연구에서는 요구-자원이론과 일치영역 관점에 기반하여, 양 방향의 일-가정 갈등 경험이 일종의 부정적 심리적 기제로서 작용하여 모바일 기기 활용과 소진 간의 관계를 매개할 것이라는 가설을 설정하였다. 그 가운데 먼저, 가설 5는 퇴근 후 가정 내 모바일 업무활용과 직무소진 간의 관계는 WIF가 매개할 것이라는 내용이었다. 본 연구는 이러한 매개효과의 검증을 위하여 Zhao, Lynch, & Chen(2010)의 방식에 의거하여 2단계의 매개분석 기법을 활용하였다. Zhao 등(2010)에 의하면 매개 회귀분석을 위해서는 2가지 전제조건이 충족되어야 하는데, 우선 독립변수들과 매개변수 간의 유의한 영향관계는 앞서 가설 1의 검증과정을 통해 확인한 바 있다.

매개효과 검증을 위한 또 다른 전제조건은 독립 변수와 매개변수를 함께 투입하였을 때, 매개변수는 종속변수에 유의한 영향을 미치지만, 독립변수가 종속변수에 미치는 영향관계는 매개변수를 투입하기 이전보다 더욱 약화되거나 혹은 유의하지 않게 나타나야 한다. 두 번째 조건에 대한 결과는 〈표 4-6〉에 제시되었다.

표 4-6 가설 5의 검증결과

구분	직무소진							
	고갈				이탈			
	M1	M2	M3	M4	M1	M2	M3	M4
통제변수								
연령	-.15	-.13	-.10	-.10	.05	.06	.08	.08
근속기간	.05	.08	.04	.05	.01	.03	.00	.02
자녀유무_유	-.03	-.04	-.09	-.09	-.14	-.12	-.18	-.14
학력_대졸이상	.02	.04	-.03	-.02	.13	.14	.11	.11
병원규모_종합병원급	.09	.07	.12	.11	.11	.08	.12	.10
직종_비치위생직	.00	-.11	-.15	-.18	-.16	-.26	-.24	-.30*
직위_관리직	.02	.00	.05	.04	-.04	-.07	-.03	-.05
고용형태_비정규직	.01	-.03	-.01	-.02	.10	.04	.09	.05
긍정적 정서성	-.08	-.15	-.07	-.10	-.28**	-.31**	-.27**	-.29**
부정적 정서성	.23*	.18	.15	.14	.24**	.21**	.19**	.19*
독립변수								
가정 내 모바일 업무활용		.23*		.10		.25*		.19
직장 내 모바일 가사활용		.10		.05		-.02		-.05
매개변수								
WIF			.45***	.40***			.25**	.19*
R^2	.11	.17	.27	.28	.24	.28	.29	.31
ΔR^2	.03	.08	.20	.20	.17	.21	.22	.23
F-value	1.40	1.91*	3.86***	3.91***	3.62***	3.69***	4.19***	3.83***

N=126, *p〈.05, **p〈.01, ***p〈.001

이를 살펴보면, 직무소진의 두 하위 차원 모두에서 WIF는 유의한 영향을 미치고 있는 가운데, 독립변수와 매개변수가 동시 투입된 모형4에서 독립변수인 '가정 내 모바일 업무활용'이 종속변수에 미치는 유의한 영향관계가 더 이상 나타나지 않았다. 이는 선행 영향요인으로서의 가정 내 모바일 업무활용이 결과변수인 직무소진에 미치는 영향관계에서 WIF의 완전매개 가능성을 시사해준다.

이에 본 연구에서는 WIF의 매개효과가 유의한지 여부를 검증하기 위해 Preacher & Hayes(2008)가 제시한 방법에 따라 부트스트래핑(Bootstrapping) 검증을 실시하였다. 〈표 4-7〉을 보면, 매개효과 검증을 위해 재추출한 표본 수는 20,000개이며, '가정 내 모바일 업무활용 → WIF → 고갈', '가정 내 모바일 업무활용 → WIF → 일로부터 심리적 이탈'의 경로에서 간접효과 추정치에 대한 95% 신뢰구간이 0을 포함하지 않는 것을 확인할 수 있었다. 이러한 분석결과를 종합해 볼 때, 퇴근 후 '가정 내 모바일 기기 업무활용'과 '직무소진' 간의 관계에서 'WIF'는 완전매개 역할을 하고 있음을 확인할 수 있다.

한편, 가설 6은 직장 내 '근무 중 모바일 가사활용'과 '가정소진' 간의 관계에서 'FIW'의 매개역할의 가능성을 예상해 본 것이다.

표 4-7 WIF의 매개효과에 대한 부트스트래핑 검증결과

경로	매개효과 계수	Boot. S.E.	Boot. 하한값	Boot. 상한값
가정 내 모바일 업무활용 → WIF → 고갈	.13	.04	.06	.24
가정 내 모바일 업무활용 → WIF → 일로부터 심리적 이탈	.07	.05	.00	.19

N=126. Bootstrap. N=20,000. 비표준화 계수임. Boot 하한값=95% 신뢰구간 하한선, Boot 상한값=95% 신뢰구간 상한선.

이 역시 매개효과 검증을 첫 번째 조건인 독립변수와 매개변수 간의 유의적인 영향관계는 앞서 가설2의 검증결과에서 확인된 바 있다. 또 매개효과 검증을 위한 두 번째 조건에 대한 분석결과는 〈표 4-8〉에 제시되어 있다.

표 4-8 가설 6의 검증결과

구분	가정소진							
	가사 고갈				가사 이탈			
	M1	M2	M3	M4	M1	M2	M3	M4
통제변수								
연령	-.02	-.01	.00	.00	.04	.05	.05	.06
근속기간	-.02	-.02	-.12	-.13	-.11	-.10	-.17	-.14
자녀유무_유	.37**	.30*	.23*	.22*	.12	.07	.04	.03
학력_대졸이상	-.08	-.04	-.04	-.04	.05	.08	.07	.08
병원규모_종합병원급	-.02	-.01	-.05	-.04	.09	.09	.08	.08
직종_비치위생직	.14	.09	.07	.09	.04	-.03	.00	-.03
직위_관리직	.02	.03	-.04	-.03	.09	.09	.05	.06
고용형태_비정규직	.07	.08	-.05	-.03	.12	.12	.05	.07
긍정적 정서성	.06	-.03	.00	-.01	-.06	-.14	-.09	-.13
부정적 정서성	.15	.08	.02	.02	.22*	.16	.15	.13
독립변수								
가정 내 모바일 업무활용		.05		-.05		.12		.08
직장 내 모바일 가사활용		.28**		.07		.22*		.13
매개변수								
FIW			.57***	.56***			.33**	.24*
R^2	.20	.28	.45	.45	.13	.19	.21	.23
ΔR^2	.13	.20	.40	.39	.05	.11	.13	.14
F-value	2.94**	3.61***	8.46***	7.13***	1.70	2.26*	2.71**	2.52**

N=126, *p〈.05, **p〈.01, ***p〈.001

검증결과에 의하면, 가정소진의 두 하위 차원 모두에서 FIW는 유의한 영향을 미치고 있는 가운데, 독립변수와 매개변수가 동시 투입된 모형4에서는 독립변수인 '직장 내 모바일 가사활용'이 종속변수에 미치는 유의한 영향관계가 더 이상 나타나지 않았다. 이는 선행 영향요인으로서의 직장 내 모바일 가사활용이 결과변수인 가정소진에 미치는 영향관계에서 FIW의 완전매개 가능성을 시사해준다.

〈표 4-9〉는 이를 확인하기 위한 추가적인 부트스트래핑 검증 결과이다. 이에 의하면, '직장 내 근무 중 모바일 가사활용 → FIW → 가사 고갈', '직장 내 근무 중 모바일 가사활용 → FIW → 가사로부터 심리적 이탈'의 경로에서 간접효과 추정치에 대한 95% 신뢰구간이 0을 포함하지 않는 것을 확인할 수 있다. 따라서 '직장 내 근무 중 모바일 기기 가사활용'과 '가정소진' 간의 관계에서 'FIW '역시 완전매개 역할을 하고 있음을 확인할 수 있다.

표 4-9 FIW의 매개효과에 대한 부트스트래핑 검증결과

경로	매개효과 계수	Boot. S.E.	Boot. 하한값	Boot. 상한값
직장 내 모바일 가사활용 → FIW → 가사고갈	.27	.07	.16	.44
직장 내 모바일 가사활용 → FIW → 가사로부터 심리적 이탈	.11	.06	.02	.24

N=126. Bootstrap. N=20,000. 비표준화 계수임. Boot 하한값=95% 신뢰구간 하한선, Boot 상한값=95% 신뢰구간 상한선.

Ⅴ. 마무리 토론

5.1 연구의 의의와 일·생활 균형을 위한 시사점

그간 모바일 기기의 활용과 그 효과성을 다룬 선행연구들은 익히 존재해 왔다. 그렇지만 극히 예외적인 경우를 제외한다면(이를테면, Brown & Palvia, 2015), 지금까지 대다수의 기존 연구들은 조직구성원이 퇴근 후 가정 내에서 모바일 기기를 업무에 활용하는 행태에만 주로 초점을 맞추어 온 경향이 강했다. 또한 모바일 기기의 활용과 일-가정 갈등의 관계를 다룬 선행 연구들에서, 일-가정 갈등의 양방향성을 모두 고려한 연구도 거의 찾아보기 어려웠다. 이런 취지에서, 본 연구는 '퇴근 후 모바일 기기 업무활용' 측면만이 아니라 '근무 중 모바일 기기 가사활용' 측면까지를 포함하여, 이러한 모바일 기기의 다양한 활용 양태가 일-가정 갈등의 양방향성에 어떠한 영향을 미치는 지를 실증해 보았다는데 그 의의를 둘 수가 있다.

이와 관련한 본 연구의 분석결과에 따르면, 퇴근 후 '가정 내 모바일 업무활용'은 WIF를 초래할 가능성이 큰 반면, 직장 내 '근무 중 모바일 가사활용'은 FIW와 유의한 정(+)의 영향관계가 있음이 확인되었다. 사실 모바일 기기 활용 그 자체는 일과 가정 영역의 경계를 유연하게 만들면서, 일-가정 갈등과 관련해서도 갈등을 줄이는 '자원'으로 기능할 수도 있는 반면, 그러한 갈등을 심화시키는 '요구'로 작용될 수도 있다. 그렇지만 본 연구의 분석결과에 따르면, 퇴근 후 '가정 내 모바일 업무활용'은 직장의 시·공간적 영역을 더욱 확장시키는 방향의 경계관리 '요구'로 작용될 소지가 더욱 크다는 점을 시사해 준다. 이러한 결과는 이미 다른 선행연구들에서도 익히 지지되어 온 것이어서 실지로 그리 새로운 내용은 아니라고 할 수 있다(박재춘·김성근 2018; Derks et al., 2016; Ragsdale & Hoover,

2016 등).

그러나 본 연구의 분석결과는 직장 내 '근무 중 모바일 가사활용' 역시 일-가정 갈등과 관련하여 FIW를 심화시키는 또 다른 '요구'로 작용될 수 있음을 시사해 주고 있다. 논리적인 차원에서 볼 때, 직장에서 근무 중에 모바일 기기를 활용하여 가사를 돌보는 것이 때로는 직장과 가정의 경계관리를 보다 유연하게 할 수 있도록 만들어주는 '자원'으로 기능할 수도 있다. 하지만, 특히 본 연구의 대상과 같은 여성 근로자들에게 있어서는 일반적으로 '밥벌이 하는 사람'(breadwinners)보다는 '집안 돌봄이'(homemakers)로서의 전통적인 젠더 역할이 아직도 더 많이 요구되고 있는 처지에서, 직장에 출근해서까지 모바일 기기를 이용해 가사를 챙겨야 하는 것은 이들에게 가정에서 비롯되는 일-가정 갈등을 더욱 심화시키는 요인으로 작용될 수 있음을 시사해 주는 것이라고 생각된다. 즉, 이론상으로는 '자원'과 '요구'의 양면성을 가진 모바일 기기가, 실제로는 그 활용 여건과 맥락에 따라 다른 효과를 발휘할 수 있는 것이다.

한편, 본 연구가 가지는 또 다른 의의는 일-가정 갈등의 효과성을 실증함에 있어서 기존 연구들처럼 '직무소진'에만 초점을 두지 않고 '가정소진' 개념을 함께 도입, 측정하고 있다는 점이다. 사실, 일-가정 갈등의 양방향성을 놓고 볼 때, 그간의 연구들에서는 WIF와 직무소진 간에 비교적 일관된 정(+)적 영향관계가 입증되어 왔었지만, FIW와 직무소진 간에는 다소 혼재된 결과가 산출되어 왔다. 그러나 앞서 논했듯이, 일-가정 갈등의 효과성과 관련한 이른바 '일치영역 관점'에 기반해 본다면, 주로 일 영역에서의 소진, 즉 직무소진만을 종속변수로 측정해 온 기존연구들이 이러한 연구결과 양상을 산출해 온 것은 어쩌면 당연한 결과일 수 있다. 그 이유는 가정 영역에서 비롯되는 소진, 즉 가정소진 개념을 도입할 경우, 일-가정 갈등의 원천이 가정에서 비롯된 FIW가 직무소진보다 가정소진과 더욱 밀접한 연관성을 가질 가능성이 있기 때문이다.

이러한 취지하에 기존의 직무소진과 함께 가정소진 개념을 도입, 측정한 본 연구의 분석결과, 직무소진에 대해서는 FIW보다 WIF가 더 큰 영향관계에 있는 반면, 가정소진과 관련해서는 WIF보다 FIW가 더욱 밀접한 영향관계에 있음을 확인할 수 있었다. 본 연구의 이러한 결과는 일-가정 갈등의 효과성에 관한 일치영역 관점의 타당성을 재확인해 주는 것이라 간주해 볼 수 있다(Amstad et al., 2011; McNall et al., 2010; Sockley & Singla, 2011). 왜냐하면, 본 연구의 분석결과는 갈등이 생성된 원천 영역에서 그러한 갈등의 부정적 결과가 발생될 가능성이 크다는 일치영역 관점을 지지해 주는 결과로 볼 수 있으며, 그 결과 일-가정 갈등의 '방향'과 부정적 결과로서의 소진이 발생되는 '영역' 간에도 일정한 관계가 있을 수 있음을 시사해 주고 있기 때문이다.

아울러, 모바일 기기 활용의 효과성을 실증해 온 그간의 연구들에서는 그러한 효과가 발생되는 심리적 기제에 관한 규명이 다소 부족했다고 볼 수 있다. 이러한 취지에서 볼 때, 본 연구는 조직구성원이 경험하는 일-가정 갈등이 바로 그러한 매개역할을 하는 한 심리적 기제일 수 있음을 확인해 보고자 시도하였다는 점에서 또 다른 연구 의의를 부여해 볼 수 있다고 생각된다. 특히 본 연구는 요구자원이론과 일치영역 관점에 기반하여, 모바일 기기의 두 활용 양태가 조직구성원의 직무소진과 가정소진에 미치는 영향은 다소 상이한 경로를 통해 이루어질 수 있음을 예상하고, 이를 실제로 확인해 보고 있다. 분석결과, 퇴근 후 '가정 내 모바일 업무활용'과 직무소진 간의 관계에서는 WIF가 그 영향을 매개하는 반면, '직장 내 근무 중 모바일 가사활용'과 가정소진 간의 관계에서는 FIW가 그러한 매개역할을 한다는 사실을 확인할 수 있었다.

본 연구의 이러한 발견과 확인에 의거해 보자면, 모바일 기기 활용의 효과나 혹은 그것이 일-가정 균형에 미치는 영향과 관련해서도 좀 더 넓은 맥락 하에서의 연구가 필요하다는 지적을 새삼 재음미해 보게 된다(Guest, 2002). 즉 지금까지 일-가정 갈등이나 혹은 모바일 기기 활용이 일-가정 양립의 맥락에서 가지는 효과에 대해 많은 연구 성과들이 축적되어 왔지만, 이러한 연구들은 대부분 일의 영역과 관련한 요인들에 대해서만 관심을 가져왔다. 하지만 앞서도 지적한 바 있듯이, 이를테면 직무소진만이 아닌, 가정소진 개념을 도입할 경우, 그것에 영향을 미치는 의미 있는 선행요인이나 영향의 경로가 달라질 가능성이 충분히 존재한다. 그러므로 모바일 기기 활용이나 일-가정 갈등의 효과는 물론, 그 효과가 작용되는 심리적 메카니즘에 대한 온전한 이해를 위해서는, 비단 일 영역과 관련한 요인뿐만 아니라 '일 이외 삶의 영역'(life outside work)에 관련된 여러 요인들을 함께 포괄시켜 연구해 나갈 필요가 있다고 생각된다.

한편, 실무적 관점에서 보자면, 본 연구는 다음과 같은 시사점을 제기해 준다고 볼 수 있다. 우선, 조직 차원에서는 퇴근 후 모바일 기기를 활용한 업무수행이 구성원들에게 미칠 영향에 대해 매우 사려 깊고 신중한 고려가 필요하다고 볼 수 있다. 조직 차원에서는 모바일 기기를 업무에 활용할 경우, 시공간의 제약을 뛰어넘어 업무 접근성을 향상시키고, 그 결과 실제 성과가 개선될 것이라는 긍정적인 기대를 충분히 가질 수 있다.

하지만 본 연구의 결과에서 확인할 수 있듯이, 근로자 개인 차원에서는 퇴근 후까지 모바일 기기 활용을 통해 업무를 수행하는 것은 일-가정 경계의 침식과 더불어 사실상 근무를 연장하는 효과로 인해, 결국 WIF가 증대되는 심각한 부정적인 역효과가 발생할 가능성이 크다. 특히 본 연구의 대상인 보건의료서비스직 근로자들의 경우에는 근무시간 이후 모바일 기기를 통한 업무수행의 필요성이 아주 크지는 않을 수 있다. 그럼에도 불구하고, 본 연구의 분석결과에 의하면 이들에게서도 퇴근 후 모바일 업무수행으로 인한 부정적인 효과는 상당한 수준으로 나타남을 확인해 볼 수 있었다. 그러므로 모바일 기기 활용이 훨씬 더 일반화된 다른 직업군(예컨대, 영업직 등)은 이러한 문제가 더 심각할 수도 있을 것이다. 따라서 조직 차원에서는 '퇴근 후 모바일 기기를 통한 업무수행' 관행을 개선하기 위해 명확한 지침을 마련하고 이를 관리해 갈 필요가 있다.

다음으로 여성 근로자들의 경우, 근무 중 모바일 기기를 활용하여 직장과 가정의 일을 동시에 병행할 수 있는, 이른바 '평행적 이동'(parallel shift)을 경험할 것으로 기대해 볼 수 있다(Rakow & Navarro, 1993). 모바일 기기를 통해 일과 가정이 상시 연결되는 것은 여성근로자들에게 이처럼 하나의 '자원'으로서 기능할 수도 있는 것이다. 그렇지만 아직 '가사 돌봄이'(homemakers)로서의 전통적인 젠더 역할의 굴레에서 아직 완전히 벗어나지 못한 여성근로자들로서는, 이러한 모바일 기기의 활용으로 일과 가정이 상시 연결되는 상황은 FIW를 심화시키는 등 실제적으로 이들에게 더 많은 '요구'를 가중시킬 여지가 있어 보인다. 본 연구의 분석결과 역시 그러한 한 단면을 확인해 주고 있다고 볼 수 있었다. 그러므로 본 연구의 표본이 속한 병원조직은 물론, 다른 조직에서도 해당 조직의 여건에 부합하며 실효성 있는 근로자지원프로그램(Employee Assistance Program)을 개발하여, 구성원들의 일-가정 경계관리를 체계적으로 지원해 갈 필요가 있다고 생각된다.

5.2 향후 연구과제

이러한 나름의 여러 연구 의의에도 불구하고, 본 연구는 다음과 같은 몇 가지 한계점을 내재하고 있다. 따라서 향후 연구에서는 이러한 점에 유념한 연구 설계가 필요할 것이다. 우선 표본의 한계이다. 본 연구에서는 모바일 기기 활용이 일-가정 갈등과 소진에 미치는 영향을 규명하기 위해, 다수의 치과위생사 표본이 포함된 보건의료서비스직 여성근로자를 대상으로 하고 있다. 따라서 본 연구의 분석결과를 일반화하기에는 한계가 있다.

사실, 일-가정 균형 관련 연구들에서 연구대상 표본의 다양화가 필요하다는 지적은 지속적으로 제기되어 왔다(Casper, Eby, Bordeaux, Lockwood, & Lambert, 2007; Powell, Greenhaus, Allen, & Johnson, 2019). 본 연구 역시 그러한 점에서 한계가 있고, 따라서 향후 연구에서는 남성 표본은 물론, 다양한 직종의 근로자를 대상으로 한 연구가 필요할 것으로 생각된다. 또 향후에는 업무에 모바일 기기를 활용하는 정도에 차이가 있는 직업군을 비교해 보는 것도 의미가 있을 것이다.

또한 본 연구는 연구변수의 특성상 측정문항들을 자기보고식(self-reported)으로 구성하고, 동일 원천에 의존해 자료를 획득한 한계가 있다. 이러한 한계를 보완하기 위해 3주의 시차(time-lag)를 두고, 3회에 걸쳐 설문을 시행하는 '시간적 분리' 방법을 적용하여 측정하는 한편, PANAS 척도를 추가적으로 통제변수로 활용하는 등 여러 가지 보완책을 활용하였다. 그럼에도 불구하고 본 연구에서 활용된 측정 자료가 동일방법편의의 문제에서 완전히 자유롭다고 볼 수 없다. 따라서 향후에는 연구 설계 과정에서 객관적인 자료의 활용이나 응답원을 분리하여 측정하는 방법 등을 강구해 볼 필요가 있다.

끝으로, 본 연구는 모바일 기기 활용의 효과성을 규명하기 위해 매개 및 결과변수로 일-가정 갈등과 소진 등 부정적인 성격의 변수만을 측정하였다. 그러나 누차 강조해 왔듯이 모바일 기기나 그 활용은 기본적으로 양가성(ambivalence)을 가진다. 따라서 이 점을 고려하여, 향후에는 일부 연구들에서 시도하고 있듯이 '삶의 질'(박상철·고준, 2014)이나 '생활만족'(고현미·박재춘, 2017) 등 다양한 긍정적 변인에 대한 접근도 함께 고려해 볼 필요가 있을 것이다.

참고문헌

고현미·박재춘 (2017), 비서직 여성노동자가 지각하는 직무요구와 일-가정 갈등 및 생활만족의 관계에서 가정 내 모바일 업무활용의 조절효과, 『인적자원관리연구』, 24(3): 21-42.

김명혜 (2005), 이동전화를 통한 어머니 노릇(mothering)의 재생산, 『한국언론학보』, 49(4): 140-165.

김성철·김나정 (2019), 강박열정과 조화열정이 일터에서의 직무성과와 번아웃에 미치는 영향: 상이한 매개과정을 중심으로, 『조직과 인사관리연구』, 43(3): 103-130.

김학수·박상언 (2018), 일-가정/가정-일 갈등 및 충실의 상대적인 효과와 정서적 메커니즘으로서의 번영감, 『인사조직연구』, 26(1): 115-149.

박상언·신다혜 (2011), 감정노동과 직장-가정 갈등: 직무소진의 두 영향요인에 대한 실증연구, 『인사조직연구』, 19(1): 227-266.

박상철·고준 (2014), 조직 내 스마트 기기 활용이 과연 삶의 질을 높이는가?: 테크노스트레스 조절효과와 업무-가정생활간의 균형 매개효과를 중심으로, 『경영학연구』, 43(5): 1707-1733.

박재춘·김성근 (2018), 직무자원은 직무소진에 대한 직무요구의 부정적인 효과를 완화시키는가?, 『인적자원관리연구』, 25(2): 19-39.

이경희·김기선 (2015), 『스마트기기 사용이 근로자의 일과 삶에 미치는 영향』, 한국노동연구원.

이승길·이주호 (2016), 스마트기기를 활용한 근로와 근로시간의 쟁점 및 개선방안: 가정 내 카톡금지법을 중심으로, 『비교노동법논총』, 38: 145-180.

이진숙·이윤석 (2018), 성인이행기 남녀의 가사노동 시간에 대한 탐색적 연구, 『여성연구』, 98(3): 65-95.

장은비 (2015), 상담자의 직무소진과 가정소진-일-가족 갈등의 조절효과, 『한국심리학회지: 여성』, 20(2): 115-138.

정민우·이나영 (2011), 가족의 경계에 선 청년세대-성별화된 독립과 규범적 시공간성, 『경제와 사회』, 3: 105-145.

채연주·윤세준 (2012), 통합과 분리, 『인사조직연구』, 20(2): 109-165.

최규현·박경규 (2013), 가정에 의한 직장방해가 기혼여성근로자의 직무태도와 행동에 미치는 영향,『한국심리학회지: 산업 및 조직』, 26(3): 463-494.

최병권·김기태·김동현 (2017), 직장가정갈등이 직무소진에 미치는 영향: 경력몰입 및 성실성의 조절효과를 중심으로,『인사조직연구』, 25(1): 53-80.

하성욱·장함자 (2014), 직무요구와 직무소진 그리고 리더십 유형간의 관계에 관한 연구,『인적자원관리연구』, 21(4): 23-47.

허창구·신강현·양수현 (2010), 직장-가정 갈등이 직무탈진 및 가정만족에 미치는 영향: 성차에 따른 다집단 분석,『한국심리학회지: 여성』, 15: 103-128.

Allen, T. D., Cho, E. & Meier, L. L. (2014), Work-family boundary dynamics, *Annual Review of Organizational Psychology and Organizational Behavior*, 1: 99–121.

Allen, T. D., Herst, D. E., Bruck, C. S., & Sutton, M. (2000), Consequences associated with work-to-family Conflict: A Review and agenda for future research, *Journal of Occupational Health Psychology*, 5(2): 278-308.

Amstad, F. T., Meier, L. L., Fasel, U., & Elfering, A., N. K. (2011), A meta-analysis of work–family conflict and various outcomes with a special emphasis on cross-domain versus matching-domain relations, *Journal of Occupational Health Psychology,* 16(2): 151-169.

Ashforth, B. E., Kreiner, G. E. & Fugate, M. (2000), All in a day's work: Boundaries and micro role transitions, *Academy of Management Review,* 25: 472–491.

Bakker, A. B., Demerouti, E., & Verbeke, W. (2004), Using the job demands-resources model to predict burnout and performance, *Human resource management,* 43(1): 83-104.

Brown, W. S., & Palvia, P. (2015), Are mobile devices threatening your work-life balance?, *International Journal of Mobile Communications,* 13(3): 317-338.

Bulger, C. A., Matthews, R. A. & Hoffman, M. E. (2007), Work and personal life boundary management: Boundary strength, work/personal life balance, and the segmentation-integration continuum. *Journal of Occupational Health Psychology*, 12: 365–375.

Burke, M. J., Brief, A. P., & George, J. M. (1993), The role of negative affectivity in understanding relations between self-reports of stressors and strains: A comment on the applied psychology literature, *Journal of Applied Psychology*, 78(3): 402-412.

Byron, K. (2005), A meta-analytic review of work-family conflict and its antecedents, *Journal of Vocational Behavior,* 67: 169-198.

Caplan, R. D., & Harrison, R. V. (1993), Person-environment fit theory: Some history, recent developments, and future directions, *Journal of Social Issues,* 49: 253–275.

Carmeli, A. & Spreitzer, G. M. (2009), Trust, connectivity, and thriving: Implications for innovative behaviors at work, *Journal of Creative Behavior,* 43(3): 169-191.

Cavazotte, F., A. Heloisa Lemos & K. Villadsen (2014), Corporate smart phones: professionals conscious engagement in escalating work connectivity, *New Technology, Work & Employment,* 29(1): 72–87.

Casper, Eby, Bordeaux, Lockwood, & Lambert, (2007), A review of research methods in IO/OB work-family research, *Journal of Applied Psychology,* 92: 28-43.

Clark, S. C. (2000), Work/family border theory: A new theory of Work/life balance, *Human Relations,* 53(6): 747-770.

Cordes, C. L., & Dougherty, T. W. (1993), A review and an integration of research on job burnout, *Academy of Management Review,* 18(4): 621-656.

Day, A., Scott, N., & Kelloway, K. E. (2010), Information and communication technology: Implications for job stress and employee well-being. In P. L. Perrewé & D. C. Ganster (Eds.), *Research in occupational stress and well-being: New developments in theoretical and conceptual approaches to job stress*(317–350), Bingley, UK: Emerald Group Publishing Limited

Diaz, I., Chiaburu, D. S., Zimmerman, R. D., & Boswell, W. (2012), Communication technology : pros and cons of constant connection to work, *Journal of Vocational Behavior*, 80(2): 500-508.

Derks, D & Bakker, A. B. (2014), Smartphone use, work–home interference, and burnout: A diary study on the role of recovery, *Journal of Applied Psychology: An International Review,* 63(3): 411–440.

Derks, D., Bakker, A. B., Peters, P., & van Wingerdern, R. (2016), Work-related smartphone use, work-family conflict and family role performance : The role of segmentation preference, *Human Relations,* 69(5): 1045-1068.

Eagly, A. H. & Wood, W. (2012), Social role theory. In P. A. M. Van Lange, A. W. Kruglanski, & E. T. Higgins (Eds.), *Handbook of theories of social psychology*, pp.458–476. Los Angeles: Sage.

Eby, L. T., Casper, W. J., Lockwood, A., Bordeaux, C., & Brinley, A. (2005), Work and family research in IO/OB: Content analysis and review of the literature (1980~2002), *Journal of Vocational Behavior,* 66(1): 124-197

Ferguson, M., Carlson, D., Boswell, W., Whitten, D., Butts, M. M. & Kacmar, K. M. (2016), Tethered to work: A family systems approach linking mobile device use to turnover intentions, *Journal of Applied Psychology*, 101: 520–534.

Ford, M. T., Heinen, B. A., & Langkamer, K. L. (2007), Work and family satisfaction and conflict: A meta-analysis of cross-domain relations, *Journal of Applied Psychology,* 92(1): 57-80.

Frissen, V. A. J. (2000), ICT in the rush hours of life, *The Information Society,* 16: 65–75.

Frone, M. R., Russell, M., & Cooper, M. L. (1992), Antecedents and outcomes of work-family conflict: Testing a model of the work-family interface, *Journal of Applied Psychology,* 77(1): 65-78.

Frone, M. R., Yardley, J. K., & Markel, K. S. (1997), Developing and testing an integrative model of the work-family interface, *Journal of Vocational Behavior,* 50(2): 145-167.

Gadeyne, N., Verbruggen, M., Delanoeije, J. & De Cooman, R. (2018), All wired, all tired? Work-related ICT-use outside work hours and work-to-home conflict: The role of integration preference, integration norms and work demands, *Journal of Vocational Behavior,* 107: 86–99.

Grant, D., & Koesler, S. (2001), Blurring the boundaries: cell phones, mobility and the line between work and personal life, In B. Brown, N. Green, R. Harper, (Eds), *Wireless World. Social and Interactional Aspects of the Mobile Age,* pp.121-132, London, Springer-Verlag.

Guest, D. E. (2002), Perspectives on the study of work-life balance, *Social Science Information,* 41(2): 255-279.

Gutek, B. A., Searle, S., & Klepa, L. (1991), Rational versus gender role explanations for work-family conflict, *Journal of Applied Psychology,* 76: 560-568.

Jawahar, I. M., Kisamore, J. L., Stone, T. H., & Rahn, D. L. (2012), Differential effect of inter-role conflict on proactive individual's experience of burnout, *Journal of Business and Psychology,* 27(2): 243-254.

Kinnunen, U., & Mauno, S. (1998), Antecedents and outcomes of work-family conflict among employed women and men in Finland, *Human Relations,* 51, 157-177.

Lee, R. T. & Ashforth, B. E. (1996), A meta-analytic examination of the correlates of the three dimensions of job burnout, *Journal of Applied Psychology,* 81: 123-133.

Leiter, M. P. (1993),. Burnout as developmental process : Consideration of models, In W. B. Schaufeli, C. Maslach & Marek (Eds), *Professional Burnout : Recent Development in Theory and Research,* pp.237-250. New York: Taylor & Francis.

Maslach, C., & Jackson, S. E. (1981), *The Maslach burnout inventory,* Palo Alto, CA: Consulting Psychologists Press.

Maslach, C., Schaufeli, W. B., & Leiter, M. P. (2001), Job burnout, *Annual Review of Psychology,* 52(1): 397-422.

Matusik, S. F., & Mickel, A. E. (2011), Embracing or embattled by converged mobile devices? Users' experiences with a contemporary connectivity technology, *Human Relations,* 64(8): 1001–1030.

McNall, L. A., Nicklin, J. M., & Masuda, A. D. (2010), A meta-analytic review of the consequences associated with work-family enrichment, *Journal of Business and Psychology,* 25(3): 381-396.

Mete, M., Ünal, O. F., & Bilen, A. (2014), Impact of work-family conflict and burnout on performance of accounting professionals, *Social and Behavioral Sciences,* 131: 264-270.

Montgomery, A. J., Panagopolou, E., & Benson, A. (2006), Work-family interference as a mediator between job demands and job burnout among doctors, *Stress and Health,* 22(3): 203-212.

Netemeyer, R. G., Boles, J. S., & McMurrian, R. (1996), Development and validation of work-family conflict and family-work conflict scales, *Journal of Applied Psychology,* 81:400-410.

Podsakoff, P. M., MacKenzie, S. B., Lee, J. Y., & Podsakoff, N. P. (2003), Common method biases in behavioral research: A critical review of the literature and recommended remedies, *Journal of Applied Psychology*, 88(5): 879-903.

Powell, G. N., Greenhaus, J. H., Allen, T. D., & Johnson, R. E. (2019), Advancing and expanding work-life theory from multiple perspectives, *Academy of Management Review,* 44(1): 54-71.

Preacher, K. J., & Hayes, A. F. (2008), Asymptotic and resampling strategies for assessing and comparing indirect effects in multiple mediator model, *Behavior Research Methods,* 40(3): 879-891.

Rakow, L., & Navarro, V. (1993), Remote mothering and the parallel shift: Women meet the cellular telephone, *Critical Studies in Mass Communication,* 10(2): 144-157.

Ragsdale, J. M., & Hoover, C. S. (2016), Cell phones during nonwork time: A source of job demands and resources, *Computers in Human Behavior,* 57: 54-60.

Rothbard, N. P. (2001), Enriching or depleting? The dynamics of engagement in work and family roles, *Administrative Science Quarterly,* 46: 655-684.

Rothbard, N. P., Phillips, K. W. & Dumas, T. L. (2005), Managing multiple roles; Work-family policies and individuals' desires for segmentation, *Organization Science,* 16:243–258.

Shockley, K. M., & Singla, N. (2011), Reconsidering work-family interactions and satisfaction: A meta-analysis, *Journal of Management,* 37(3):

861-886.

Spreitzer, G. M., Cameron, L. & Garrett, L. (2017), Alternative work arrangements: Two images of the new world of work, *Annual Review of Organizational Psychology and Organizational Behavior,* 4: 473-499.

Townsend, K. & L. Batchelor, (2005), Managing mobile phones: A work/non-work collision in small business, new technology, *Work and Employment,* 20(3): 259-267.

Voydanoff, P. (2005), Toward a conceptualization of work-family fit and balance: A demands and resources approach, *Journal of Marriage and Family,* 66: 398-412.

Wajcman, J., M. Bittman & J. E. Brown, (2008), Families without borders: Mobile phones, connectedness and work-home divisions, *Sociology,* 42(4): 635-652.

Watson, D., Clark, L. A., & Tellegen, A. (1988), Development and validation of brief measures of positive and negative affect: The PANAS scales, *Journal of Personality and Social Psychology,* 54(6): 1063-1070.

Weber, A., & Jaekel-Reinhard, A. (2000), Burnout syndrome: a Disease of modern societies?, *Occupational Medicine,* 50(7): 512-517.

Zhao, X., Lynch Jr, J. G., & Chen, Q. (2010), Reconsidering Baron and Kenny: Myths and truths about mediation analysis, *Journal of Consumer Research,* 37(2): 197-206.

02

PART

일·생활 균형을 지원하는 제도 및 비제도 요인의 효과

일·생활 균형의 실효적인 향상을 위해서는 국가나 기업 수준에서 제도적인 접근을 통해 이를 지원해야 할 사항이 많다. 아직도 우리가 OECD 국가 중에서 가장 노동시간이 긴 국가군에 속한다는 사실을 감안한다면, 이 부끄러운 '장기 근로체제'에서 조속히 벗어날 수 있도록 국가는 적절한 노동시장 정책을 펼쳐야 할 것이다. 또한 기업 수준에서도 조직구성원들이 일·생활 균형을 통해 심신의 건강과 긍정적인 직무관련 태도를 형성해 가지면서, 일하는 동안 집중력과 창의성을 발휘해 생산성을 증진시켜 갈 수 있도록 다양한 제도적 지원이 이루어질 필요가 있다. II부에서는 이러한 차원에서 시행되고 있는 가족친화제도 등 기업 차원의 일·생활 균형 지원 제도의 효과를 실증해 보고 있다.

⌛ **'5장 기업의 가족친화제도 운영과 일·생활 균형'**은 기업에서 조직구성원의 일·생활 균형을 지원하기 위해 도입, 시행되는 가족친화제도들의 효과성을 직무만족과 조직몰입, 그리고 조직시민행동 등 심리적인 성과 차원에서 확인해 보고 있다. 특히 5장은 이러한 지원 제도들의 효과가 일-가정 갈등의 감소와 일-가정 향상 제고라는 두 가지 심리적 경로 중 어떠한 과정을 거쳐 발생되는 지에 초점을 두고 분석하고 있다. 가족친화제도가 구체적으로 어떠한 심리적 과정과 메카니즘을 통해 일·생활 균형에 긍정적인 효과를 낳게 되는지를 분석한 5장의 이러한 연구결과는, 기업이 기왕 일·생활 균형을 지원하는 제도들을 시행하고자 할 때 어떤 부분에 좀 더 역점을 두어야 하는지에 관하여 의미 있는 시사점을 제공해 준다.

⌛ 6장은 단순히 일·생활 균형을 지원하는 제도의 효과를 확인하는 논의에서 한발 더 나아가, 상사의 가정 친화적 행동과 같은 비제도적 차원의 지원 요인이 가지는 중요성을 강조하고 있다. 6장에서 중점적으로 살펴보고 있는 유연근무제도 역시 대표적인 가족 친화제도 중 하나로서, 조직의 여건상 이러한 제도의 시행이 가능할 경우 구성원의 일·생활 균형을 위해 유용하게 활용될 수 있다. 하지만 공식적인 제도의 도입 및 운용도 물론 중요한 의미가 있지만, 이러한 제도의 효과가 더욱 실효적으로 구현되기 위해서는 상사의 가정 친화적인 행동 등 비공식적 차원에서 행해지는 지원 행동이 더해질 필요가 있다. 공식 제도는 어디까지나 필요조건일 뿐, 충분조건은 아닐 수 있기 때문이다. 이러한 취지에서, **'6장 유연근무제도와 상사의 가정 친화적 행동'**은 일·생활 균형을 위한 공식 제도와 비공식적 지원 행동의 결합 효과가 중요할 수 있음을 실증해 보이고 있다.

기업의 가족친화제도 운영과 일·생활 균형4)

Ⅰ. 머리말

맞벌이 직장인의 증가 등 노동시장 내 인력구성의 변화로 인해 일과 생활의 양립(work-life balance)이 최근 큰 사회적 화두로 대두되고 있다. 또한 이를 지원하기 위한 법률적·제도적 변화도 뒤따르고 있는데, 우리나라의 경우 2007년 12월 기존의 '남녀고용 평등법'이 '남녀고용 평등과 일-가정 양립지원에 관한 법률'로 바뀌면서, 일-가정 양립을 위한 보다 포괄적인 제도적 지원 기반이 마련되었다. 또 여성가족부는 가족친화기업 인증제도를 시행하는 한편, 가족친화지수(FFI, Family Friendliness Index)를 개발하여 국내 기업의 가족친화제도(family-friendly policies) 또는 가족친화경영의 확산을

4) 이 글은 최민오와 함께 썼다.

유인하고 있다. 이러한 제반 여건 변화에 따라, 이제 가족친화제도를 도입·시행하는 기업도 점차 늘어나고 있고, 또 국내외 학계에서도 가족친화제도와 그 효과성에 대해 많은 연구가 이루어지고 있다(Allen, 2001; Clifton & Shepard, 2004; Perry-Smith & Blum, 2000; Saltzstein et al., 2001; 정기선·장은미, 2005; 김혜원, 2011 등).

한편, 일-생활 상호관계(work-life interface)과 관련해서는 지금까지 주로 양 쪽의 역할 압력이 과중하거나 혹은 서로 양립하기 어려워 발생하는 '일-가정 갈등'(work-family conflict)에 초점을 맞추어 많은 연구가 이루어져 왔다(Allen et al., 2000; Greenhaus & Beutell, 1985; Frone et al., 1992, 1997; Kossek & Ozeki, 1998; 강혜련·최서연, 2001; 임효창 외 2005 등). 하지만 최근에는, 직장-가정에서의 다중 역할 수행이 오히려 각 영역에서의 역할 수행을 더 원활하게 만드는 긍정적 측면도 있다고 보고, 이를 '긍정적 전이'(positive spillover), '일-가정 촉진'(work-family facilitation), '일-가정 향상' (work-family enrichment) 등 다양한 개념으로 다루고 있는 연구들이 속속 제기되고 있다(Greenhaus & Powell, 2006; Van Steenbergen et al., 2007; Wayne et al., 2007; 김옥선·김효선, 2010, 2012; 김효선·차운아, 2009 등).

본 연구는 이러한 선행연구들에 기반하여, 기업이 도입·시행하는 가족친화제도가 사원들의 직무만족과 조직몰입, 조직시민행동 등 심리적 차원의 조직효과성과 어떠한 영향관계에 있는지를 확인해 보고자 한다. 또한 본 연구는 가족친화제도의 이러한 효과가 구체적으로 조직구성원의 어떤 심리적 기제를 통해 발생되는 지를 규명해 보기 위해, 가족친화제도의 영향은 이들이 경험하는 '직장-가정 갈등'과 '직장-가정 향상'을 통해 일부 매개될 것이라는 가설을 실증해 보려고 한다.

이러한 취지의 본 연구는 선행연구들과 관련해 볼 때, 다음과 같은 몇 가지 점에서 나름의 연구 의의를 가진다고 볼 수 있다. 먼저, 본 연구는 그동안 많이 연구되어 왔던 '일-가정 갈등' 요인뿐만 아니라 '일-가정 향상' 요인을 포함한 연구를 시행함으로써, 직장-가정의 상호관계와 관련하여 그동안 상대적으로 많지 않았던 긍정적 영향 국면에 대한 연구를 보완하는 의의를 가질 수 있을 것이다(Casper et al., 2007; Parasuraman & Greenhaus, 2002; Poelmans et al., 2009). 또 본 연구는 일-가정 갈등이나 일-가정 향상에 영향을 미치는 선행조건과 그 결과를 다룬 기존 연구에 일조를 할 수 있을 것으로 생각된다. 본 연구에서는 가족친화제도가 선행조건으로, 또 직무만족과 조직몰입 등 공식과업과 관련한 직무태도와 함께, 조직시민행동과 같은 비과업 차원의 성과를 동시에 결과변수로 활용하고 있다.

아울러, 본 연구는 가족친화제도의 효과성을 검증함에 있어서 그동안 연구가 극히 드물었던 일-가정 갈등과 일-가정 향상의 매개효과를 함께 고찰해 본다는 점에서 그 의의가 있다. 지금까지 이러한 매개효과의 확인을 시도했던 극소수 선행연구들은 일-가정 갈등이나 혹은 일-가정 향상 중 한 변수만을 측정·포함함으로써, 그 심리적 매개 기제를 충분히 설명해 주지 못한 아쉬움이 있었다고 볼 수 있다(cf. McNall et al., 2010a; 이선희 외, 2008). 이에 비해, 본 연구는 일-가정 갈등과 일-가정 향상 등 두 변수를 모두 연구모형에 포괄함과 동시에, 각기 원천을 달리하는 일〉가정과 가정〉일의 두 방향성까지 함께 고려하여 분석해 보고 있다.

Ⅱ. 이론적 배경과 연구가설

2.1 가족친화제도와 그 효과성

일·생활 양립이 최근 경영 담론의 큰 화두로 부상하자, 이를 지원하는 가족친화제도에 대한 관심도 함께 커지고 있다. 가족친화제도는 대개 조직구성원들이 직장과 가정의 일을 조화롭게 병행할 수 있도록 지원하는 기업 내부의 제도나 프로그램을 일컫는다. 이는 논자에 따라, 일·생활 균형 프로그램, 일·생활 양립 프로그램, 일·가정 복지제도, 가족친화적 복리후생제도 등 다양하게 지칭되고 있다.

가족친화제도의 유형 역시 다양하게 분류되어 왔다. 일찍이 Morgan & Milliken(1992)은 가족휴가제도, 탄력 근무형태, 부양가족을 위한 프로그램으로 가족친화제도를 분류하였고, 우리나라 한국여성개발원(2001)에서는 Evans(2001)가 제안한 분류에 기초하여 보육 및 가족간호 관련제도, 휴가제도, 근무제도, 가족친화적인 서비스 제도로 구분하였다. 또한 여성가족부(2006)는 가족친화경영 제도들을 탄력적 근무제도, 육아지원제도, 가족지원제도, 근로자 지원제도, 가족친화 문화 조성의 5개 유형으로 폭넓게 유형화한 바 있다. 이와 같이 논자나 기관에 따라 가족친화제도는 다양하게 분류되고 있지만, 사실 포괄되는 내용은 크게 다르지 않다고 볼 수 있다. 여기서는 가족친화제도를 다음과 같은 세 가지 유형으로 구분하여 간단하게 그 내용을 확인해 보기로 한다.

먼저, 근무시간의 유연성을 허용하는 탄력적 근무제도를 들 수 있다. 이는 조직구성원에게 시간 탄력성을 제공함으로써 직장과 가족영역의 일을 보다 조화롭게 수행하는데 도움을 주는 제도를 의미한다. 많은 경우, 조직구성원은 직장과 가정의 영역에서 다중의 역할을 수행해야 하기 때문에, 시간 갈등을 경험하기 쉽다. 이러한 시간 갈등을 유연하게 해결하는데 도움을 주는 재택근무나 다양한 근무시간 설계가 가능한 탄력근무제도가 이에 해당한다.

다음으로, 경력 유연성을 지원하는 제도를 들 수 있다. 육아나 가족의 간호, 기타 자기 계발 등을 위한 차원에서 휴직을 가능하게 해주는 제도가 대표적이며, 특히 자녀의 출산과 육아를 주로 책임지는 여성 사원들에게 있어서 직장에서의 경력단절이 초래되지 않도록 도와주는 역할을 한다.

그 밖에 조직구성원의 직장과 가정생활 양립을 지원하는 근로자 지원제도를 들 수 있다. 여기에는 양육비지원이나 사내 탁아소 운영 등 다양한 형태로 운영되는 육아지원제도가 대표적이다. 특히 육아지원제도는 현실적으로 가족친화제도 가운데 가장 요구도가 높은 항목 중의 하나로서, 조직구성원들이 부모로서의 역할과 직장에서의 역할을 조정할 수 있도록 도와주고, 또 아이를 보살피는 데 필요한 제반 비용을 경감시켜주기도 한다. 또 근로자 지원제도에는 근로자와 그 가족들을 대상으로 상담, 교육, 정보제공, 문화 등 다양한 프로그램을 통하여 정서적 지원과 정보 및 서비스를 제공하는 제도를 포함한다. 이러한 지원 제도는 사원들의 결근과 지각, 이직, 사고 등의 개인적인 문제를 완화시키고, 조직구성원과 그 가족의 삶의 질을 향상시키는데 기여할 수 있다.

이러한 가족친화제도들을 기업이 실제 어느 정도 도입, 활용하는가에 있어서는 다양한 요인들이 영향을 미치는 것으로 나타났다. 즉 관련 법규 등 제도적인 강제도 중요하지만, 그 밖에도 기업윤리와 사회적 책임 인식, 모성보호에 대한 사업주의 의지 등 경영자 요인도 중요하며(장지연, 2002), 또 상대적으로 규모가 큰 기업(Ingram & Simons, 1995), 노조가 있는 기업(송호근, 1995), 그리고 일반적으로 개방적인 의사소통 경로를 갖고 있으며 사원들이 기업내 의사결정에 참여하는 정도가 큰 기업(강혜련 외, 2001) 등 기업 특성 역시 가족친화제도를 도입하는 경향과 일정한 관련이 있는 것으로 확인되어 왔다.

가족친화제도가 사원들의 조직 및 직무에 대한 태도 등 심리적 차원의 조직효과성에 미치는 영향과정에 대해서는 지금까지 여러 설명이 제기되어 왔다. 대표적인 예가 바로 '사회교환이론'(social exchange theory)이다. 이 이론에 의하면, 사람들은 다른 사람이나 대상으로부터 어떤 혜택을 제공받게 되면, 이를 되갚음으로써 형평성을 유지해 가려는 기본 성향을 가지고 있다(Blau, 1964; Rhoades & Eisenberger, 2002). 따라서 사원들이 회사로부터 가족친화제도를 통해 일-가정 양립을 위한 여러 형태의 지원받게 되면, 이에 보답하기 위해 자신이 소속된 조직이나 혹은 맡은 직무에 대해 긍정적인 태도를 가지게 되고, 또 이를 바탕으로 조직에 이익이 되는 방향으로 행동하게 될 것이라고 기대해 볼 수 있다.

하지만 조직이 시행하는 특정 정책이나 제도가 조직내 모든 구성원에게 동일한 실제적 효과를 가지지 못할 수도 있다. 가족친화제도 역시 그것을 필요로 하는 정도가 조직구성원이 처해 있는 입장에 따라 매우 다를 수 있는 것이다. 하지만 '신호 이론'(signaling theory)에 의하면, 이런 경우에도 조직이 시행하는 제도는 여전히 상징적인 신호(signal) 효과를 가질 수 있다(Spence, 1973; Casper & Harris, 2008). 즉 한 기업이 가족친화적인 제도와 프로그램을 시행할 때, 조직구성원이 비록 자신은 그 제도로부터 실질적인 혜택을 크게 받지 못하더라도 이를 사원들에 대한 조직의 배려와 관심을 보여주는 일종의 상징이자 신호로 해석하게 되면, 역시 소속 조직에 대해 긍정적인 태도를 형성해 가질 수 있게 된다는 것이다

(Grover & Crooker, 1995; Perry-Smith & Blum, 2000).

사실, 가족친화제도가 도입되었다고 하더라도 사원들이 이를 실제로 활용하기는 현실적으로 쉽지 않을 수 있다. 즉 제도가 시행되고 있어도, 고과에 미치는 불이익에 대한 우려, 상사나 동료들에 대한 눈치 보임, 전반적으로 비친화적인 조직분위기 등 여러 가지 이유로 인해 이 제도를 쉽게 활용하지 못할 수도 있다(Eaton, 2003; 김효선·차운아, 2009). 이를 뒷받침하듯, 국내 기업의 기혼 근로자들을 조사한 한 연구에서도 기업의 가족친화제도의 시행률에 비해, 근로자의 실제 이용률이 더 낮게 나타난 바 있다(유계숙, 2007). 또 단순히 가족친화적인 제도의 도입 정도나 그 여부 보다는, 사원들 각자가 그 제도의 유용성에 대해 어떻게 지각하는가가 실제로 조직몰입에 미치는 영향이 더 크다는 실증연구 결과도 제시되어 있다(Eaton, 2003; 정기선·장은미, 2005). 이러한 일련의 연구결과들은, 가족친화제도의 단순한 도입이나 그 시행 유무도 중요하지만, 그 제도의 활용이 실제로 용이해서 조직구성원들이 그 제도의 유용성을 어떻게 지각하는가가 더욱 중요할 수 있다는 것을 시사해 주고 있다.

한편, 지금까지 가족친화적인 여러 제도들이 조직효과성에 긍정적일 수 있음을 보여주는 실증연구는 많이 제시되어 왔다. 예를 들어, 탄력적 근무제도의 효과에 대한 한 메타 연구에 따르면, 이 제도의 시행은 구성원의 직무만족과 긍정적인 영향관계에 있음이 확인되었다(Baltes et al., 1999). 또 Allen(2001)의 연구에 의하면, 조직구성원의 가족친화 프로그램 이용 정도는 이들의 직무만족 및 조직몰입과는 긍정적인 관계를, 그리고 이직의도와는 부정적인 관계에 있음을 보여주었다. 나아가, 가정친화적인 제도의 운용은 회사의 주가와 1인당 매출액, 생산성 등 조직의 실제 성과와도 긍정적인 관계에 있다는 사실이 보고되어 왔다(Arthur, 2003; Bloom et al.,

2011; Clifton & Shepard, 2004; Perry-Smith & Blum, 2000). 이처럼 가정친화적인 여러 제도들이 조직의 심리적, 경제적 성과와 긍정적인 관계에 있음을 보여주는 이러한 결과는 최근 국내 연구들에서도 반복 확인되고 있다(김효선·차운아, 2009; 유규창·김향아, 2006; 이민우 외, 2008; 김혜원, 2011 등).

뿐만 아니라, 이처럼 공식적인 직무태도 이외에, 조직시민행동 등 구성원이 발휘하는 비공식적인 차원의 과업행동에 있어서도 가족친화제도는 긍정적인 영향을 미치는 것으로 확인되었다. 즉 Lambert (2000)의 연구에 따르면, 일·생활 균형을 지원하는 가족친화제도의 유용성을 높게 지각한 사원일수록 조직 차원에서 회사 일에 더 적극적으로 참여하거나 혹은 개인 차원에서 동료사원들에 대해 더 많은 도움주기 행동을 행하는 등 긍정적인 차원의 역할외 행동을 더 많이 수행하는 것으로 나타났다.

이러한 선행연구들에 기반하여, 본 연구에서는 가족친화제도의 효과성과 관련하여 이 제도에 대한 조직구성원의 유용성 지각에 초점을 두고 다음과 같은 가설을 설정해 보고자 한다.

가설 1. 가족친화제도에 대한 유용성 지각은 심리적 차원의 조직효과성과 긍정적인 영향관계에 있을 것이다.

가설 1-1. 가족친화제도에 대한 유용성 지각은 조직구성원의 직무만족과 긍정적인 영향관계에 있을 것이다.

가설 1-2. 가족친화제도에 대한 유용성 지각은 조직구성원의 조직몰입과 긍정적인 영향관계에 있을 것이다.

가설 1-3. 가족친화제도에 대한 유용성 지각은 조직구성원의 적극적 참여행동과 긍정적인 영향관계에 있을 것이다.

가설 1-4. 가족친화제도에 대한 유용성 지각은 조직구성원의 이타적 행동과 긍정적인 영향관계에 있을 것이다.

2.2 일-가정 갈등(work-family conflict)의 매개효과

가족친화제도의 유용성을 높게 지각할수록 조직구성원의 역할내 직무태도는 물론, 이들의 역할외 행동에까지 긍정적인 영향이 있을 것이라는 예상이 본 연구의 첫 번째 가설이었다. 하지만 이러한 가족친화제도의 효과가 어떠한 심리적 기제를 통해 발생되는 지를 규명해 보는 것도 흥미로운 추가 연구과제일 수 있다. 본 연구에서는 조직구성원이 가족친화제도를 이용하는 과정에서 경험하게 되는 '일-가정 갈등'과 '일-가정 향상'이 그 매개역할을 할 수 있다는 점에 착안하고, 이를 또 다른 가설로 설정해 보려 한다.

먼저, '일-가정 갈등'은 직장과 가정 영역으로부터의 역할 압력이 여러 측면에서 서로 양립할 수 없을 때 발생되는 역할 갈등의 한 형태로 볼 수 있다(Greenhaus & Beutell, 1985). 그간 스트레스의 발생 원인을 설명해 온 역할갈등이론과 결핍이론(scarcity theory) 등에 따르면, 이러한 갈등은 무엇보다 사람들이 가진 시간적, 인지적, 정서적 자원들이 제한되어 있음으로 인해 생긴다. 즉 한정된 자신의 자원을 직장과 가정에서 비롯되는 상충되는 요구에 조화롭게 배분하고 활용하기 어려워질 때 사람들은 대개 갈등을 경험하기 마련이다(Edwards & Rothbard, 2000; Frone et al., 1992).

그간 일-가정 갈등에 관한 많은 연구들은 직장이 가정에 미치는 영향이나 가정이 직장에 미치는 영향을 구분하지 않거나, 혹은 암묵적으로 직장이 가정에 영향을 미치는 측면에만 주로 초점을 맞추어 연구해 온 경향이 있었다. 하지만 최근에는 일-가정 갈등을 양방향적인 특성을 갖는 개념으로 구분하여 연구하는 경우가 늘어나고 있다. 즉 일-가정 갈등을, 직장생활이 가정생활에 영향을 미치는 일〉가정 갈등(Work-to-Family Conflict, 이하 WFC)과, 가정생활이 직장생활에 영향을 미치는 가정〉일 갈등(Family-to-Work Conflict, 이하 FWC)이라는 양방향성을 갖는 개념으로 보고, 이를 구분하여 연구하기 시작한 것이다(Frone, 2003; Gutek et al., 1991; Netemeyer et al., 1996, 2005 등). 최근의 한 메타연구에 따르면, WFC와 FWC는 질적으로 서로 다른 갈등이어서 서로 간 변별타당성을 갖는 개념들이라는 사실이 재차 확인됨으로써, 이러한 개념 구분이 의미가 있음을 뒷받침해 주기도 했다(Mesmer-Magnus & Viswesvaran, 2005).

한편, 이 두 갈등 개념은 실제로 어느 한 쪽이 다른 쪽에 일방적으로 영향을 주기보다는 상호 영향을 주는 부정적인 전이관계에 있는 것으로 확인되고 있다(Anderson et al., 2002; Frone et al., 1992). 또 많은 연구에서 WFC가 일반적으로 FWC보다 더 크게 지각되는 경우가 많아, 두 영역간의 전이가 비대칭적이라는 사실을 보여주기도 했다(Eagle et al., 1997; Frone et al., 1992; Gutek et al., 1991 등). 아울러, 직무태도 등 결과변수를 예측함에 있어서도 WFC는 대개 FWC보다 더 많은 분산을 설명해 주는 것으로 확인되었을 뿐만 아니라(Frone et al., 1992; Kinnunen & Mauno, 1998; Rothbard, 2001), FWC는 주로 가족관련 변수들과 상관을 보이는 반면, WFC는 직장관련 변수들과 더 큰 연관성을 갖는 것으로 보고된 바도 있다(Mesmer-Magnus & Viswesvaran, 2005).

한편, 일-가정 갈등이 조직효과성에 미치는 영향에 대해서는 지금까지 많은 연구가 축적되어 왔다. 그간의 연구에 따르면, 일-가정 갈등은 직무만족이나 조직몰입, 그리고 이직의향 등 개인의 직무관련 태도에는 물론, 조직 차원의 성과에도 부정적인 영향을 미친다는 결과가 지배적이라고 할 수 있다(Adams et al., 1996; Carlson & Kacmar, 2000; Carr et al., 2008; Frone et al., 1992, 1997 등). 또한 주로 개인 차원의 심리적 성과 변수를 차용하여 측정해 본 국내의 연구들 역시 전반적으로 이와 크게 다르지 않은 연구결과를 보여주어 왔다(강혜련·최서연, 2001; 이은희, 2000; 임효창 외, 2005; 장재윤·김혜숙, 2003 등).

또한 가족친화적인 제도와 일-가정 갈등 간의 관계에 관한 연구들을 살펴보면, 가족친화제도가 일-가정 갈등을 감소시킨다는 결과를 많이 찾아볼 수 있다(Allen, 2001; Konrad & Mangel, 2000; Smith & Gardner, 2007; Thompson et al., 1999; Thomas & Ganster, 1995 등). 사실, 이는 논리적으로도 충분히 추론 가능한 결과라고 볼 수 있다. 즉 탄력 근무제도와 각종 육아지원제도 등 가정친화적인 인사제도나 프로그램을 기업이 도입·시행할 경우, 조직구성원은 근무의 유연성을 도모하고, 육아 및 가정생활의 편의성을 증진시킬 수 있는 여러 자원을 많이 확보하게 되어, 결과적으로 일-가정 맥락에서 빚어질 수 있는 여러 형태의 갈등에 대한 대처 능력을 보다 많이 보유할 수 있을 것이기 때문이다(Greenhaus & Powell, 2006; Osterman, 1995).

이러한 취지에서, 일찍이 Kossek & Ozeki(1998)는 가족친화제도가 직무만족 등 조직구성원의 직무관련 태도에 긍정적인 효과를 갖는 것은 바로 이 일-가정 갈등의 감소 효과에 힘입은 바 클 것이라는 가설을 제기하였고, 그 후 이루어진 일련의 실증연구들은 실제로 가족친화제도가 일-가정 갈등을 매개로 하여 직무만족에 일정한 영향을 미친다는 사실을 입증해 주었다(Anderson et al., 2002; Frye & Breaugh, 2004; Mauno et al., 2005 등). 또한 비록 많지는 않지만, 국내에서도 가족친화적인 조직문화나 경영관리 방식이 조직몰입과 이직의도 등 직무관련 태도에 미치는 영향관계에서 직장-가정 갈등의 매개효과를 부분적으로 확인해 본 연구결과가 제기된 바 있다(이도화·정두영, 2010; 이선희 외, 2008; 이요행 외, 2005).

따라서 본 연구에서도 가족친화제도에 대한 유용성 지각이 일련의 심리적 차원의 조직효과성에 미치는 긍정적 영향은, 두 변수 간의 직접효과 이외에, 일-가정 갈등의 감소를 매개로 한 간접효과가 동반하여 나타날 것이라고 예측하고 이를 가설로 설정해 보고자 한다.

가설 2-1. 가족친화제도에 대한 유용성 지각이 심리적 차원의 조직효과성에 미치는 긍정적 영향은 부분적으로 일-가정 갈등의 감소를 매개로 하여 나타날 것이다.

2.3 일-가정 향상(work-family enrichment)의 매개효과

'일-가정 향상'은 직장과 가정 중 한 영역에서 역할을 수행함으로써 획득되어지는 자원들이 다른 영역에서의 역할 수행에 있어서도 질적 향상을 가져오는 것을 의미한다(Greenhaus & Powell, 2006). 일찍이 Marks(1977)와 Sieber(1974) 등은 그간 다중역할에 대한 연구의 배경이론으로 활용되었던 결핍이론(scarcity theory)이 다중역할의 유용한 측면에 대해서는 충분히 설명하고 있지 못하다고 주장하면서, 다양한 역할에 참여하는 것은 자원을 공유·통합·확장시킬 수 있으므로 하나의 역할에서 소비된 것보다 더 많은 자원과 에너지를 가져올 수도 있다고 주장한 바 있다. 그 후 이러한 확장가설(expansion hypothesis)의 관점에서, 역할 수가 증가한다고 역할 긴장이 반드시 증가하는 것은 아니며, 다중역할이 일반적으로 개인의 건강과 심리적 안녕에 긍정적인 효과를 줄 수도 있다는 점이 여러 논자들로부터 점차 강조되기 시작하였다(Reitzes & Mutran, 1994; Gove & Zeiss, 1987; Baruch & Barnett, 1987).

이러한 배경 하에, 일-가정 향상 개념을 본격적으로 제기했던 Greenhaus & Powell(2006)은, 개인이 다중역할에 참여함으로써 긍정적인 여러 결과들을 얻을 수 있는 이유를 다음과 같은 세 가지로 설명하였다.

첫째, 일과 가정 영역에서의 경험은 개인의 심리적 안녕에 일종의 가산적 효과(additive effect)를 가져올 수 있다고 본다. 즉 직장이나 가정에서 얻게 되는 만족감은 개인의 행복, 삶에 대한 지각된 만족도 등에 합체적인 효과를 가져와, 어느 한 가지 영역에서 만족하거나 혹은 불만족한 사람들보다 더 건강하고 만족스런 삶을 경험하게 된다는 것이다. 둘째, 일과 가정에 모두 참여하는 사람의 경우, 어느 한 가지 역할에서 오는 스트레스가 다른 영역에서의 경험으로 완충되는(buffering) 현상을 경험할 수 있다고 본다. 즉 직장에서의 만족스런 경험은 가정에서 오는 스트레스 요인을 완화시켜 줄 수 있고, 그 반대도 마찬가지이다. 셋째, 한 역할 수행과정에서 획득된 에너지나 자원들이 다른 역할에서의 질적 향상을 가져오는데 활용될 수 있다고 본다. 특히 이 세 번째 과정에 초점을 둔 개념이 바로 직장-가정 향상 개념이라 볼 수 있다.

이처럼, Greenhaus & Powell(2006)은 특히 다중역할의 단순한 가산적이고 완충적인 효과를 넘어서, 한 역할수행으로부터 비롯되는 여러 자원들이 구체적으로 어떻게 다른 역할 수행에 큰 보탬이 될 수 있는 지에 관하여 상세한 설명을 제공해 주었다. 이들에 따르면, 직장-가정 향상을 가져오는 주요 자원들로는 기술과 관점(또는 판단능력), 물질적 자원, 유연성, 심리·신체적 자원, 사회적 자본

자원이 있으며, 이러한 자원들은 다른 역할 수행에 있어서 때로는 직접적으로(도구적인 경로), 때로는 간접적으로(정서적인 경로) 그 역할 수행의 질과 성과 향상에 기여할 수 있다. 이를테면, 가사를 돌보면서 익힌 일종의 멀티태스킹(multitasking) 기술은 자신의 일터에서 업무수행에 있어서도 큰 보탬이 되는 일종의 자원으로 기능할 수 있는 것이며(직접적, 도구적 경로), 직장에서의 성취 경험은 긍정적인 감정을 촉발시켜 가정에서의 역할 수행에 있어서도 긍정적인 정서를 유지하게끔 만들어 주고, 실제로 좋은 기분 하에서 집안일을 효과적으로 수행하게 도와줄 수도 있는 것이다(간접적, 정서적 경로).

아울러, 그 개념상 일-가정 향상 역시 직장에서의 경험이 가정과 개인적인 삶의 질적 향상을 가져오는 일〉가정 향상(Work-to-Family Enrichment, 이하 WFE)과, 반대로 가정생활의 경험들이 직장에서의 업무수행의 질을 향상시키는 가정〉일 향상(Family-to-Work Enrichment, 이하 FWE) 등 양방향성을 갖는 개념으로 구분해 볼 수 있다. 이 두 방향의 일-가정 향상 변수를 동시에 포함시켜 연구했던 그간의 연구들에 있어서는, FWE가 대체로 WFE보다 더 큰 영향력을 나타내었다(Greenhaus & Powell, 2006). 또 WFE와 FWE에 관한 선행연구들을 메타분석한 McNall et al.(2010b)의 연구결과에 의하면, WFE는 주로 공식 과업과 관련된 결과 변수에, 그리고 FWE는 공식 과업과 관련되지 않은 결과 변수들과 더 높은 상관관계를 보였다. 하지만 조직구성원의 신체 및 정신적 건강과 관련해서는 WFE와 FWE 모두 긍정적인 관련이 있는 것으로 나타났다.

한편, 일-가정 향상이 조직효과성에 미치는 영향에 대해서는 최근 활발히 연구되고 있다. 먼저 직무만족과 관련해서는, 일-가정 향상을 크게 경험하는 사람들일수록 직무만족이 더 크게 보고된다는 연구결과들이 있다(Aryee et al., 2005; Balmforth & Gardner, 2006). 또 한 보험회사에 대한 연구에서는 두 방향의 향상, 즉 WFE와 FWE 모두 소속 조직에 대한 정서적 몰입을 높이고 이직의도를 낮추는 효과가 있음이 확인되었다(Wayne et al., 2006). 뿐만 아니라, 일-가정 향상은 직장인들의 경력만족(Graves et al., 2007)과 역할외 행동인 조직시민행동(Bhargava & Baral, 2009)에 대해서도 긍정적인 영향을 미치는 것이 실증되었다.

아직 그리 많지는 않지만, 국내에서도 일-가정 향상 변수를 포함한 연구결과가 조금씩 보고되고 있다. 이를테면, 일-가정 향상이나 촉진에 영향을 미치는 선행요인으로서 일과 가정 영역의 여러 역할 자원 변수들에 주목하고 이를 실증해 본 연구와 함께(김옥선·김효선, 2012), 패널조사 자료를 활용한 다른 연구는 WFE와 FWE 등 두 방향의 향상이 모두 조직몰입과 유의미한 긍정적 관계에 있음을 보여주었다(김효선·차운아, 2009).

이에 비해, 가족친화제도와 일-가정 향상 간의 관계를 살펴 본 연구는 아직 그리 많지 않다. 하지만 앞서 논의한 바와 같이, 가정친화적인 여러 제도들이 조직에 도입·실행될 경우, 그 구성원에게 일과 가정 두 영역에 걸쳐 긍정적인 전이를 기대해 볼 수 있는 여러 자원을 제공해 주게 되어, 일-가정 향상이 발생될 소지는 충분하다고 볼 수 있다. 이를테면, 직장에서 일을 함으로써 얻어지는 임금이나 복리후생 혜택 등 여러 물질적인 자원은 가정생활에 여유를 제공하여 삶의 질을 향상시키는 역할을 함으로써 일-가정 향상을 촉진할 수 있다. 또 탄력적인 근무제도 역시 조직구성원에게 시간관리 차원의 유연성을 제공해 주어 일-가정 향상에 크게 기여할 수 있다. 즉 직장에서의 근무의 유연성은 개인으로 하여금 가정에서의 의무를 수행하는 데 있어서 보다 편리한 시간 확보가 가능하도록 도와주며, 따라서 가정에서의 역할 성과 향상을 위해 큰 보탬이 될 수 있는 것이다.

실제로 유연근무제도(flexible work arrangements)는 직장인의 일·생활 균형에 상당한 긍정적 영향을 미치며, 또 일-가정 향상을 통해 직무만족을 높이고 이직의도를 낮추는데 기여하는 것이 실증되기도 했다(Hayman, 2009; McNall et al., 2010a). 가족친화제도가 제공할 수 있는 심리·신체적 자원 역시 일-가정 향상에 기여할 수 있다. 즉 기업에서 제공하는 건강지원 프로그램과 여러 가지 심리상담 프로그램 등은 조직구성원들의 자기 효능감과 같은 긍정적 자기평가, 미래지향적인 긍정적 정서, 그리고 신체적 건강함을 증진시켜, 직장과 가정 영역 모두에 긍정적인 영향을 줌으로써 직장-가정 향상을 얼마든지 촉진시켜 갈 수 있다. 패널 자료를 활용한 한 실증연구에서, 이처럼 심리·신체적 자원이 WFE와 FWE에 긍정적인 영향을 주고 있음이 역시 확인된 바 있다(김옥선·김효선, 2010).

이러한 제반 논의에 입각해 볼 때, 가족친화제도가 직무만족과 조직몰입, 조직시민행동 등 심리적 차원의 여러 효과성에 미치는 긍정적 영향은, 가족친화제도가 제공하는 여러 자원에 기반하여 일-가정 향상을 통해 발현될 개연성은 충분해 보인다. 따라서 본 연구에서는 가족친화제도에 대한 유용성 지각이 심리적 차원의 조직효과성에 미치는 긍정적 영향은, 두 변수 간의 직접효과 이외에, 일-가정 향상의 증가를 매개로 한 간접효과가 동반하여 나타날 것이라고 예측하고, 이를 다음과 같은 가설로 설정해 보았다.

가설 2-2. 가족친화제도에 대한 유용성 지각이 심리적 차원의 조직효과성에 미치는 긍정적 영향은 부분적으로 일-가정 향상의 증대를 매개로 하여 나타날 것이다.

Ⅲ. 연구방법

3.1 표본과 자료수집

이러한 가설들을 검증하기 위하여, 본 연구에서는 전자업계 최초로 여성가족부가 시행하는 가족친화인증기업으로 선정된 H기업의 사원들을 대상으로 설문조사를 실시하였다. 이처럼 단일 기업을 대상으로 한 연구임으로 인해 본 연구의 분석결과는 일반화에 다소 제약이 있을 수 있다.

하지만 실제로 기업규모 등 여러 특성에 따라 가족친화제도가 기업마다 조금씩 상이한 내용으로 시행되고 있는 점을 감안한다면, 결과적으로 본 연구는 한 기업을 분석대상으로 함으로써 기업 간 차이를 통제하는 효과를 가진다고 볼 수 있다. 1983년에 설립된 H사는 반도체 산업의 한 제조업체로서, '함께 더불어 성공하는 성공공동체' 정신을 바탕으로 사원의 일과 가정, 지역사회의 조화를 통해 삶의 질을 향상시키고, 장기적으로 지속가능한 기업과 사회 만들기를 표방해 온 기업이다.

설문지는 총 500부가 배포되었으며, 회수된 설문 중 중심화 경향이 강하거나 불성실한 응답 설문지를 제외하고 최종적으로 293부가 분석에 활용되었다. 연구대상자의 인구통계학적 특성은 〈표 5-1〉과 같다.

표 5-1 연구대상자의 인구통계학적 특성 (N=293)

변수명	구분	n	%	변수명	구분	n	%
성별	남성	149	50.9	근속년수	1년 미만	21	7.2
	여성	143	48.8		1년 ~ 5년	60	20.5
	결측	1	0.3		5년~ 10년	92	31.4
연령	10대	5	1.7		10년 이상	114	38.9
	20대	97	33.1		결측	6	2.0
	30대	149	50.9		평균 근속년수 : 9.3년		
	40대	40	13.7	직종	기술/사무 관리직	163	55.7
	결측	2	0.6		전임직	122	41.6
	평균연령 : 31.9세				전문직	4	1.4
결혼여부	기혼	185	63.2		결측	4	1.3
	미혼	107	36.5	직급	사원	134	45.7
	결측	1	0.3		선임	91	31.1
배우자 직업	있음	126	68.1		책임	51	17.4
	없음	57	30.8		수석	2	0.7
	결측	2	1.1		임원	1	0.3
미취학 자녀	있음	128	69.2		결측	14	4.8
	없음	54	29.2	고용형태	정규직	292	99.7
	결측	3	1.6		결측	1	0.3

3.2 변수의 측정

3.3.1 가족친화제도에 대한 유용성 지각(perceived usefulness of family-friendly policies)

가족친화제도에 대한 유용성 지각은, 조직구성원이 회사에서 시행하는 가족친화제도가 자신에게 얼마나 유용하다고 믿는 지를 나타내는 개념이다. 질문의 형식은 Lambert(2000)의 것을 참조하되, 설문 문항의 실제 내용은 조사 대상인 H기업에서 현재 시행하고 있는 제도들을 대상으로 하였다. 총 6문항으로 측정하였으며, 이에는 H기업이 시행하고 있는 근무제도(사무관리직의 경우 탄력근무제, 생산직의 경우 4조3교대제), 휴가제도(연차, 생리, 산전/산후, 경조사 휴가 등), 근로자 복지차원의 각종 지원제도(자녀 학자금 및 경조사비 지원, 미취학 자녀 어린이집 위탁, 종합건강검진 서비스, 의료비 지원, 상담서비스, 임직원을 위한 각종 캠프 프로그램 등)에 대해 그 유용성을 묻고 있다. 5점 척도로 측정하였으며, 문항간 신뢰도는 .803으로 나타났다.

3.3.2 일-가정 갈등(work-family conflict)

일-가정 갈등은 일과 가정에서 비롯되는 역할요구를 상호 양립시키기 어려울 때 발생되는 일종의 역할 갈등을 의미한다. 본 연구에서는 Gutek et al.(1991)과 Frone et al.(1992)이 개발한 설문을 본 연구에 맞게 수정하여 활용하였다. 또한 본 연구에서는 일-가정 갈등의 방향성을 고려하여 이를 WFC와 FWC로 구분해 각기 5문항씩 측정하였으며, 문항간 신뢰도는 각각 .841과.789로 확인되었다.

3.3.3 일-가정 향상(work-family enrichment)

일-가정 향상은 일과 가정 중 한 영역의 역할에서 얻은 경험이 다른 영역의 삶의 질을 향상시키는 것을 의미한다(Greenhaus & Powell, 2006). 본 연구에서는 Carlson et al.(2006)이 개발한 문항을 본 연구의 목적에 적합하도록 일부 수정하여 활용하였다. 또 일-가정 향상을 그 방향성에 따라 WFE와 FWE로 구분하여 3문항씩 측정하였으며, 신뢰도는 각기 .752와 .831로 나타났다.

〈표 5-2〉는 일-가정 갈등과 일-가정 향상을 측정하는 문항들에 대한 요인분석 결과이다. 요인분석방법으로 주성분석법(principal components analysis)을 사용하였고, 직교회전(varimax) 방식에 의해 아이겐 값(eigen value)이 1이상인 요인만을 선택하였다. 요인적재치(factor loading)는 0.5이상인 경우를 유의적인 것으로 판단하였다. 분석결과, 요인적재치가 모든 문항들에서 0.6이상으로 나타나, 개념 간 구성타당도가 있는 것으로 확인되었다.

표 5-2 일-가정 갈등과 일-가정 향상에 대한 요인분석 결과

문항	요인1 WFC	요인2 FWC	요인3 WFE	요인4 FWE
- 과도한 업무로 인하여, 가족과 많은 시간을 보내지 못함	**.824**	.039	.058	.102
- 직장 일에 쏟아야 하는 시간 때문에, 집안일을 제대로 돌보기 어려움.	**.800**	.306	-.068	.033
- 직장 일 때문에, 가족들에 대한 책임을 제대로 수행하지 못함.	**.679**	.099	.054	-.198
- 직장 일로 인한 압박감 때문에, 하고 싶은 취미활동을 제대로 할 수가 없음.	**.794**	.017	.095	-.073
- 직장 일 때문에, 가족행사나 가족과 함께 하는 활동에 제대로 참여할 수가 없음.	**.700**	.322	.102	-.146
- 가족이나 배우자의 요구 때문에, 직장 일에 집중하기가 힘듦.	.303	**.649**	-.181	.020
- 가정에서의 책임을 이행하는 시간 때문에, 직장과 관련된 활동들에 방해를 받음.	.067	**.772**	-.008	.072
- 가정생활로 인한 긴장과 근심이 직장 내 업무수행능력을 떨어뜨림.	.066	**.670**	.092	.039
- 가족이나 배우자가 요구하는 것이 너무 많아, 내가 직장에서 하기 원하는 것들을 제대로 할 수가 없음.	.230	**.779**	-.101	-.012
- 가정을 돌보기 위한 시간 때문에, 업무를 위한 시간을 충분히 확보하기 어려움.	.038	**.688**	-.124	.085

문항	요인1 WFC	요인2 FWC	요인3 WFE	요인4 FWE
- 가족과 활기찬 시간을 보내게 되면, 직장에서도 활력 있고 생기 넘친 생활을 하는데 도움이 됨.	-.082	.045	.143	**.788**
- 가정 일에 충실하게 되면, 직장에서도 일에 더욱 집중할 수 있게 되어 도움이 됨.	-.022	.073	.250	**.780**
- 식구들이 내가 직장에서 하는 일을 인정해 주면, 나는 더욱 열심히 일할 수 있어 도움이 됨.	-.090	.074	.048	**.817**
- 직장에서의 다양한 경험은 여러 관점에 대한 이해의 폭을 넓혀주어 가정생활에도 도움이 됨.	.131	-.153	**.827**	.076
- 직장에서의 경험은 나에게 다양한 지식(정보)을 제공해 줌으로써 가정생활에도 도움이 됨.	-.008	.008	**.851**	.142
- 직장에서의 경험은 나에게 다양한 스킬을 습득하게 해 줌으로써 가정생활에도 도움이 됨.	.092	-.087	**.840**	.237
고유값(Eigen Value)	4.008	2.892	2.272	1.092
설명분산(%)	25.052	18.076	14.199	6.825
누적분산(%)	25.052	43.128	57.327	64.151

3.3.4 조직몰입(organizational commitment)

조직몰입은 자신이 속한 조직에 대한 일체감과 몰입정도를 의미한다(Allen & Meyer, 1990). 조직몰입은 일반적으로 정서적 몰입, 지속적 몰입, 규범적 몰입으로 구분된다. 본 연구에서는 이처럼 다차원적 개념인 조직몰입 중, 가장 핵심적인 차원이라 볼 수 있는 정서적 몰입에 한정하여 조직몰입을 측정하였다. 본 연구에서는 박상언(2009)의 연구에서 활용된 문항 가운데, '나는 우리 회사에 대해 강한 소속감을 느끼고 있다' 등 총 4문항으로 측정하였다. 신뢰도는 .720으로 확인되었다.

3.3.5 직무만족(job satisfaction)

직무만족은 직무에 대한 태도의 하나로서, 직무로부터 경험되거나 유래되는 욕구충족의 정도를 의미한다. 본 연구에서는 Hackman & Oldham(1975)의 문항을 이용하여, 본 연구에 맞게 수정하여 측정하였다. '나는 지금 하고 있는 내 일에 대해 대체로 만족한다' 등 총 3문항으로 구성되었고, 신뢰도는 .806으로 나타났다.

3.3.6 조직시민행동(organizational citizenship behavior)

조직시민행동은 구성원의 자유재량 행위로써, 공식적인 보상을 받는 행위는 아니지만 조직이 효과적으로 기능하는데 기여하는 행동을 의미한다(Organ, 1988). 본 연구에서는 이 개념을 구성하는 여러 하위차원들 가운데, '적극적 참여'와 '이타적 행동' 등 두 차원에서 조직시민행동을 측정하였다. 직장생활 속에서 이루어지는 여러 자발적인 행동 중에서, 적극적 참여는 조직 차원의, 그리고 이타적 행동은 개인 차원의 역할외 행동을 대변해 준다고 볼 수 있다.

설문문항은 Bateman & Organ(1983)과 Podsakoff et al.(1996) 등의 연구에서 개발된 항목을 활용하였으며, 각기 4개의 문항으로 측정되었다. 문항 간 신뢰도는 적극적 참여가 .721, 이타적 행동은 .751로 나타났다. 〈표 5-3〉은 조직시민행동에 대한 요인분석 결과로서, 적극적 참여와 이타적 행동 등 두 하위차원과 일치하는 2개의 요인이 확인되고 있다.

표 5-3 조직시민행동에 대한 요인분석 결과

문항	요인1 이타적 행동	요인2 적극적 참여
- 동료직원이 결근이나 조퇴를 할 경우, 나는 그 사람의 일을 기꺼이 대신해 줌.	**.817**	.080
- 나는 주위에 일이 많은 동료가 있으면, 기꺼이 그를 도와줌.	**.725**	.235
- 나는 내가 맡은 업무 이외의 일도 가끔씩 자원해서 하곤 함.	**.579**	.246
- 나는 내가 맡은 업무 이외의 일도 가끔씩 자원해서 함.	**.758**	.214
- 나는 우리 회사의 정책이나 업무방침에 대해 관심을 갖고 숙지함.	.343	**.600**
- 나는 내 업무 이외에 우리 회사의 이미지를 높이기 위한 각종 행사나 일에 적극 참여함.	-.053	**.855**
- 나는 회사내 공지사항이나 전달사항에 대해 항상 관심을 갖고 봄.	.309	**.669**
- 나는 회사가 요구하는 변화에 부응하려 노력함.	.413	**.628**
고유값(Eigen Value)	3.477	1.113
설명분산(%)	43.465	13.913
누적분산(%)	43.465	57.378

3.3.7 통제변수

응답자들의 인구통계학적 특성들이 본 연구의 측정치들에 대하여 일정한 영향을 미칠 수 있으므로 통제할 필요가 있다. 본 연구에서는 응답자의 성별, 연령, 결혼여부, 배우자 직업 유무, 미취학 자녀의 유무, 근속년수, 직종, 직급을 통제변수로 활용하였다.

Ⅳ. 분석 결과

4.1 기초통계 분석

가설검증에 앞서, 본 연구에서 측정된 변수들의 평균과 표준편차, 그리고 변수들 간의 상관관계를 살펴보면 〈표 5-4〉와 같다.

표 5-4 연구변수들 간의 상관관계 (N=293)

	평균	표준편차	(1)	(2)	(3)	(4)	(5)	(6)	(7)	(8)	(9)	(10)	(11)	(12)	(13)	(14)	(15)	(16)	(17)
(1)	31.91	6.05	1																
(2)	.49	.50	-.486**	1															
(3)	.37	.48	-.545**	.140*	1														
(4)	.56	.50	-.157**	-.217**	.641**	1													
(5)	.44	.50	.409**	-.094	-.684**	-.431**	1												
(6)	9.26	6.24	.805**	-.106	-.513**	-.247**	.413**	1											
(7)	.45	.53	-.078	.401**	-.100	-.224**	.066	.222**	1										
(8)	.52	.50	.641**	-.416**	-.345**	-.064	.282**	.459**	-.383**	1									
(9)	3.69	.69	.104	-.075	-.085	.088	.043	.136*	.087	.000	1								
(10)	3.01	.82	.040	-.222**	.044	.085	-.027	-.087	-.205**	.078	-.103	1							
(11)	2.30	.67	.081	-.076	-.094	-.106	.092	.028	-.044	.121*	-.137*	.357**	1						
(12)	3.12	.68	.175**	-.157**	-.096	.034	.064	.048	-.085	.088	.315**	-.119*	.074	1					
(13)	3.78	.76	.112	-.258**	-.028	.094	-.047	-.009	-.153**	.012	.336**	.100	-.167**	.322**	1				
(14)	3.39	.63	.143*	-.107	-.062	.007	.021	.120*	-.005	.063	.468**	-.178**	-.128*	.466**	.397**	1			
(15)	3.28	.76	.111	.011	-.117*	-.075	.047	.127*	.125*	.059	.332**	-.370**	-.142*	.323**	.150*	.530**	1		
(16)	3.61	.63	.166**	-.122*	-.068	.045	.001	.137*	.025	.031	.406**	-.055	-.203**	.292**	.494**	.486**	.333**	1	
(17)	3.35	.57	.198**	-.270**	-.051	.101	-.015	.095	-.187**	.200**	.309**	-.060	-.059	.337**	.371**	.652**	.373**	.506**	1

** p 〈 .01 , * p 〈 .05

(1) 연령 (2) 성별 (3) 결혼여부: 0=기혼, 1= 미혼 (4) 배우자 직업 유무: 0=있음, 1=없음 (5) 미취학 자녀 유무: 0=있음, 1=없음 (6) 근속년수 (7) 직종: 0=기술/사무관리/전문직, 1=전임직(생산직) (8) 직급: 0=사원, 1=관리직(선임, 책임, 수석, 임원) (9) 가족친화제도에 대한 유용성 지각 (10) WFC (11) FWC (12) WFE (13) FWE (14) 조직몰입 (15) 직무만족 (16) 이타적 행동 (17) 적극적 참여

먼저, 가족친화제도의 유용성은 평균 3.69로서, 표본 기업이 제공하는 가족친화제도에 대해 응답자들이 그 유용성을 비교적 긍정적으로 평가하고 있음을 보여준다. 일-가정 갈등 변수에 있어서는, WFC(평균 3.01)는 보통 수준이지만, FWC(평균 2.30)는 비교적 낮게 나타나고 있어서, 상대적으로 직장에서 비롯되는 갈등이 가정에서 비롯되는 갈등보다 더 크게 지각되고 있음을 알 수 있다. 또한 본 연구의 응답자들의 경우, 일-가정 향상에 있어서도 WFE(평균 3.93)가 FWE(평균 3.55)보다 더 높게 나타나고 있어서, 역시 직장에서 가정으로의 긍정적 전이가 그 반대의 경우보다 더 크게 나타나고 있음을 알 수 있다.

4.2 가설검증

본 연구는 조직구성원의 가족친화제도 유용성 지각이 심리적 차원의 조직효과성에 미치는 영향과 함께, 그 영향과정을 설명해 주는 한 심리적 기제로서 사원들이 느끼는 일-가정 갈등과 일-가정 향상의 매개효과를 확인하는 것을 주요 연구가설로 설정하였다. 가설검증을 위해서 계층적 회귀분석(hierarchical regression)을 실시하였다. 앞서 〈표 5-4〉에서 확인할 수 있듯이, 본 연구에서 측정하고 있는 여러 인구통계변수들 중 연령과 근속년수는 서로 높은 상관관계를 보였다($r=.805$, $p<.01$). 따라서 다중공선성(multicollinearity) 문제를 피하기 위해 회귀분석시 근속년수만을 활용하였다. 또 회귀분석을 실시할 때 변수들의 변량증폭요인(variance inflation factor, VIF)을 점검해 본 결과, 그 값이 모두 5 이하로 확인되어 다중공선성 문제는 발생하지 않는 것으로 확인되었다.

이제 가설검증 결과를 살펴보면 다음과 같다. 먼저 〈표 5-5〉의 모형 II에서 알 수 있듯이, 일련의 인구통계변수들을 통제한 후에도 가족친화제도의 유용성 지각은 직무만족과 조직몰입, 그리고 이타적 행동과 적극적 참여 등 조직시민행동의 두 차원 모두에서 유의적인 정(+)의 영향관계가 확인되었다. 따라서 가족친화제도의 효과성에 관한 가설 1은 모두 지지되었다.

표 5-5 가족친화제도의 효과성에 대한 회귀분석 결과

종속변수	직무만족		조직몰입		조직시민행동			
					이타적 행동		적극적 참여	
	모형 I	모형 II	모형 I	모형 II	모형 I	모형 II	모형 I	모형 II
성별[1)]	.003	.021	-.091	-.070	-.121	-.101	-.161*	-.146*
결혼여부[2)]	-.144	-.056	-.064	.041	-.134	-.048	-.129	-.053
배우자 직업유무[3)]	.048	-.045	.043	-.070	.090	-.001	.133	.053
미취학자녀 유무[4)]	-.097	-.076	-.047	-.022	-.102	-.082	-.082	-.064
근속년수	.082	.046	.114	.071	.178*	.139	.101	.070
직종[5)]	.158*	.141*	-.028	-.048	.016	.001	-.090	-.104
직급[6)]	.065	.100	-.041	.001	-.117	-.081	.030	.060
가족친화제도에 대한 유용성 지각		.373***		.450***		.378***		.321***
R^2	.049	.180	.024	.215	.050	.185	.096	.193
ΔR^2		.154		.191		.135		.097
F-value	1.883	7.006***	.899	8.756***	1.914	7.202***	3.887***	7.644***

* p<.05, ** p<.01, *** p<.001

1) 성별 : 0=남성, 1=여성 2) 결혼여부 : 0=기혼, 1=미혼 3) 배우자 직업유무 : 0=있음, 1=없음 4) 미취학 자녀의 유무 : 0=있음, 1=없음 5) 직종 : 0=기술/사무관리/전문직, 1=전임직(생산직) 6) 직급 : 0=사원, 1=관리직(선임, 책임, 수석, 임원)

7) 표에 제시된 수치는 표준화된 회귀계수(standardized regression coefficient)임.

다음으로, 일-가정 갈등과 일-가정 향상의 매개효과에 대한 가설 2의 검증 결과를 살펴본다. 본 연구에서는 Baron & Kenny(1986)가 추천한 세 단계의 절차에 따라 계층적 회귀분석으로 매개효과를 검증하였다. 먼저, 독립변수인 가족친화제도가 매개변수인 일-가정 갈등과 일-가정 향상에 미치는 영향관계는 〈표 5-6〉에서 확인할 수 있다. 분석 결과, 일-가정 갈등은 가족친화제도와 유의한 영향관계가 나타나지 않아, 첫 번째 조건을 충족시키지 못하였다. 따라서 일-가정 갈등 변수의 매개효과에 관한 가설 2-1은 일단 기각되었다고 볼 수 있다.

표 5-6 가족친화제도가 일-가정 갈등 및 일-가정 향상에 미치는 영향

종속변수	일-가정갈등				일-가정 향상			
	WFC		FWC		WFE		FWE	
	모형 I	모형 II	모형 I	모형 II	모형 I	모형 II	모형 I	모형 II
성별	-.205**	-.210**	-.032	-.037	-.087	-.072	-.241**	-.229**
결혼여부	.127	.106	.056	.029	-.126	-.052	-.108	-.051
배우자 직업유무	-.068	-.046	-.131	-.103	.129	.050	.025	-.036
미취학자녀 유무	.045	.039	.095	.088	.038	.056	-.102	-.089
근속년수	-.053	-.044	-.109	-.098	-.005	-.035	.038	.015
직종	-.109	-.105	-.033	-.028	-.093	-.107	-.144	-.155*
직급	-.004	-.013	.161	.151	-.016	.013	-.210	-.188*
가족친화제도에 대한 유용성 지각		-.089		-.113		.316***		.243***
R^2	.068	0.76	.050	.062	.046	.140	.091	.146
ΔR^2	0.68	0.07	.050	0.12	.046	.094	.091	.056
F-value	2.655*	2.589*	1.922	2.107*	1.777	5.208***	3.649**	5.467***

* p〈.05, ** p〈.01, *** p〈.001

그렇지만 일-가정 향상 변수는 가족친화제도와 유의적인 관계가 확인되어 매개효과 검증을 위한 첫 번째 조건을 충족시켰으므로, 이후의 분석결과는 이 변수에 초점을 두고 제시되었다.

한편, 독립변수가 종속변수에 유의한 영향을 미쳐야 하는 두 번째 조건은 앞서 〈표 5-5〉를 통해 이미 확인된 바 있다.

표 5-7 WFE의 매개효과에 대한 계층적 회귀분석 결과

종속변수	직무만족		조직몰입		조직시민행동			
					이타적 행동		적극적 참여	
	모형Ⅰ	모형Ⅱ	모형Ⅰ	모형Ⅱ	모형Ⅰ	모형Ⅱ	모형Ⅰ	모형Ⅱ
성별	.021	.040	-.070	-.044	-.101	-.089	-.146*	-.129
결혼여부	-.056	-.043	.041	.060	-.048	-.036	-.053	-.041
배우자 직업유무	-.045	-.058	-.070	-.088	-.001	-.014	.053	.041
미취학자녀 유무	-.076	-.090	-.022	-.042	-.082	-.091	-.064	-.077
근속년수	.046	.055	.071	.084	.139	.148	.070	.078
직종	.141*	.169*	-.048	-.009	.001	.020	-.104	-.079
직급	.100	.097	.001	-.004	-.081	-.084	.060	.057
가족친화제도에 대한 유용성 지각	.373***	.291***	.450***	.336***	.378***	.315***	.321***	.247***
WFE		.260***		.361***		.191**		.234***
R^2	.180	.238	.215	.328	.185	.216	.193	.241
ΔR^2		.058		.112		.031		.047
F-value	7.006***	8.823***	8.756***	13.757***	7.202***	7.753***	7.644***	8.938***

* p〈.05, ** p〈.01, *** p〈.001

그리고 마지막 세 번째 조건에 대한 검증결과는 일-가정 향상의 두 방향성에 따라 〈표 5-7〉과 〈표 5-8〉에 구분하여 제시되었다. 먼저, 〈표 5-7〉을 통해 WFE의 매개효과를 살펴보면, 모든 종속변수에 대해 WFE가 유의한 영향을 미치고 있는 가운데, 독립변수인 가족친화제도의 영향은 모형 I에 비해 모형 II에서 감소하는 것을 확인할 수 있다. 따라서 가족친화제도에 대한 조직구성원의 유용성 지각은 여러 심리적 차원의 조직효과성에 대해 직접적인 영향도 미치지만, 또한 WFE가 그 효과를 부분적으로 매개하고 있음이 확인되었다.

다음으로 〈표 5-8〉을 통해 FWE의 매개효과를 살펴볼 수 있다.

표 5-8 FWE의 매개효과에 대한 계층적 회귀분석 결과

종속변수	직무만족		조직몰입		조직시민행동			
					이타적 행동		적극적 참여	
	모형 I	모형 II	모형 I	모형 II	모형 I	모형 II	모형 I	모형 II
성별	.021	.046	-.072	-.001	-.101	.005	-.147*	-.076
결혼여부	-.056	-.050	.040	.058	-.048	-.019	-.054	-.036
배우자 직업유무	-.045	-.041	-.068	-.058	-.001	.012	.053	.064
미취학자녀 유무	-.075	-.063	-.023	.015	-.082	-.024	-.065	-.027
근속년수	.046	.045	.071	.066	.139	.134	.070	.066
직종	.141*	.159*	-.049	.002	.001	.078	-.105	-.054
직위	.100	.115	-.002	.041	-.081	-.017	.058	.100
가족친화제도에 대한 유용성 지각	.373***	.343***	.449***	.363***	.378***	.247***	.320***	.235***
FWE		.100		.290***		.438***		.289***
R^2	.179	.187	.215	.283	.185	.339	.194	.261
ΔR^2		.008		.067		.154		.067
F-value	6.945***	6.485***	8.756***	11.071***	7.172***	14.351***	7.623***	9.903***

* p.05, ** p〈.01, *** p〈.001

이 경우, 조직몰입과 두 하위차원의 조직시민행동 변수에 대해 매개변수인 FWE가 유의한 영향관계를 갖는 가운데, 독립변수인 가족친화제도의 영향력은 모형 I에서보다 모형 II에서 감소함으로써 FWE의 부분 매개효과를 확인할 수 있다. 하지만 직무만족 변수의 경우, 모형 II에서 매개변수인 FWE가 유의한 영향력을 미치지 못하고 있어, 매개효과 검증을 위한 세 번째 조건을 충족시키지 못하였다. 따라서 가족친화제도에 대한 유용성 지각과 조직효과성 간의 관계에서 FWE의 부분 매개효과는 조직몰입과 조직시민행동에서만 확인되었고, 직무만족의 경우 직접효과만 존재하는 것으로 확인되었다.

이러한 매개효과를 좀 더 확실하게 확인해 보기 위해 Sobel Test를 시행해 보았다. 그 결과, WFE의 매개효과는 직무만족(Z=3.39, p〈.001), 조직몰입(Z=4.09, p〈.001), 이타적 행동(Z=2.72, p〈.01), 적극적 참여(Z=3.17, p〈.01) 등 4개의 종속변수 모두에 대해, 그리고 FWE의 경우 조직몰입(Z=3.55, p〈.001), 이타적 행동(Z=4.27, p〈.001), 적극적 참여(Z=3.50, p〈.001) 등 매개효과가 존재했던 3개의 종속변수들에 대해, 가족친화제도의 유용성 지각이 가지는 유의적인 간접효과를 재확인해 볼 수 있었다.

Ⅴ. 마무리 토론: 가족친화제도는 일·생활 균형에 어떻게 기여하는가?

본 연구가 검증하고자 한 첫 번째 가설은 가족친화제도에 대한 유용성 지각이 심리적 차원의 조직효과성에 미치는 영향을 확인하는 것이었다. 분석결과, 회사가 시행하고 있는 여러 가족친화제도들이 본인에게 유용하다고 지각한 사원들일수록, 직무만족과 조직몰입 등 직무관련 태도를 긍정적으로 가짐은 물론, 적극적 참여와 이타적 행동 등 비과업적인 조직시민행동을 더 많이 행할 가능성이 있음이 확인되었다. 이는 앞서 이론적 배경 부분에서 검토했던, 가족친화제도의 효과성을 입증해 왔던 많은 선행연구 결과들과도 일치하는 내용이라 할 수 있다.

이와 관련하여, 본 연구는 단순히 가족친화제도의 시행 유무나 혹은 그 도입 정도가 아닌, 그 제도들에 대해 해당 조직구성원들이 얼마나 유용하다고 지각하는가에 초점을 둔 측정을 하고 있는 점이 한 의의라고 할 수 있다. 주지하듯이, 가족친화제도가 시행되고 있어도 여러 가지 이유로 인해 사원들이 그러한 제도를 실제 이용하기가 쉽지 않을 수 있다. 따라서 제도의 단순한 시행 유무와는 별개로, 사원들이 회사의 가족친화제도들을 자유롭게 활용가능하고 또 실제로 유용하다고 지각하는 것이 이들의 조직몰입과 생산성 등에 중요하다는 선행연구들의 지적을 감안할 때(Eaton, 2003; Lambert, 2000; 김효선·차운아, 2009; 정기선·장은미, 2005 등), 회사는 제도의 형식적 도입만이 아니라, 그 실제적 유용성을 제고시킬 수 있는 방향으로 이를 관리해 가는 것이 매우 중요할 것이다.

또한 본 연구에서는 가족친화제도에 대한 유용성 지각이 이처럼 심리적 차원의 조직효과성에 직접적인 영향도 미치지만, 그 영향의 일부는 조직구성원들이 직장생활 속에서 경험하는 일-가정 갈등의 감소(가설 2-1)와 일-가정 향상의 증대(가설 2-2)를 통해 발생될 것이라는 가설을 설정해 보았다. 분석결과, 일-가정 갈등의 감소를 매개로 한 간접효과는 확인되지 않았으며, WFC와 FWC 등 두 방향의 일-가정 갈등 변수는 모두 직무만족(WFC: β=-.358, p〈.000; FWC: β=-.158, p〈.05)과 조직몰입(WFC: β=-.188, p〈.05; FWC: β=-.123,

$p < .01$) 등 직무관련 태도 변수들에 대해 독립적으로 부정적인 영향을 미치는 요인임을 보여주었다. 반면, 일-가정 향상은 WFE 및 FWE 등 두 방향 모두에 있어서 기대했던 매개효과가 대부분의 효과성 변수에서 입증되었다. 즉 가족친화제도에 대한 유용성 지각이 클수록 이는 심리적 차원의 조직효과성에 직접적인 영향도 미치지만, 또한 일-가정 향상을 매개로 한 간접효과도 동시에 나타나고 있음을 확인할 수 있었던 것이다.

본 연구의 이러한 결과는, 가족친화제도가 조직몰입과 이직의도에 미치는 영향과정에서 일〉가정 갈등의 매개효과를 검증했던 이선희 외(2008)의 연구결과와 연관시켜 볼 때, 의미 있는 시사점을 제기해 준다고 볼 수 있다. 당시 일〉가정 갈등 변수의 매개효과만을 검증했던 이 연구에서는, 비록 부분적인 매개효과를 일부 확인하기는 했지만 그 간접효과의 크기가 미미한 것으로 나타나, “가족친화적 경영이 조직원의 태도에 영향을 주는 과정을 보다 잘 이해하기 위해서는 일〉가정 갈등의 감소 이외의 다른 심리적 기제를 찾아보아야 할 필요성이 있음”을 제기한 바 있다(이선희 외, 2008, 403쪽).

이러한 맥락에서 볼 때, 일-가정 갈등만이 아니라 일-가정 향상 변수를 함께 도입해 고찰하고 있는 본 연구는 이러한 문제제기와 관련해서 의미 있는 해석의 여지를 제공해 준다고 볼 수 있다. 즉 본 연구의 분석결과에 따르면, 가족친화제도와 그 유용성은 일-가정 갈등의 감소를 통해서보다는, 주로 일-가정 향상의 증진을 통해 조직효과성에 긍정적인 간접효과를 미칠 수 있음을 시사해 주고 있는 것이다.

그렇지만 본 연구에서는 FWE를 매개로 한 간접효과는 조직몰입과 조직시민행동에 대해서만 확인되었고, 직무만족의 경우 기대했던 부분 매개효과가 나타나지 않았다. 하지만 이는 직무만족이라는 효과성 변수의 성격을 감안하면 일면 충분히 이해될 수 있는 결과라 할 수 있다.

앞서 논한 바와 같이 선행연구결과들에 따르면, WFE는 일반적으로 공식 과업관련 결과변수들과 보다 강한 영향관계를 보여준 반면, FWE는 공식 과업과 관련이 크지 않은 결과변수들과 더 강한 영향관계에 있었다(McNall et al., 2010b; Wayne et al., 2004, 2006 등). 직무만족 역시 공식 과업과 관련된 대표적인 한 효과성 변수라고 할 수 있기 때문에, 본 연구에서도 WFE와 같이 직장에서 비롯된 향상은 직무만족과 관련하여 유의미한 매개역할을 하지만, FWE처럼 가정에서 비롯된 향상은 직장에서 본인의 과업수행과 관련한 만족감 증진에는 상대적으로 그리 큰 영향을 미치지 못함을 암시한다고 해석해 볼 수 있다.

본 연구의 결과는 일-가정 향상의 매개효과와 관련하여 또 한 가지 흥미로운 발견을 제공해 주고 있다. 즉 본 연구에서 확인된 일-가정 향상의 부분 매개효과에 있어서도, 직무만족과 조직몰입 등 공식 과업과 연관이 많은 직무태도 면에서는 WFE가 FWE보다 더 크게 나타나고 있는 반면, 이타적 행동과 적극적 참여 등 비과업적인 조직시민행동 면에서는 오히려 FWE가 WFE보다 좀 더 큰 영향력을 나타내고 있는 것이다. 이 역시, 앞서 언급한 현상과 연관이 있으리라 생각된다. 곧, 회사에서 비롯된 향상(WFE)은 공식적인 과업 수행이나 혹은 그와 연관된 직무태도에 더 긍정적 효과를 가져다 줄 수 있는 반면, 가정을 그 원천으로 하는 향상(FWE)은 직장생활과 관련해서도 공식적인 업무수행 영역보다는 비과업적인 영역에서 더 큰 영향을 미칠 수 있음을 짐작하게 해 준다.

결론적으로, 가족친화제도의 효과성을 실증한 본 연구의 분석결과에 따르면, 가족친화제도와 그 유용성은 본연의 직접효과와 더불어, 일-가정 갈등의 감소 효과를 통해서보다는 일-가정 향상의 증진을 통해 조직효과성에 긍정적인 간접효과를 미칠 수 있음을 시사해 주고 있다. 이는, 구성원의 직무만족과 조직몰입을 제고시킴에 있어서는 일-가정 갈등을 줄이는 것도 중요하지만, 일-가정 향상의 증진을 위한 노력과 방안이 더 효과적일 수 있다는 다른 선행연구의 주장과도 일맥상통하는 발견이라고 볼 수 있다(McNall et al., 2010a; 김주엽·박상언·지혜정, 2011; 김효선·차운아, 2009).

또한 본 연구의 결과는, 가족친화제도에 대한 유용성 지각이 조직시민행동과 같은 구성원의 비과업적 효과성과도 밀접한 관련이 있다는 선행 연구결과를 뒷받침하고 있으며(Lambert, 2000), 더 나아가 이를 위해서는 구성원들이 WFE 뿐만 아니라 FWE를 많이 경험하도록 지원하는 것이 효과적일 수 있음을 시사해 주고 있다. 아울러 많은 선행연구들이 익히 주장해 왔듯이(Greenhaus & Powell, 2006; Grzywacz & Butler, 2005; Frone, 2003 등), 본 연구의 분석결과 역시 일-가정 갈등과 일-가정 향상은 한 차원의 양 극단이 아닌, 서로 독립적인 효과와 예측력을 가진 변수임을 재차 확인해 주고 있다고 볼 수 있다.

이러한 의의에도 불구하고, 본 연구는 다음과 같은 한계점을 내재하고 있어 향후에는 이러한 점들을 염두에 둔 연구설계를 해 나갈 필요가 있다고 생각된다. 우선, 본 연구에서는 모든 변수들을 동일한 원천으로부터 측정하였기 때문에, 동일방법편의(common method bias)의 개연성을 완벽히 배제할 수 없다.

이를 확인하기 위해 Harman의 단일요인 검증(single factor test)를 실시한 결과, 본 연구에서 사용된 모든 변수들에 대응되는 9개의 요인이 도출되었으며, 요인의 수를 1로 한정하여 분석을 했을 때도 단일 요인이 설명하는 변량은 22.76%에 불과한 것으로 나타났다. 따라서 본 연구에서는 동일방법편의의 문제가 연구결과를 왜곡할 만큼 심각하지는 않은 것으로 볼 수 있다(Podsakoff et al., 2003). 그렇지만 향후의 연구에서는 가족친화제도의 효과성을 좀 더 객관적으로 확인해 볼 수 있는 실제 성과변수를 활용함과 함께, 일-가정 갈등이나 일-가정 향상과 같은 변수들을 측정함에 있어서도 동료직원과 상사, 가족 성원 등 다양한 원천을 활용함으로써 이러한 문제를 근원적으로 해소해 갈 필요가 있다.

또 앞서 지적한 바와 같이, 본 연구는 한 개의 표본 조직만을 대상으로 했기 때문에 일반화의 제약이 크다. 그러므로 다양한 조직 맥락 속에서의 반복 검증이 필요하다고 생각된다. 끝으로, 가족친화제도들이 이제 도입 단계를 넘어 점차 확산되어가는 추세에 있음으로 인해, 이러한 제도 자체가 가지는 가치나 유인 효과가 시간의 흐름에 따라 조금씩 달라질 수도 있을 것이다. 이러한 점에서, 가족친화제도의 도입 효과에 대해 통시적인 연구설계를 해 보는 것도 의미 있는 도전이 될 수 있을 것이라 생각된다.

참고문헌

강혜련·김태홍·김진호 (2001), 『가족친화적 환경과 기업정책』, 이화여자대학교 경영연구소.

강혜련·최서연 (2001), 기혼여성 직장-가정 갈등의 예측변수와 결과변수에 관한 연구, 『한국심리학회지: 여성』, 6(1): 23-42.

김옥선·김효선 (2010), 다중 역할의 상호향상 효과: 일-가정 영역 간 자원의 긍정적 전이에 관한 분석, 『경영학연구』, 39(2): 75-407.

김옥선·김효선 (2012), 일-가정 상호작용에 대한 역할요구-역할자원의 접근: 국내 병원조직 종사자를 대상으로, 『조직과 인사관리연구』, 36(2): 85-120.

김주엽·박상언·지혜정 (2011), 일-생활 균형과 직무만족 및 이직의도 간의 관계에 대한 실증연구, 『인적자원개발연구』, 14(1): 1-29.

김효선·차운아 (2009), 직장-가정 간 상호작용과 가족친화적 조직지원이 근로자의 조직몰입과 이직의도에 미치는 효과, 『한국심리학회지: 산업 및 조직』, 22(4): 515-540.

김혜원 (2011), 가족친화제도와 기업성과, 『노동정책연구』, 11(3): 1-24.

박상언 (2009), 감정부조화의 영향과 그 조절요인에 관한 실증연구 : 직무자율성과 사회적 지원의 조절효과를 중심으로, 『경영학연구』, 38(2): 379-405.

송호근 (1995), 『한국의 기업복지 연구』, 한국노동연구원.

여성가족부 (2006), 『기업 성장의 지름길: 가족친화경영』

이도화·정두영 (2010), 가족친화경영과 조직구성원 성과의 관계에 있어서 일-가정 갈등과 조직지원인식의 매개효과, 『인적자원관리연구』, 17(4): 265-283.

이민우·이영진·한재창 (2008), 가족친화제도 도입을 결정하는 선행요인 및 결과에 관한 연구, 『노동정책연구』, 8(4): 183-214.

이선희·김문식·박수경 (2008,. 가족 친화적 경영이 조직몰입과 이직의도에 미치는 영향에 대한 직장-가정 갈등의 매개효과 가설 검증, 『한국심리학회지: 산업 및 조직』, 21(3): 383-410.

이요행·방묘진·오세진 (2005), 가족 친화적 조직문화가 조직몰입, 직장만족, 이직의도, 그리고 가정만족에 미치는 영향: 직장-가정 갈등의 매개효과를 중심으로, 『한국심리학회지: 산업 및 조직』, 18(3): 639-657.

이은희 (2000), 일과 가족 갈등의 통합모형: 선행변인, 결과변인과의 관계, 『한국심리학회지: 일반』, 19(2): 1-42.

임효창·이봉세·박경규 (2005), 기혼직장인의 직장-가정 갈등의 원인과 결과에 관한 연구, 『경영학연구』, 34(5): 1417-1443.

유규창·김향아 (2006), 모성보호제도 도입의 결정요인과 기업 성과에 미치는 영향에 관한 연구, 『노동정책연구』, 6(3): 97-129.

유계숙 (2007), 가족친화 기업정책의 시행 및 이용 여부와 근로자의 직업만족도, 이직의도, 직무성과, 『가족과 문화』, 19(2): 35-59.

장지연 (2002), 『산전후 휴가· 육아휴직 관련 실태조사결과』, 노동부

장재윤·김혜숙 (2003), 직장-가정간 갈등이 삶의 만족 및 직무태도에 미치는 효과에 있어서의 성차: 우리나라 관리직 공무원들을 대상으로, 『한국심리학회지: 사회문제』, 9(1): 23-42.

정기선·장은미 (2005), 가족친화적 정책이 종업원들의 조직몰입에 미치는 효과, 『가족과 문화』, 17(1): 59-84.

한국여성개발원 (2001), 『가족친화적인 고용정책의 현황과 활성화 방안』

Adams, G. A., King, L. A. & King, D. W. (1996), Relationships of job and family involvement, family social support, and work-family conflict with job and life satisfaction, *Journal of Applied Psychology*, 81(4): 411-420.

Allen, N, J., & Meyer, J, P. (1990), The measurement and antecedents of affective, continuance and normative commitment, *Journal of Occupational Psychology*, 63: 1-18.

Allen, T. D. (2001), Family-supportive work environment: the role of organization perceptions, *Journal of Vocational Behavior*, 58: 414-435.

Allen, T. D., Herst, D. E. L., Bruck, C. S. & Sutton, M. (2000), Consequences associated with work-to-family conflict: A review and agenda for further research, *Journal of Occupational Health Psychology*, 5: 278-308.

Anderson, S. E., Coffey, B. S. & Byerly, R. T. (2002), Formal organizational initiatives and informal workplace practices: Links to work-family conflict and job-related outcomes, *Journal of Management*, 28: 787-810.

Arthur, M. M. (2003), Share price reactions to work-family initiatives: An institutional perspective, *Academy of Management Journal,* 46: 497-505.

Aryee, S., Srinivas, E. S. & Tan, H. H. (2005), Rhythms of life: Antecedents and outcomes of work-family balance in employed parents, *Journal of Applied Psychology*, 90: 132-146.

Balmforth, K. & Gardner, D. (2006), Conflict and facilitation between work and family: Realizing the outcomes for organizations, *New Zealand Journal of Psychology,* 35(2): 69-76.

Baltes, B. B., Briggs, T. E., Huff, J. W., Wright, J. A. & Neuman, G. A. (1999), Flexible and compressed workweek schedules: A meta-analysis of their effects on work-related criteria, *Journal of Applied Psychology*, 84: 496-513.

Baron, R. M. & Kenny, D. A. (1986), The moderator-mediator variable distinction in social psychological research: Conceptual, strategic, and statistical considerations. *Journal of Personality & Social Psychology*, 51(6): 1173-1182.

Baruch, G. K. & Barnett, R. C. (1987), Role quality and psychological well-bing, in F. J. Crosby (Ed.), *Spouse, Parent, Work: On Gender and Multiple Roles,* New Haven: Yale University Press.

Bateman, T. S. & Organ, D. W. (1983), Job satisfaction and the good soldier: The relationship between affect and employee citizenship, *Academy of Management Journal,* 26(4): 587-595.

Bhargava, S., & Baral, R. (2009), Antecedents and consequences of work-family enrichment among Indian managers. *Psychological Studies,* 54: 213-225.

Blau, P. (1964), *Exchange and power in social life,* N.Y.: Wiley.

Bloom, N., Kretschmer, T. & Van Reenen, J. (2011), Are family-friendly workplace practices a valuable firm resource?, *Strategic Management Journal,* 32(4): 343-367.

Carlson, D. S. & Kacmar, K. M. (2000), Work-family conflict in the organization: Do life role values make a difference? *Journal of Management*,

26(5): 1031-1054.

Carlson, D. S., Kacmar, K. M., Wayne, J. H. & Grzywacz, J. G. (2006), Measuring the positive side of the work-family interface: Development and validation of a work-family enrichment scale, *Journal of Vocational Behavior,* 68: 131-164.

Carr, J. Boyar, S. L. & Gregory, B. T. (2008), The moderating effect of work-family centrality on work-family conflict, organizational attitudes and turnover behavior, *Journal of Management*, 34(2): 244-262.

Casper, W. J., Eby, L. T., Bordeaux C., Lockwood, A. & Lambert, D. (2007), A review of research methods in IO/OB work-family research, *Journal of Applied Psychology*, 92: 28-43.

Casper, W. J. & Harris, C. M. (2008). Work-life benefits and prganizational attachment: Self-interest utility and signaling theory models, *Journal of Vocational Behavior,* 72: 95-109.

Clifton, T. J. & Shepard, E. (2004). Work and family programs and productivity: Estimates applying a production function model, *International Journal of Manpower*, 25(8): 714-728.

Eagle, B. W., Miles, E. W. & Icenogle, M. L. (1997), Interrole conflicts and the permeability of work and family domains: Are there gender differences? *Journal of Vocational Behavior*, 50: 168-184.

Eaton, S. C. (2003), If you can use them: Flexible policies, organizational commitment, and perceived performance, *Industrial Relations*, 42(2): 145-167.

Edwards, J. R. & Rothbard, N. P. (2000). Mechanisms liking work and family: Clarifying the relationship between work and family constructs, *Academy of Management Review*, 25(1): 178-199.

Evans, J. H. (2001), Firms contribution to the reconciliation between work and family life, in *Labour Market and Social Policy Occasional Paper*, OECD: Paris.

Frone, M. R. (2003), Work-family balance, in Campbell, J. (Ed.), *Handbook of Occupational Health Psychology,* 143-162. Washington D.C.: American Psychological Association.

Frone, M. R., Russell, M. & Cooper, M. L. (1992), Antecedents and outcomes of work family conflict: Testing a model of the work-family interface, *Journal of Applied Psychology*, 77: 65-78.

Frone, M. R., Russell, M. & Cooper, M. L. (1997), Relation of work-family conflict to hearth outcomes: A four year longitudinal study of employed parents, *Journal of Occupational and Organizational Psychology*, 70: 325-335.

Frye, N. K. & Breaugh, J. A. (2004), Family-friendly policies, supervisor support, work-family conflict, family-work conflict, and satisfaction: A test of a conceptual model, *Journal of Business and Psychology*, 19(2), 197-220.

Graves, L. M., Ohlott, P. J., & Ruderman, M. N. (2007), Commitment to family roles: Effects on managers' attitudes and performance. *Journal of Applied Psychology,* 92: 44-56

Greenhaus, J. H., & Beutell, N. J. (1985), Sources of conflict between work and family roles, *Academy of Management Review,* 10: 76-88.

Greenhaus, J. H. & Powell, G. N. (2006), When work and family are allies: A theory of work-family enrichment, *Academy of Management Review,* 31: 72-92.

Gove, W. R. & Zeiss, C. (1987), Multiple roles and happiness, 125-137 in F. J. Crosby (Ed.), *Spouse, Parent, Work: On Gender and Multiple Roles,* New Haven: Yale University Press.

Grover, S. L. & Crooker, K. J. (1995), Who appreciates family-responsive human resource policies: The impact of family-friendly policies on the organizational attachment of parents and nonparents, *Personnel Psychology*, 48: 271-288.

Grzywacz, J. G., & Butler, A. B. (2005), The impact of job characteristics on work-to-family facilitation: Testing a theory and distinguishing a construct. *Journal of Occupational Health Psychology*, 10: 97–100.

Gutek, B. A., Searle, S. & Klepa, L. (1991), Rational versus gender role explanations for work-family conflict, *Journal of Applied Psychology*, 76: 560-568.

Hackman, J. R. & Oldham, G. R. (1975), Development of the job diagnostic survey, *Journal of Applied Psychology,* 60(2): 159-170.

Hayman, J. R. (2009), Flexible work arrangements: Exploring the linkages between perceived usability of flexible work schedules and work/life balance, *Community, Work & Family,* 12(3): 327-338.

Ingram, P. & Simons, T. (1995), Institutional and resource dependence determinants of responsiveness to work-family issues, *Academy of Management Journal,* 38: 1466-1482.

Kinnunen, U. & Mauno, S. (1998), Antecedents and outcomes of work-family conflict among employed women and men in Finland, *Human Relations*, 51: 157-177.

Konrad, A. M. & Mangel, R. (2000), The impact of work-life programs on firm productivity, *Strategic Management Journal*, 21(2): 1225-1237.

Kossek, E. & Ozeki, C. (1998), Work-family conflict, policies, and the job-life satisfaction relationship: A review and directions for organizational behavior-human resources research, *Journal of Applied Psychology*, 83: 139-149.

Lambert, S. J. (2000), Added benefits: The link between work-life benefits and organizational citizenship behavior, *Academy of Management Journal,* 43: 801-815.

Marks, S. R. (1977), Multiple roles and role strain: Some notes on human energy. time and commitment, *American Sociological Review,* 42: 921-936.

Mauno, S., Kinnunen, U. & Pyykko, M. (2005), Does work-family conflict mediate the relationship between work-family culture and self reported distress? Evidence from five finish organizations, *Journal of Occupational Organizational Psychology*, 78: 509-530.

McNall, L. A., Masuda A. D. & Nicklin, J. M. (2010a). Flexible work arrangements, job satisfaction, and turnover intentions: The mediating role of work-to-family enrichment, *The Journal of Psychology,* 144(1): 61-81.

McNall, L. A., Nicklin, J. M. & Masuda A. D. (2010b), A Meta-Analytic review of the consequences associated with work-family enrichment, *Journal of Business Psychology*, 25: 381-396.

Mesmer-Magnus, J. R. & Viswesvaran, C. (2005), Convergence between measures of work-to-family and family-to-work conflict: A meta-analytic examination, *Journal of Vocational Behavior*, 67: 215-232.

Morgan, H & Milliken, F. J. (1992), Keys to action: Understanding differences in organization responsiveness to work and family issues, *Human Resource Management,* 31(3): 227-248.

Netemeyer, R. G., Boles, J. S. & McMurrian, R. (1996). Development and validation of family-work conflict scales, *Journal of Applied Psychology*, 81(4): 400-410.

Netemeyer, R. G., Maxham III, J. G. & Pullig, C. (2005), Conflicts in the work-family interface: Links to job stress, customer service employee performance, and customer purchase intent, *Journal of Marketing,* 69: 130-143.

Organ, D. W. (1988), *Organizational citizenship behavior: The good soldier syndrome*, Lexington, M.A.: Lexington Books.

Osterman, P. (1995), Work-family programs and the employee relationship, *Administrative Science Quarterly*, 40(4): 681-701.

Parasuraman, S. & Greenhaus, J. H. (2002). Toward reducing some critical gaps in work-family research, *Human Resource Management Review*, 12: 299-312.

Perry-Smith, J. E. & Blum, T. C. (2000), Work-family human resource bundles and perceived organizational performance, *Academy of Management Journal*, 54: 1107-1117.

Podsakoff, P. M., MacKenzie, S. B. & Bommer, W. H. (1996), Transformational leader behaviors and substitutes for leadership as determinants of employee satisfaction, commitment, trust and organizational citizenship behaviors, *Journal of Management,* 22: 259-298.

Podsakoff, P. M., MacKenzie, S. B., Lee, J. Y. & Podsakoff, N. P. (2003), Common Method Biases in Behavioral Research: A Critical Review of the Literature and Recommended Remedies. *Journal of Applied Psychology,* 88(5): 879-903.

Poelmans, S., Odle-Dusseau, H. & Beham, B. (2009). Work-life balance: Individual and organizational strategies and practices, in Cartwright,

S. & Cooper, C. L. (Eds..), *The Oxford Handbook of Organizational Well-being*, 180-213, NY: Oxford Univ. Press.

Reitzes, D. C. & Mutran, E. J. (1994), Multiple role and identities: Factor influencing self-esteem among middle-aged working men and women, *Social Psychology Quarterly*, 57(4): 313-325.

Rhoades, L. & Eisenberger, R. (2002), Perceived organizational support: A review of the literature, *Journal of Applied Psychology*, 87: 698-714.

Rothbard (2001), Enriching or depleting? The dynamics of engagement in work and family roles, *Administrative Science Quarterly*, 46: 655-684.

Saltzstein, A. L., Ting, Y., & Saltzstein, G. H. (2001), Work-family balance and job satisfaction: The impact of Family-Friendly Policies on attitudes of federal government employee, *Public Administration Review*, 61: 452-467.

Sieber, S. D. (1974), Toward a theory of role accumulation, *American Sociological Review,* 39: 567-578.

Smith, J. & Gardner, D. (2007), Factors affecting employee use of work-life balance initiatives, *New Zealand Journal of Psychology*, 36(1): 3-12.

Spence, A. (1973), Job market signaling, *Quarterly Journal of Economics,* 87: 355-379.

Thompson, C. A., Beauvais, L. L., & Lyness, K. S. (1999), When work-family benefits are not enough: The influence of work-family culture on benefit utilization, organizational attachment, and work-family conflict, *Journal of Vocational Behavior,* 54: 392-415.

Thomas, L. T. & Ganster, D. C. (1995), Impact of family-supportive work variables on work-family conflict and strain: A control perspective, *Journal of Applied Psychology,* 80: 6-15.

Van Steenbergen, E. F. & Ellemers, N. & Mooijaart, A. (2007), How work and family can facilitate each other: Distinct types of work-family facilitation and outcomes for women and men, *Journal of Occupational Health Psychology*, 12: 279-300.

Wayne, J. H., Musisca, N., & Fleeson, W. (2004), Considering the role of personality in the work-family experience: Relationships of the Big

Five to work-family conflict and facilitation, *Journal of Vocational Behavior*, 64: 108-130.

Wayne, J. H., Randel, A. E., & Stevens, J. (2006). The role of identity and work family support in work-family enrichment and its work-related consequences, *Journal of Vocational Behavior*, 69: 445-461.

Wayne, J. H., Grzywacz, J. G. Carlson, D. S. & Kacmar, K. M. (2007). Work-family facilitation: A theoretical explanation and model of primary antecedents and consequences, *Human Resource Management Review*, 17: 63-76.

유연근무제도와 상사의 가정 친화적 행동
: 일·생활 균형을 위한 공식 제도와 비공식적 지원 행동의 결합 효과[5)]

Ⅰ. 머리말

통계청이 매년 조사해 발표하는 일·가정 양립 지표 가운데, 『2019 일·가정 양립 지표』에서는 조사 이래 처음으로 '일과 가정생활을 비슷하게 여긴다'는 응답이 '일을 더 우선시한다'는 응답보다 더 높게 나타난 바 있다(통계청, 2019). 그만큼 우리 사회에서도 일·생활 균형(Work-Life Balance, 이하 WLB)을 추구하는 경향이 일반화되고 있다는 것을 확인해 주는 통계일 것이다. 이렇듯, 소위 '워라밸'을 중요시하는 사람들의 성향과 맞벌이 직장인의 증가 등 노동시장 내 인력구성의 변화 추세로 말미암아, 일과 삶의 균형은 이제 기업에서도 우수 인재의 확보 및 유지관리를 위한 중요한 이슈이자

5) 이 글은 정아름과 함께 썼다.

과제로 자리 잡고 있다.

유연근무제는 이러한 일·생활 균형을 지원하는 대표적인 가족친화제도 중 하나이다. 특히 유연근무제는 기존의 정형화된 근무형태에서 탈피하여, 근무시간과 근무장소 등의 유연화를 도모함으로써 개인의 행복과 조직의 성과라는 듀얼 아젠다를 동시에 달성하고자 하는 취지의 제도라고 할 수 있다(강혜정 외, 2014). 비록 이러한 제도들의 효과성을 입증하는 많은 선행연구들이 축적되어 왔지만, 이처럼 공식적인 제도의 도입만으로는 구성원들의 일과 삶에서 비롯되는 다양한 역할요구와 그로 인한 역할 갈등을 완화시켜주기에는 충분하지 않다는 주장도 지속적으로 제기되어 있다(Allen, 2001; Kossek, Lewis, & Hammer, 2010; 등). 즉, 공식적인 제도는 필요조건이긴 하나 충분조건은 아니라는 것이다.

이러한 취지에서, 제도의 효과를 보완해 주는 다양한 요인들에 대해서도 많은 연구들이 이루어져 왔다. 가족친화 문화, CEO의 성 평등 지원 의식 등 조직 차원의 요인들(이수연·김효선, 2019; Eaton, 2003; Ngo, Foley, & Loi, 2009 등) 뿐만 아니라, 상사나 동료로부터의 사회적 지원 등 대인관계적 요인들(Kossek et al., 2011; Thomas & Ganster, 1995; Thompson & Prottas, 2005 등)에 이르기까지 다양한 요인들이 제도의 효과나 실효성을 보완하는 기제로 거론되어 왔다.

이 가운데 본 연구가 주목하는 것은 바로 상사의 가정 친화적 지원 행동이다. 상사 지원은 조직구성원의 직무관련 태도나 직무성과, 그리고 일-가정 관련 웰빙과 관련하여 지금까지 가장 많이 연구되어 온 변수라고 할 수 있다. 하지만 최근에는 상사의 일반적인 지원 행동이 아니라, 특별히 부하직원의 가정 역할에 대해 배려적인 상사의 지원 행동, 즉 '가정 친화적 상사 행동'(Family Supportive Supervisor Behavior, FSSB)에 대한 연구관심이 커지고 있다(Hammer et al.,

2009; Hammer et al., 2013). 왜냐하면, 이러한 가정 친화적 상사 행동은 일반적인 상사의 지원 행동보다 일-가정 관련 결과변수들과 더욱 뚜렷한 영향관계에 있음이 밝혀지고 있기 때문이다(Crain & Stevens, 2018; Kossek et al., 2011). 그렇지만 아쉽게도 국내에서는 아직 상사의 이 구체적인 가정 친화적 지원 행동에 초점을 맞춘 연구가 아직 흔치 않다.

이런 취지에서, 본 연구에서는 민간영역보다 상대적으로 유연근무제도가 좀 더 많이 운용되고 있는 공공기관의 구성원들을 대상으로, 유연근무제도와 가정 친화적 상사 행동이 이들의 일과 삶의 균형에 대해 미치는 영향에 대해 확인해 보고자 한다. 이는 일·생활 균형에 대해 공식 제도가 가지는 효과와 함께, 비공식적인 차원의 상사 지원 행동이 가지는 효과를 비교해 볼 수 있는 기회를 제공해 줄 것으로 생각된다. 아울러, 본 연구에서는 유연근무제도가 구성원의 일·생활 균형에 미치는 영향관계에서 가정 친화적인 상사의 지원 행동이 발휘하는 긍정적 조절효과에 대해서도 실증해 보고자 한다. 그리하여 유연근무제도 그 자체도 물론 중요하지만, 이러한 제도의 효과가 더욱 실효적으로 구현되기 위해서는 특히 상사에 의해 발휘되는 비공식적인 차원의 인적 지원이 결합될 필요가 있음을 강조해 보고자 한다.

Ⅱ. 이론적 배경 및 가설 설정

2.1 유연근무제의 유형과 도입 현황

여성의 사회진출과 조직 구성원의 개인주의화 성향 증대, 그리고 여가생활의 중시 경향 등 사회적 변화 추세는 근로자들의 일과 생활의 양립에 대한 요구를 증가시켜 왔다(Crain & Stevens, 2018; Powell et al., 2019). 이에 우리 정부에서도 가족친화기업 인증제의 시행 등을 통해 일-가정 양립 지원을 위한 정책적 관심을 기울여왔으며, 기업 조직 역시 유능한 인재를 유지하고, 경쟁력 확보를 위한 인적자원관리 전략의 일환으로 다양한 일-생활 양립 지원제도를 도입하고 있다. 이 가운데 본 연구가 초점을 두는 제도는 유연근무제도이다.

유연근무제란 근로시간(time)이나 근무장소(place) 등과 연관된 근로조건에 유연성을 제공하여 노동의 유연성을 높이는 제도를 말한다(De Menezes & Kelliher, 2011; Shockley & Allen, 2007). 이러한 유연근무제의 시행은 근로자들로 하여금 일과 가정에서의 역할을 균형 있게 조절, 수행해 가는데 도움을 주어 일과 삶의 균형이나 만족을 제고시키는데 기여할 뿐만 아니라, 그러한 제도를 시행하는 조직에 대해서도 성과 향상을 가져다 줄 수 있을 것으로 주장되었다(Perry-Smith & Blum, 2000; Stavrou, 2005).

이러한 취지에서, 국내에서는 2012년 유연근무제의 정착과 확산을 위해 국가공무원 복무규정에 유연근무제 근거 규정을 마련하였고, 정부가 주도가 되어 공공기관 유연근무제 추진계획을 선도적으로 수립, 실시한 바 있다(박한준, 2013).

또한 2018년 3월부터는 고용노동부에서 일-가정 양립 환경개선을 위한 정책의 일환으로 중소·중견기업이 유연근무제를 도입하는 경우 근로자의 인건비를 지원하는 일·생활균형 캠페인을 시행하고 있는데, 여기에 따르면 유연근무제는 근무시간 유연성을 도모하기 위한 시차출퇴근제, 선택근무제, 재량근무제와 더불어, 근무장소 유연성을 제고시키기 위한 원격근무제, 재택근무제 등 총 다섯 가지 유형으로 구분되고 있다. 이처럼 다양한 세부 유형으로 구분될 수 있는 유연근무제의 개념은 〈표 6-1〉과 같이 정리되어질 수 있다.

표 6-1 고용노동부 일·생활 균형 캠페인 유연근무제 유형

구분	유형	개념
근무시간	시차출퇴근제	주 5일, 1일 8시간, 주당 40시간 근무를 준수하면서 출·퇴근시간을 조정하는 제도
	선택근무제	1일 8시간에 구애받지 않고 주40시간 범위 내에서 1일 근무시간을 자율적으로 조정하는 제도로, 출·퇴근시간을 근로자가 자유롭게 선택할 수 있는 근무제도
	재량근무제	업무특성상 업무수행방법을 근로자의 재량에 따라 결정하고 사용자와 근로자가 합의한 시간을 근로시간으로 보는 제도
근무장소	원격근무제	주거지, 출장지 등과 가까운 원격근무용 사무실에 출근해서 일하거나, 사무실이 아닌 장소에서 모바일 기기를 이용하여 근무하는 제도
	재택근무제	근로자가 정보통신기기 등을 활용하여 사업장이 아닌 주거지에서 업무공간을 마련하여 근무하는 제도

자료 : 고용노동부(2017), 체계적인 유연근무제 도입·운영을 위한 매뉴얼, 유연근무제 Q&A.

이러한 유연근무제의 국내 도입 현황은 고용노동부에서 전국 사업체를 대상으로 실시한 일·가정 양립실태조사(2017)를 참고해 볼 수 있다. 이에 의하면, 〈표 6-2〉에서 나타나듯이 전반적으로 그 도입 비율이 아직 그리 높지 않은 가운데, 유연근무제 유형들 중 시차출퇴근제의 도입이 그나마 15.6%로 가장 높은 것으로 나타났다.

또한 유연근무제의 활용 현황을 다른 자료를 통해 확인해 보기 위하여 임금노동자를 대상으로 한 통계청의 경제활동인구조사(2019)를 살펴보면(〈표 6-3〉 참조), 2016년을 제외하고 유연근무제를 활용하는 노동자는 조금씩 증가하고 있으나, 여전히 활용하지 않는 비율이 훨씬 더 높은 것을 알 수 있다.

표 6-2 유연근무제 유형별 도입률 (%)

구분	시차출퇴근제	선택근무제	재량근무제	원격근무제	재택근무제
도입	15.6(%)	9.2(%)	7.7(%)	3.8(%)	4.7(%)
미도입	84.4(%)	90.8(%)	92.3(%)	96.2(%)	95.3(%)

자료 : 고용노동부(2017), 일·가정 양립실태조사.

표 6-3 연도별 유연근무제 활용현황 (명, %)

구분	2015년	2016년	2017년	2018년	2019년
활용	902(4.6)	823(4.2)	1,041(5.2)	1,675(8.4)	2,215(10.8)
미활용	18,572(95.4)	18,920(95.8)	18,965(94.8)	18,370(91.6)	18,344(89.2)
계	19,474(100)	19,743(100)	20,006(100)	20,045(100)	20,559(100)

자료 : 통계청(2019), 경제활동인구조사.

이러한 조사 자료들은 유연근무제도와 관련해서도, 비록 제도는 도입, 시행되고 있으나 실제 활용도는 높지 않은, 이른바 제도의 '디커플링'(decoupling) 현상이 상당한 수준으로 존재한다는 사실을 시사해 준다. 이처럼 디커플링 현상이 심각한 이유에 대해서는 다양한 진단이 제기되어 왔다. 대표적으로, 유연근무제도가 고용주에게는 이득보다 관리비용이나 부작용이 더 많은 제도로 인식될 수 있고, 근로자들에게는 유연근무제도의 시행으로 말미암아 근로자들 간 협업이나 커뮤니케이션 등에 문제가 야기되어 업무의 효율성을 떨어뜨릴 수 있다는 우려가 존재할 수 있다는 것이다(정재우, 2017). 뿐만 아니라 조직의 지원 분위기가 충분하지 않을 경우, 유연근무제를 활용하는 사람이 근무 평가에 불리할 것이라는 인식이나 혹은 상사나 동료들로부터 눈치가 보일까 우려하는 생각 등이 유연근무제의 활용을 제약하는 또 다른 현실적 장애 요인으로 지적되어 왔다(김효선·차운아, 2009; Eaton, 2003).

2.2 유연근무제의 효과성과 일·생활 균형에 미치는 영향

이처럼 유연근무제의 실제 활용과 활성화를 제약하는 많은 요인들이 존재하지만, 근무시간과 장소의 유연성을 제공하는 유연근무제의 효과성 그 자체에 대해서는 지금까지 많은 연구들이 축적되어 왔다. 이들 선행연구에 따르면, 유연근무제는 근로자들의 일-가정 갈등과 이직률, 결근율, 이직의도를 감소시키는 대신, 이들의 직무만족, 조직몰입, 업무성과 향상, 노동생산성 등에 긍정적인 영향을 미치는 것으로 확인되었다(박상언·최민오, 2013; 양동훈, 2017; 이수연·김효선, 2019; Poelmans & Sahibzada, 2004; Richman et al., 2008; Shockley & Allen, 2007; Stavrou, 2005 등).

구체적으로, 근무일정의 유연성을 도모하는 프로그램과 제도는 생산성과 직무만족에 긍정적인 영향을 미치고, 결근율을 감소시키는 것으로 나타났으며(Baltes et al., 1999), 근무장소의 유연성을 제고시키는 제도 역시 생산성과 긍정적인 관계에 있는 것으로 확인되었다(Bailey & Kurland, 2002). 또한 유연근무제의 활용은 근로자의 업무성과와 조직만족도의 향상뿐만 아니라, 이들의 동기유발이나 업무의 품질 향상에도 긍정적인 영향을 미치는 것으로 나타났다(Carlson, Grzywacz, & Michele Kacmar, 2010; Reilly, 2001).

일·생활 균형 측면에서도 유연근무제는 매우 긍정적일 수 있다. 앞서도 언급한 바 있듯이, 유연근무제도의 활용은 근로자들로 하여금 조직성과를 훼손하지 않으면서도 일과 가정에서의 상충된 역할 요구에 효과적으로 대응해 갈 수 있도록 도와줄 수 있다. 또한, 최근 많이 강조되고 있듯이 이들의 여가생활이나 자기계발에 대한 요구에도 긍정적으로 활용될 여지가 많다(이정미·최환규, 2019). 이런 취지에서, 본 연구에서는 유연근무제의 활용이 특히 조직구성원의 '일·생활 균형'에 미치는 영향관계에 주목해 보고자 한다.

일·생활 균형 개념은, 개인이 자신의 일과 삶 영역에서 요구되는 다중적 역할을 얼마나 만족스럽게 충족시키고 있다고 생각하는 지와 관련된 자기 평가를 의미한다(Valcour, 2007). 이는 몇 가지 점에서 기존의 관련 개념과 차이가 있다. 먼저, 일·생활 균형 개념은 일-가정 갈등 등 일과 가정 영역으로부터의 역할 간 '갈등'(conflict)에 초점을 둔 기존 개념과는 달리, 두 영역의 요구를 균형 있게 잘 충족시켜온 것에 대한 전반적인 만족도에 초점을 두고 있다는 점에서 차이가 있다.

또한 갈등이 적은 것이 곧 만족을 의미하는 것은 아니기 때문에, 일·생활 균형에 대한 만족은 기존의 일-가정 갈등 개념을 단순히 역척도를 통해 치환해 대치할 수 없는, 독자적 개념으로 볼 수 있다(Aryee, Srinivas, & Tan, 2005; Grzywacz & Marks, 2000). 또한 이 개념은 기존의 일-가정 갈등이나 혹은 향상(enrichment) 개념에서처럼 방향성이나 영역 간 영향의 교차 내지는 이전과정(cross-domain transfer processes)을 전제할 필요가 없는 전반적인 만족도 개념이어서, 측정이 비교적 간편하다는 장점도 있다(Valcour, 2007).

요구-자원이론(demands-resources theory)에 의하면, 조직구성원들은 일과 생활 영역에서 비롯되는 여러 역할을 수행해 나가는 과정에서 다양한 역할요구에 직면하기도 하고 또 그러한 역할요구에 효과적으로 대응해 갈 수 있도록 도와주는 역할자원도 획득해 간다(Bakker & Demerouti, 2006; Voydanoff, 2005). 이렇게 볼 때, 비록 제한적이긴 하나 근무시간과 장소 면에서 근로자에게 선택의 여지를 제공하는 유연근무제도는 일과 생활 영역에서 제기되는 다양한 역할 요구들에 대해 좀 더 유연하게 대처해 갈 수 있도록 도와주는 공식적이고 제도적인 자원으로 구실할 수 있다(Thomas & Ganster, 1995; Valcour, 2007; Voydanoff, 2005).

실제로 그간의 여러 선행 실증연구들은 공식적이고 제도적인 차원의 직무자원으로 기능할 수 있는 유연근무제도의 이러한 긍정적 효과에 대해 익히 입증해 왔다. 즉 유연근무제의 활용은 근로자의 일·생활 균형에 긍정적인 영향을 미치는 한 요인으로 확인되었으며(Hayman, 2009; Hill et al., 2001), 구체적으로 탄력적 근무제도를 이용한 근무시간의 유연성 제공은 조직구성원의 생활만족에 유의한 긍정적 영향을 미치는 것으로 밝혀졌다(한경미, 1995).

이러한 논의와 선행연구들에 기반하여, 본 연구에서도 유연근무제의 활용이 조직구성원의 일과 삶의 균형과 긍정적인 영향관계가 있을 것으로 예상하고 다음과 같이 가설을 설정하였다.

가설 1. 유연근무제의 활용은 구성원의 일·생활 균형에 긍정적인 영향을 미칠 것이다.

2.3 가정 친화적 상사 행동: 그 중요성과 효과성

사회적 지원(social supports)은 개인의 사회적 관계에 연유하여 제공되는 도움으로서, 조직의 공식적이고 체계적인 지원과 구별되는 비공식적인 차원의 지원을 의미한다(Kaufmann & Beehr, 1986). 즉 사회적 지원이란, 배우자, 친구, 직장동료, 그리고 상사 등 개인의 사회적 관계에 속한 다양한 원천들로부터 제공되는 도움과 지원을 말하며, 이는 조직구성원들로 하여금 당면한 역할 수행이나 혹은 그로 말미암은 스트레스에 대처함에 있어서 도움을 주는 효과적인 심리적, 도구적 자원이 된다.

특히 직장에서의 과도한 업무부담은 동기 상실은 물론, 직무긴장과 소진 등 부정적인 경험을 초래하여 직무만족과 조직몰입을 떨어뜨리고, 이직의도를 증가시키는 등의 부정적인 영향을 초래할 가능성이 크다(Karasek, 1979). 이 때 상사나 동료사원들의 지원, 협력적인 팀 분위기 등과 같은 대인 관계적 요인들은 이러한 부정적 영향을 경감 내지는 완화시켜 줄 수 있는 효과적인 직무자원으로 기능할 수 있다(Bakker & Demerouti, 2006).

이러한 사회적 지원의 한 원천으로서, 특히 '상사 지원'(supervisor support)의 효과성에 대해서는 지금까지 많은 선행연구들이 이를 입증해 왔다. 먼저, 상사의 지원은 직무만족 등 구성원의 각종 직무태도를 향상시키는 한편(Thomas & Ganster, 1995; Thompson & Prottas, 2005), 이들의 이직 의도를 떨어뜨리는데 중요한 기여를 한다는 사실이 확인되었다(Thompson, Beauvais, & Lyness, 1999). 또 상사가 제공하는 심리적, 도구적 지원은 구성원의 업무관련 스트레스를 완화시키기고, 이들이 경험하는 일-가정 관련 갈등이나 소진을 감소시키는 역할을 담당한다는 것이 확인되었다(Anderson, Coffey, & Byerly, 2002; O'Driscoll et al., 2003). 특히 Lee 등(2013)의 연구에 의하면, 상사 지원은 부하 직원의 정서적 고갈(emotional exhaustion)의 완화에 많은 영향을 미치며, 이처럼 직원의 감정과 상황을 이해하고 배려하는 상사일수록 부하 직원의 일-가정 관련 갈등을 완화시키는 효과가 있음을 주장하였다.

하지만 최근에는 상사의 지원 행동 가운데, 구체적으로 가정 친화적인 지원 행동의 중요성과 효과성에 주목하는 연구가 점차 늘어나고 있다. '가정 친화적 상사 행동'(Family Supportive Supervisor Behavior, 이하 FSSB)은 특히 부하직원의 가정 역할에 대해 배려적인 상사의 지원 행동을 의미한다(Hammer et al., 2009; Hammer et al., 2013). 즉 FSSB는 일과 생활 영역에서 직면하게 되는 다양한 역할요구와 책임에 대해 부하직원이 적절한 균형을 도모하고자 하는 욕구와 노력에 대하여 상사가 이를 공감해주고, 적극 배려해 주는 지원 행동을 말하는 것이다. 이러한 FSSB를 측정하는 척도는 구체적으로 상사의 '정서적 지원', '도구적 지원'과 함께, '역할 모델 행동', '창의적인 일-가정 관리' 등 4가지 차원을 측정하는 문항들로 개발되어졌다(Hammer et al., 2007).

지금까지의 관련 선행연구들에 의하면, FSSB는 특히 일-가정 갈등과 관련된 결과변수들에 있어서 일반적인 차원의 상사 지원 행동보다 더욱 뚜렷한 효과를 보여주었다. 즉 FSSB는 일-가정 갈등과 이직의도를 낮추는 한편, 일-가정 향상(enrichment)이나 긍정적 전이(positive spillover), 그리고 직무만족을 향상시킴에 있어서 일반적인 상사 지원 행동보다 더 큰 영향력이 있음을 입증해 주었다(Hammer et al., 2009; Odle-Dusseau, Britt, & Greene-Shortridge, 2012). 또 최근 이루어진 메타 연구 역시 구체적인 FSSB가 일반적인 상사의 지원 행동보다 일-가정 갈등 관련 결과변수들과 더욱 뚜렷한 영향관계에 있음을 재확인해 주고 있다(Kossek et al., 2011).

사실, 이러한 일련의 연구결과들은 이른바 '적합성 우선'(principal of compatibility)의 관점에 입각해 본다면 일면 당연한 것일 수 있다(Ajzen, 1988). 왜냐하면, 상사의 일반적인 지원 행동과는 달리, FSSB

는 부하직원의 일·생활 균형을 지원하는 상사의 구체적 행동에 초점을 둔 개념이기 때문에, 결과변수가 일-가정 갈등 관련 결과변수들일 때 이와 적합성이 더 큰 예측변수라 할 수 있는 FSSB가 일반적인 상사 지원 행동보다 더 큰 영향관계를 보이는 것은 어쩌면 당연한 결과일 수 있을 것이다.

이처럼 FSSB가 특히 구성원의 일·생활 균형을 성공적으로 유지하도록 돕는 효과적인 자원이 될 수 있다는 사실을 뒷받침하는 실증연구가 지금도 계속 이루어지고 있지만(이를테면, Russo et al., 2018), 아쉽게도 국내에서는 아직 FSSB에 초점을 두고 그 효과성을 확인해 본 연구가 흔치 않다. 이러한 취지에서, 본 연구에서는 FSSB와 일·생활 균형의 관계에 대해 다음과 같은 가설을 설정하였다.

가설 2. 가정 친화적 상사 행동(FSSB)은 구성원의 일·생활 균형에 긍정적인 영향을 미칠 것이다.

2.4 가정 친화적 상사 행동의 조절효과

앞서 유연근무제의 디커플링 현상을 야기하는 요인들에 대한 지적이 있었지만, 제도의 확산과 효과성을 제약하는 현실적인 요인들은 의외로 많을 수 있다. 가장 대표적인 요인 중 하나로 거론되는 것은 바로 경력상의 불이익 우려이다(Allen & Russell, 1999; Eaton, 2003; Hayman, 2009; Veiga, Baldridge, & Eddleston, 2004). 즉 많은 선행연구들은 유연근무제와 같은 제도를 활용하는 근로자가 조직 내 승진대상에서 제외되거나 혹은 조직에 대한 헌신이 부족하다는 인상을 줄 것을 우려한다는 점은 물론(Almer, Cohen, & Single, 2003), 업적평가 시 이러한 제도를 활용하는 구성원이 상대적으로 불리한 평가를 받을 가능성에 대해 지적해 왔다(Perlow, 1995).

이러한 점을 감안 할 때, 상사나 동료의 지원, 우호적인 팀 및 조직분위기 등과 같은 조직 내 사회적 지원이 제공되는 맥락은, 이러한 현실적인 제약을 완화시키고, 유연근무제와 같은 공식적, 제도적 자원이 원래의 효과를 발현하도록 만드는데 큰 일조를 할 수 있다(Eaton, 2003; Ngo et al., 2009; Veiga et al., 2004). 실제로 이러한 비공식적 차원의 사회적 지원은 유연근무제와 같은 공식적, 제도적 지원보다 구성원의 일-가정 갈등을 감소시키는 효과가 더 크며, 이들의 이직의도를 낮추는데도 효과가 더 큰 것으로 나타난 바 있다(Allen at al., 2013). 이런 취지에서, Kossek 등(2011)은 직장의 사회적 지원이 일-가정 영역에서 비롯되는 역할 요구를 보다 긍정적으로 경험하게 만드는 중요한 직무자원이자, 유연근무제도의 긍정적 영향을 조절하는 유력한 요인이 될 수 있다고 보았다.

사실, 가정친화제도와 같은 공식적인 제도의 도입이 필요조건이 될 수는 있지만 충분하지는 않으며, 그 보다 상사의 지원과 같이 직장 내에서 제공되는 비공식적 차원의 지원이 구성원의 직무태도나 웰빙 관련 결과변수에 더욱 중요할 수 있다는 지적은 익히 존재해 왔다(Allen, 2001; Behson, 2005; Kossek & Nichol, 1992 등). 특히 조직이 유연근무제를 비롯한 다양한 가정친화제도들을 시행할 때, 많은 경우 이러한 제도들은 실질적으로 상사들의 공식, 비공식적 재량에 의존하여 운용될 여지가 많다. 즉 현장에서 사원들의 여러 근로조건에 밀접한 영향을 미치는 의사결정 권한을 가진 사람이 바로 직속 상사이기 때문에, 상사가 이 제도에 대해 어떠한 입장과 관심을 보이는가가 현실적으로는 휘하 부하직원들이 이 제도를 활용하는데 있어서 중요한 영향을 미치는 한 조건이 될 수 있는 것이다(Powell & Mainiero, 1999). 이런 점에서 볼 때, 특히 상사가 부하

직원의 일·생활 균형 이슈에 대해 평소 상당한 관심과 배려를 보여주고, 또 여건이 허락하는 한 유연근무제와 같은 제도의 활용에 대해 지원적인 태도를 보여주는 등 FSSB를 보다 많이 보여준다면, 유연근무제가 가진 잠재적 효과성이 실효적으로 발현되게끔 만드는데 큰 도움이 될 수 있을 것으로 예상해 볼 수 있다.

실제로, 지원적인 상사의 행동은 제도 활용과 관련한 구성원의 부담감을 감소시키고, 나아가 일-가정 관련 스트레스도 감소시킨다는 선행연구 결과가 존재하며(O'Driscoll et al., 2003; Thomas & Ganster, 1995), 특히 유연근무제와 같은 제도가 시행되더라도 상사가 비지원적인 경우라면, 제도를 통해 얻는 긍정적인 효과도 낮아질 것이라는 점을 주장한 연구도 존재해 왔다(Kossek, 2005). 또 유연근무제의 활용과 직무 스트레스와의 관계에서 상사지원의 조절효과를 규명한 다른 연구에서도, 상사지원이 높을수록 유연근무제 활용이 직무스트레스를 감소시키는 효과가 더 강화되어 나타나는 것으로 확인되었다(Wickramasinghe, 2012). 이에, 본 연구에서는 FSSB가 유연근무제도와 같은 공식적, 제도적인 자원의 실효적 효과성을 상당 부분 좌우할 수 있는 중요한 현실적 직무자원이자 조절요인이 될 수 있을 것으로 보고, 다음과 같은 가설을 설정하였다.

가설 3. 가정 친화적 상사 행동(FSSB)은 유연근무제 활용과 일·생활 균형의 관계에서 긍정적인 차원의 상호작용을 할 것이다. 즉, 구성원이 가정 친화적 상사 행동을 더 많이 인지할수록, 유연근무제 활용이 일·생활 균형에 미치는 긍정적 영향은 더욱 강화되어 나타날 것이다.

Ⅲ. 연구방법

3.1 표본

한국의 유연근무제 도입은 주요 선진국에 비교할 때 아직 비교적 낮은 수준에 머물러 있다. 그렇지만 앞서 언급한 바와 같이, 우리나라의 경우 유연근무제도의 도입에 있어서도 정부가 주도적 역할을 해 왔기 때문에, 민간기업 부문보다 공공부문에서의 도입 비율이 좀 더 높게 나타나고 있는 실정이다(정재우, 2017). 이런 상황을 감안하여, 본 연구에서는 국책연구기관 등 공공기관에 재직 중인 근로자를 대상으로 설문조사를 실시하였다. 총 9개 기관에서 327개의 설문지가 회수되었으나, 결측값이 많고, 중심화 경향이 크게 나타나는 등 응답의 성실성이 부족해 보이는 일부 설문지를 제외한 뒤, 최종적으로 283부를 분석에 활용하였다.

응답자들의 인구통계학적 특성을 살펴보면 남성 44.9%와 여성 55.1%이고, 연령은 평균 34.9세로 나타났다. 결혼은 미혼 58%, 기혼 42%이며, 최종학력은 학사이하 39.9%, 석사 42%, 박사 18%이다. 고용형태는 정규직 76.3%, 비정규직 23.7%로 확인되었다.

3.2 변수의 측정

3.2.1 유연근무제의 활용

유연근무제는 근로시간이나 근로장소 등의 유연성 제고를 통해, 근로자가 자신의 상황과 여건에 따라 근무방식을 조정할 수 있는 제도를 말한다. 본 연구에서는 독립변수인 응답자의 '유연근무제 활용'을 측정하기 위해, 국책연구기관 등 본 연구에서 대상으로 하고 있는 공공기관에서 공통적으로 많이 채택, 운영되고 있는 유연근무제의 유형을 시차출퇴근제, 선택근무제, 재량근무제, 원격근무제, 재택근무제 등 5가지로 구분하여 제시하고, 이 5가지 제도 유형에 대한 응답자의 과거 활용 경험 여부를 측정하였다.

각각의 제도에 대한 응답자의 활용 여부 응답은 일단 0(없음)과 1(있음)로 더미처리를 한 후, 이를 모두 합산한 값으로 응답자의 유연근무제 활용 변수 값을 생성하였다. 따라서 본 연구에서 측정하고 있는 유연근무제 활용 변수는 응답자 개인별로 최소 0에서 최대 5까지의 값을 지니게 되며, 동일한 조직에 속한 구성원들 간에도 본인의 과거 5가지 유연근무제 활용 경험 여하에 따라 일정한 차이가 존재할 수 있는 개인 수준의 측정변수이다.

3.2.2 일·생활 균형(WLB)

Valcour(2007)의 정의에 의거하여, 조직구성원이 일과 생활의 영역에서 요구되는 다중적 역할을 얼마나 만족스럽게 충족시키고 있다고 생각하는지에 대한 자기 지각을 '일·생활 균형'으로 파악하였다. Valcour(2007)의 연구에서 활용된 문항을 활용하였으며, '일과 개인적인 삶 두 영역에, 내 시간을 적절히 안배해 사용하고 있다', '일과 개인적인 삶 두 영역에, 나의 관심을 균형 있게 안배해 기울이고 있다' 등 5문항을 7점 척도를 활용하여 측정하였다.

3.2.3 가정 친화적 상사 행동(FSSB)

FSSB는 부하직원의 가정 역할에 대해 배려적인 상사의 지원 행동을 의미한다(Hammer et al., 2013). 이러한 FSSB를 측정하는 도구는 애초 상사의 '정서적 지원', '도구적 지원', '역할 모델 행동', '창의적인 일-가정 관리' 등 4가지 차원을 측정하는 14문항들로 개발되었다(Hammer et al., 2007). 하지만 그 후 동일한 연구진들은 각 차원을 대변하는 대표 문항 1개씩 총 4문항으로 구성된 축약형 설문(FSSB-SF)을 개발하였고, 이 척도 역시 사용의 편의성을 더해 주면서도 신뢰성과 타당성 면에서 여전히 문제가 없음을 입증해 주었다(Hammer et al., 2013). 따라서 본 연구에서는 이들이 개발한 FSSB-SF(Short-Form)으로 FSSB를 측정하였다. '내가 겪는 일과 삶 사이의 갈등에 대해, 나는 내 상사에게 편안하게 의논할 수 있다', '내가 겪는 일과 삶 사이의 갈등을 창의적으로 해결할 수 있도록, 내 상사는 여러 면에서 잘 도와 준다' 등 4문항을 7첨 척도로 측정하였다.

3.2.4 통제변수

본 연구에서는 인구 통계적 변수인 성별, 연령, 결혼 유무, 학력, 고용형태를 측정하여 더미처리를 한 후 통제변수로 활용하였다.

아울러, 본 연구에서는 PANAS 척도를 도입하여 마찬가지로 통제변수로 활용하였다. 일반적으로 응답자의 긍정적 및 부정적 정서성은 각기 긍정적 및 부정적인 성격의 변수 측정결과를 과장적으로 확대시킬 가능성이 있다(Watson & Clark, 1984). 그 결과, 긍정적 정서성과 부정적 정서성은 변수 간의 관계에 영향을 주어 동일방법편의(common method bias)를 발생시키는 한 원인이 되기도 한다(박원우 외, 2007).

따라서 본 연구에서는 Watson, Clark, & Tellegen(1988)이 개발한 PANAS 척도를 활용하여 이를 통제변수로 도입함으로써, 동일방법편의에 따른 영향을 최소화하고자 하였다. 긍정적 정서성과 부정적 정서성은 각기 10문항씩 7점 척도로 측정되었으며, 신뢰도는 .942와 .904로 확인되었다.

3.3 신뢰도 및 타당성 분석

측정결과의 집중타당성과 판별타당성을 검증하고자 확인적 요인분석을 실시하였다. 측정 모형에서 높은 잔차 분산과 적정 수준 이하의 요인 적재량을 나타낸 문항을 제거하는 방식으로 모형을 수정하였으며(Anderson & Gerbing, 1988), 이 과정에서 가정 친화적 상사행동(FSSB) 1문항과 일과 삶 균형(Work Life Balance, WLB) 2문항이 제거되었다.

그 결과, 최종 연구모형의 적합도는 X^2= 13.972(p〈.082), df=8, CMIN/DF =1.747, IFI=.996 TLI=.993, CFI=.996, RMSEA=.051 등으로 확인되었다. 따라서 본 연구의 측정모형 적합도는 Hair 등(2010)이 제시한 기준을 충족시키고 있으며, RMSEA 값이 0.06이하이고 CFI, TLI, NFI(=.991) 값이 0.90이상으로 변수들의 적합도는 우수한 것으로 판단되었다.

표 6-4 확인적 요인분석 결과

<table>
<tr><th rowspan="2">구분</th><th colspan="7">모형 적합도 지수</th></tr>
<tr><th>X2</th><th>df</th><th>X2/df</th><th>IFI</th><th>TLI</th><th>CFI</th><th>RMSEA</th></tr>
<tr><td>가정 친화적 상사행동</td><td rowspan="2">13.972</td><td rowspan="2">8</td><td rowspan="2">1.747</td><td rowspan="2">.996</td><td rowspan="2">.993</td><td rowspan="2">.996</td><td rowspan="2">.051</td></tr>
<tr><td>일·생활 균형</td></tr>
</table>

연구변수들의 집중타당성은 요인적재량, 분산추출지수 값으로 검증하였다. 〈표 6-5〉에서 모든 문항들의 요인적재량은 .8 이상이고 개념신뢰도 역시 .8 이상으로 확인되었다. 또한 평균분산추출값(AVE)도 .6 이상으로 Fornell & Larcker(1981)가 제시한 조건을 충

족하였다. 판별타당성은 평균분산추출의 제곱근 값이 변수들 간 상관계수 값을 상회하는지 여부로 검증되었다.

〈표 6-6〉에서 변수들 간의 상관계수보다 각 변수들의 평균분산추출값(AVE)의 제곱근 값이 더 큰 것으로 확인되어 판별타당성을 확보한 것으로 확인되었다.

신뢰도는 크론바흐 알파값을 통해 검증하였다. 그 결과, FSSB는 .919, 일·생활 균형은 .949로 매우 높게 나타났다.

표 6-5 타당도와 신뢰도 분석결과

항목		표준 요인 적재량	개념 신뢰도	평균 분산 추출값	크론 바흐 알파
변수명	문항				
가정 친화적 상사행동 (FSSB)	내가 겪는 일과 삶 사이의 갈등에 대해, 나는 내 상사에게 편안하게 의논할 수 있음	.856	.818	.602	.919
	내가 겪는 일과 삶 사이의 갈등을 창의적으로 해결할 수 있도록, 내 상사는 여러 면에서 잘 도와줌	.986			
	일과 삶 사이에 빚어지는 갈등에 효과적으로 대처해 갈 수 있도록, 내 상사는 여러 면에서 모범이 됨	.833			
일·생활 균형 (WLB)	일과 개인적인 삶 두 영역에, 내 시간을 적절히 안배해 사용하고 있음	.951	.920	.794	.949
	일과 개인적인 삶 두 영역에, 나의 관심을 균형 있게 안배해 기울이고 있음	.928			
	일과 내 개인적인 삶을 적절하게 잘 조화시키고 있다고 생각함	.905			

Ⅳ. 분석결과

4.1 기초분석

먼저, 본 연구의 측정대상인 응답자들의 유연근무제 활용에 관한 응답 현황을 간단히 분석해 본 결과, 유연근무제 활용 경험이 있는 사람은 응답자 283명 중 126명(44.5%)으로 나타났다.

표 6-6 연구변수들의 기술통계 및 상관관계 분석결과

구분	평균	표준편차	1	2	3	4	5	6	7	8	9	10
1. 성별	1.55	0.50										
2. 연령	34.99	6.67	-.388***									
3. 결혼	1.42	0.50	-.354*	.626***								
4. 최종학력	1.78	0.73	-.144*	.227***	.158**							
5. 고용형태	1.76	0.43	-.218***	.280***	.323***	.049						
6. 긍정적 정서성	4.22	1.15	-.188**	.266***	.211***	.071	.144*					
7. 부정적 정서성	3.05	1.18	.034	-.010	-.079	.019	-.014	-.256***				
8. 유연근무제 활용	0.56	0.71	-.146*	.242***	.232***	.071	.249***	.105	-.055			
9. FSSB	4.17	1.50	-.187**	.198**	.092	.050	.016	.383***	-.230***	.110	(.776)	
10. WLB	4.61	1.21	-.061	-.076	.003	.169**	.014	.334***	-.300***	.173**	.358***	(.891)

N=283, *p〈.05, **p〈.01, ***p〈.001

주) 대각선 괄호 안은 분산추출지수(AVE)의 제곱근 값이며, 나머지 값은 변수들 간의 상관계수임.
성별은 남성 1, 여자 2이고, 연령은 년 단위로 측정함.
결혼여부는 미혼 1, 기혼 2,
최종학력은 학사이하 1, 석사 2, 박사 3,
고용형태는 비정규직 1, 정규직 2

그리고 유연근무제의 세부 유형별 활용비율을 살펴본 결과, 5가지 제도 유형 중에서 시차출퇴근제가 37.5%, 선택근무제 13.1%로 나타난 반면, 나머지 유형은 활용도가 1~3%로 극히 낮은 수준으로 나타났다.

따라서 본 연구의 표본에게서 나타난 이러한 양상은 앞서 〈표 6-2〉에서 제시된 유연근무제의 국내 도입 현황에 대한 다른 조사의 결과와도 크게 다르지 않다고 볼 수 있다. 다만, 공공기관만을 대상으로 한 본 연구의 표본에서는 시차출퇴근제와 선택근무제의 활용비율이 상대적으로 좀 더 높게 나타나고 있다고 볼 수 있다.

다음으로 변수들 간 상관관계 분석 결과는 〈표 6-6〉에서 제시하였다. 유연근무제 활용과 일과 삶 균형 간 상관관계는 정(+)의 관계로 나타났다($r=.173$, $p < .01$). 또 FSSB와 일과 삶의 균형 간 상관관계 역시 정(+)의 관계로 확인되었다($r=.358$, $p < .001$). 따라서 이러한 분석결과는 본 연구의 가설 1,2를 뒷받침해 주는 것이라고 볼 수 있다.

4.2 가설 검증

본 연구의 가설검증을 위해 위계적 다중 회귀분석을 실시하였다. 본 연구의 가설 1은 유연근무제 활용이 일과 삶의 균형에 정(+)적인 영향을 미칠 것이라는 내용이었다. 통제변수들이 미칠 수 있는 영향을 통제한 후 투입된 변수들의 관계를 살펴보면, 유연근무제 활용은 일·생활 균형과 유의적인 정(+)의 영향관계($\beta=.165$, $p<.01$)에 있는 것으로 확인되어 가설 1은 지지되었다.

본 연구의 가설 2는 가정 친화적 상사 행동, 즉 FSSB가 일·생활 균형에 정(+)적인 영향을 미칠 것이라는 내용이었다. 분석결과를 살펴보면 〈표 6-7〉의 모형 2에서 통제변수들을 통제한 후 FSSB는 일·생활 균형과 유의한 정(+)의 영향관계에 있는 것으로 확인되었고(β=.258, p〈.001), 이에 가설 2 역시 지지되었다.

표 6-7 위계적 다중 회귀분석 결과

구분		일·생활 균형		
		모형1	모형2	모형3
통제변수	성별_남성	.069	.034	.038
	연령	-.162*	-.220**	-.241**
	기혼	.037	.052	.053
	최종학력_석사	-.064	-.058	-.049
	최종학력_박사	-.191**	-.197**	-.183**
	고용_정규직	.005	-.006	-.006
	긍정적 정서성	.315***	.232***	.225***
	부정적 정서성	-.208***	-.161**	-.146**
독립변수	유연근무제 활용		.165**	.160**
조절변수	가정 친화적 상사 행동		.258***	.259***
상호작용 변수	유연근무제 활용× 가정 친화적 상사 행동			.117*
F		9.553***	11.703***	11.252***
R^2		.218	.301	.314
$\triangle R^2$			.083***	.013*

N=283, *p〈.05, **p〈.01, ***p〈.001

주) 표에 제시된 회귀계수는 표준화된 회귀계수(standardized regression coefficient)임.

한편, 본 연구의 가설 3은 유연근무제 활용과 일·생활 균형의 관계에서 FSSB의 긍정적 조절효과를 예상한 것이다. 구체적으로, 부하직원들에 의해 상사의 FSSB가 높게 지각될수록, 유연근무제 활용이 일·생활 균형에 미치는 유의한 긍정적 영향이 더욱 강화되어 나타날 것이라는 내용이었다.

일반적으로 조절효과를 확인하기 위해 상호작용 항목을 생성할 경우, 이는 기존의 변수들과 다중공선성(multicollinearity)의 문제를 야기할 가능성이 있다(Aiken & West, 1991). 따라서 본 연구에서는 이러한 문제를 피하기 위해, 독립변수인 유연근무제 활용과 조절변수인 FSSB의 원자료를 중심화(centering)시켜 투입하여 상호작용변수를 생성하였다. 또한 변수들의 변량증폭요인(variance inflation factor, VIF)을 확인해 본 결과, 그 값이 모두 5이하로 확인되어 다중공선성 문제는 없는 것으로 확인되었다. 〈표 6-7〉의 모형 3에서 확인할 수 있듯이, 유연근무제 활용과 FSSB의 상호작용 변수는 종속변수인 일·생활 균형과 유의한 정(+)의 영향관계에 있는 것으로 나타났고(β=.117, p〈.05), 상호작용 항목이 투입된 이후 회귀식의 설명력 증분($\triangle R^2$) 역시 통계적으로 유의한 것으로 확인되었다,

이렇게 유의하게 나타난 조절효과의 양상이 본 연구의 가설에서 예상한 방향과 일치하게 나타나는지를 파악하기 위해 기울기 검증을 추가적으로 실시하였다. 〈그림 6-1〉은 그 결과를 보여주고 있다. 독립변수와 조절변수의 응답치를 기준으로 Low, Med, High의 세 집단으로 구분하였다. Low는 독립변수인 유연근무제 활용과 조절변수인 FSSB의 평균값에서 −1 표준편차 미만의 집단을, Med는 −1 표준편차 이상과 +1 표준편차 이하의 집단을, 그리고 High는 +1 표준편차 초과의 집단을 의미한다.

분석결과, FSSB의 Low 집단에서는 유연근무제 활용이 일·생활 균형과 유의하지 않은 관계를 나타낸 반면(β=.093, p= n.s.), FSSB가 상대적으로 높게 지각된 Med, High 집단에서는 유연근무제 활용이 일·생활 균형과 유의한 정(+)의 영향관계에 있는 것으로 나타났다(각각 β=.274, p〈.01; β=.455, p〈.001). 따라서 조직구성원이

지각하는 가정 친화적 상사 행동, 즉 FSSB가 높을수록 유연근무제 활용이 일·생활 균형에 미치는 긍정적 영향관계가 강화되어 나타난 것으로 확인되어 가설 3은 지지되었다.

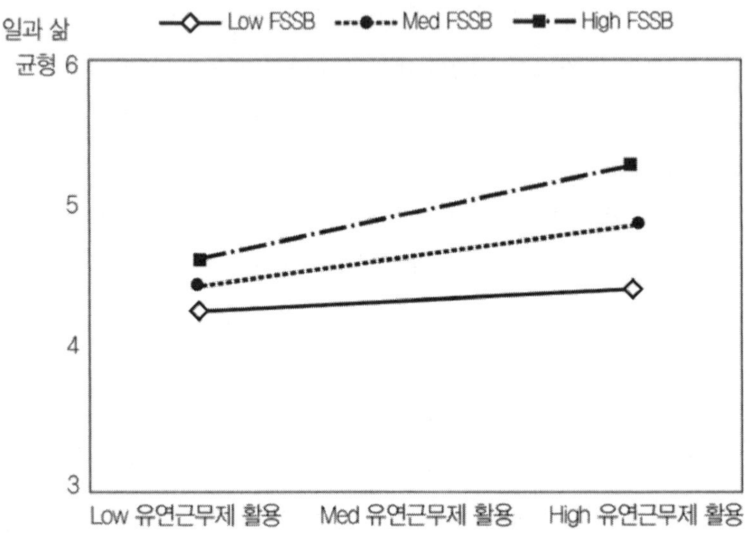

그림 6-1 유연근무제 활용과 일과 삶 균형 간의 관계에서 FSSB의 조절효과

Ⅴ. 마무리 토론 : 일·생활 균형을 지원하는 공식 제도만으로 충분할까?

본 연구는 구성원이 지각하는 일·생활 균형에 대해 소속 조직이 시행하는 유연근무제의 활용 경험이 어떠한 영향을 미치는지를 확인하는 한편, 그 과정에서 부하직원의 가정에서의 역할에 대한 상사의 배려와 관심, 즉 FSSB가 수행하는 긍정적 조절효과를 실증해 보는 것을 핵심 연구과제로 하고 있다.

분석결과, 첫째, 유연근무제의 활용은 근로자의 일·생활 균형에 정(+)의 영향을 미치는 것으로 확인되었다. 즉, 유연근무제를 활용하는 경우 구성원의 일·생활 균형에 대한 만족도는 높아질 수 있다는 것이다. 이러한 본 연구의 분석결과는 유연근무제가 구성원의 건강과 웰빙, 그리고 일과 삶의 균형에 긍정적인 영향을 미친다는 기존의 연구결과를 재확인해 주는 것으로 볼 수 있다(Hayman, 2009; Hill et al., 2001).

둘째, 가정 친화적 상사 행동, 즉 FSSB 역시 구성원의 일·생활 균형에 정(+)의 영향을 미치는 것으로 나타났다. 조직구성원들이 상사의 FSSB를 높게 인식할수록, 본인의 일·생활 균형에 대한 만족도도 높게 나타난다는 사실을 알 수 있었다. 상사나 동료로부터의 지원을 포함한 일반적인 사회적 지원 요인들이 일-가정 맥락에서 의미 있는 직무자원으로 기능할 수 있다는 것은 사실 익히 연구되어 왔었지만, 본 연구에서는 특히 상사가 보여주는 구체적인 가정 친화적 지원 행동(FSSB)이 구성원들의 일·생활 균형에 어떠한 영향을 미치는 지를 실증해 보고 있다는 점에서 나름의 의미를 부여해 볼 수 있을 것이다.

특히 본 연구의 분석결과에서 FSSB는 유연근무제의 활용보다 구성원의 일·생활 균형에 미치는 영향력이 더 크게 나타날 가능성이 있음을 시사해 주고 있다. 즉 앞서 〈표 6-7〉의 모형 2에서 확인할 수 있듯이, 일·생활 균형에 미치는 영향 면에서 FSSB(β=.258, p〈 .001)는 유연근무제의 활용(β=.165, p〈 .01)보다 더 큰 관계에 있는 것으로 나타났는데, 이는 유연근무제라는 제도 그 자체보다도 상사의 지원이 구성원의 일-가정 갈등 감소에 미치는 효과가 훨씬 더 크다는 사실을 보여준 선행연구 결과들과도 일맥상통하는 것이라 할 수 있다(Allen et al., 2013). 또한 이러한 본 연구의 분석결과는, 유연근무제도와 같은 공식적인 제도의 시행 그 자체도 물론 중요하지만, 상사의 구체적인 지원 행동과 같은 비제도적이고 비공식적인 차원의 사회적 지원이 실제로는 구성원들의 태도나 웰빙에 더 큰 영향을 미칠 수 있음을 재확인해 주는 결과로도 볼 수 있다(Anderson et al., 2002; Behson, 2005; Lapierre & Allen, 2006).

셋째, 본 연구에서 유연근무제의 활용과 일·생활 균형 간 관계에서 FSSB가 수행하는 긍정적 조절역할을 확인해 본 것도 또 다른 연구 의의라 할 수 있다. 즉 본 연구에서는 구성원이 지각한 FSSB가 높을수록, 유연근무제를 활용하는 구성원의 일·생활 균형이 더욱 강화되는 것으로 확인되었다. 본 연구의 이러한 분석결과는, 조직구성원의 일-가정 관련 웰빙의 증진에 있어서 가정친화제도와 같은 공식적인 제도의 도입이 필요조건은 될 수는 있지만 충분조건은 아닐 수 있음을 주장했던 선행 연구들을 지지하는 결과라고도 볼 수 있다(Allen, 2001; Behson, 2005; Kossek & Nichol, 1992 등). 곧 본 연구는 구성원의 일·생활 균형을 도모하기 위해서는 공식적인 제도의 도입도 물론 중요하지만, 그러한 제도의 효과성을 제대로 구현시키기 위해서는 FSSB와 같은 비공식적인 사회적 지원이 함께 결합되는 것이 필요하다는 사실을 실증분석을 통해 확인해 준 의의가 있는 것이다.

앞서도 지적한 바 있듯이, 조직 내 상사는 해당 조직이 시행하는 제도나 정책의 실질적 운용자로서의 역할을 가진다. 그가 특정 제도를 어떻게 인식하고 또 어떻게 운용하는가에 따라, 그 제도 운영과 관련한 조직의 관행이 어떻게 정착될지가 상당부분 좌우될 수 있는 것이다(Hammet et al., 2009; Hopkins, 2005). 이런 관점에서 볼 때, 유연근무제와 관련해서도, 상사가 이를 어떻게 바라보고, 그 운용에 있어서 어떠한 재량을 발휘하는가는 그 제도의 성공적인 정착은 물론, 제도의 효과성이 발현되는 측면과 관련해서도 매우 중요할 수 있다. 실제로 공공기관 유연근무제의 활용에 관한 한 조사에서는 응답자들이 유연근무제 활용을 중단한 이유로, 직속상관이나 팀원에게 눈치가 보인다는 이유를 가장 크게 지목한 바 있다(한국조세재정연구원, 2012). 이는 부서나 팀 분위기 형성을 주도할 수 있는 상사의 역할이 제도의 실질적 활성화를 위해 얼마나 중요할 수 있는지를 간접적으로 시사해 주는 사례라고 추정해 볼 수 있다.

따라서 이러한 본 연구의 결과는 상사의 역할 개발과 관련해서도 중요한 시사점을 제기해 준다고 생각된다. 특히 본 연구에서 주목한 상사의 가정 친화적 지원 행동, 즉 FSSB가 가지는 중요성과 효과성을 감안해 볼 때, 조직이 유연근무제와 같은 가족친화적 정책과 제도를 시행할 경우 단순히 제도만을 설계하고 도입한다고 해서 모든 문제가 해결되는 것은 아니라는 사실을 알 수 있다. 물론 상사가 수행하는 다양한 역할이 있지만, 특히 구성원의 일-가정 갈등의 완화와 일·생활 균형을 도모함에 있어서는 상사가 직장과 개인적인 생활 영역에서 비롯되는 부하직원들의 다양한 역할요구들에 대해 평소 관심을 가지고, 이에 대해 각별한 배려와 존중을 해 주는 것이 매우 중요할 수 있는 것이다. 따라서 상사 스스로가 일·생활 균형을 도모함에 있어서 부하직원의 역할 모델이 될 수 있고, 또 양 영역에서 비롯되는 다양한 역할요구와 그로 말미암은 갈등과 스트레스에 대해 부하직원들에게 적절한 멘토와 문제해결자로서의 역할을 담당할 수 있도록, 조직은 FSSB에 초점을 둔 리더십과 감수성을 계발하는 교육훈련 프로그램을 개발, 시행할 필요가 있을 것이다.

이러한 연구 의의와 시사점에도 불구하고, 본 연구는 다음과 같은 한계점을 가진다. 먼저, 본 연구의 분석결과는 한정된 공공부문 표본을 대상으로 한 것이므로, 추후 민간기업 등 다양한 조직맥락에서 반복 검증될 필요가 있다. 또 비록 본 연구에서는 가정 친화적 상사 행동, 즉 FSSB의 효과성을 일·생활 균형 측면에 대해서만 분석해 보았지만, 여러 선행연구들은 FSSB가 비단 일-가정 관련 변수뿐만 아니라 다른 조직 효과성 변수들과도 밀접한 관련이 있다는 연구결과를 제시하고 있다(Behson, 2005; Hammer et al., 2013).

따라서 향후에는 FSSB에 초점을 둔 연구가 더 많이 축적될 필요가 있을 뿐만 아니라, 특히 FSSB의 선행 영향요인이나 그 결과와 관련하여 좀 더 폭넓은 변수들을 고려한 연구를 시도해 볼 필요가 있다고 생각된다(Allen & Martin, 2017; Crain & Stevens, 2018). 끝으로, 본 연구에서는 자기보고식 설문지를 통해, 모든 연구변수들을 동일 원천에 의존하여 측정한 한계가 있다. 따라서 이로 인해 발생될 수 있는 동일방법편의의 문제를 배제하기 위해, 향후에는 측정 원천의 다양화를 고려한 연구 설계를 할 필요가 있다.

참고문헌

강혜정·강혜선·구자숙·김효선 (2014), 유연근무제의 성공적인 정착요건으로서의 듀얼 아젠다, 『인사조직연구』, 22(3), 63-98.

고용노동부 (2017), 『체계적인 유연근무제 도입·운영을 위한 매뉴얼, 유연근무제 Q&A』.

고용노동부 (2017), 『2017 일·가정 양립실태조사』.

김효선·차운아 (2009), 직장-가정 간 상호작용과 가족친화적 조직지원이 근로자의 조직몰입과 이직의도에 미치는 효과, 『한국심리학회지』, 22(4), 515-540.

박상언·최민오 (2013), 가정친화제도의 효과성과 직장-가정 상호작용의 매개효과, 『경영학연구』, 42(2), 355-381.

박원우·김미숙·정상명·허규만 (2007), 동일방법편의의 원인과 해결방안, 『인사조직연구』, 15(1), 89-133.

박한준 (2013), 현안분석: 공공기관 유연근무제 도입에 대한 소고, 『재정포럼』, 200. 8-26.

양동훈 (2017), 가족친화제도와 조직성과의 관계: 1인당 매출액과 자발적 이직률을 중심으로, 『인사조직연구』, 25(1), 81-107.

이수연·김효선 (2019), 유연근무제 활성화의 선행변인 및 결과변인에 관한 연구: CEO의 성평등 지원, 가족친화문화, 조직성과 및 이직의도를 중심으로, 『조직과 인사관리연구』, 43(1), 169-193.

이정미·최환규 (2019), 일과 삶의 균형 지원 조직문화가 일과 삶의 균형을 매개로 직장인의 안녕감 및 우울에 미치는 영향: 성별 및 연령대별 다중집단분석의 적용, 『한국심리학회지: 산업 및 조직』, 32(1), 1-27.

정재우 (2017), 한국의 유연근무제 도입현황, 『월간 노동리뷰』 5월호, 87-92. 한국노동연구원.

통계청 (2019), 『2019 경제활동인구조사』.

통계청 (2019), 『2019 일·가정 양립 지표』.

한경미 (1995), 기혼 취업여성의 가정, 직업, 여가생활만족과 영향요인, 『한국가정관리학회지』, 13(3), 47-57.

한국조세재정연구원 (2012), 『공공기관 유형별 유연근무제 활성화 방안』.

Aiken, L. S. & West, S. G. (1991), *Multiple regression: Testing and interpreting interactions*, Beverly Hills, CA: Sage.

Ajzen, I. (1988), *Attitudes, personality, and behavior*, Chicago, IL: Dorsey Press.

Allen, T. D. (2001), Family-supportive work environments: The role of organizational perceptions, *Journal of Vocational Behavior*, 58(3): 414-435.

Allen, T. D., Johnson, R. C., Kiburz, K. M., & Shockley, K. M. (2013), Work-family conflict and flexible work arrangements: Deconstructing flexibility, *Personnel Psychology*, 66(2): 345-376.

Allen, T. D. & Martin, A. (2017), The work-family interface: A retrospective look at 20 years of research in JOHP, *Journal of Occupational Health Psychology*, 22(3): 259-272.

Allen, T. D. & Russell, J. E. (1999), Parental leave of absence: Some not so family-friendly implications, *Journal of Applied Social Psychology*, 29(1): 166-191.

Almer, E. D., Cohen, J. R., & Single, L. E. (2003), Factors affecting the choice to participate in flexible work arrangements, *A Journal of Practice & Theory*, 22(1): 69-91.

Anderson, J. C., & Gerbing, D. W. (1988), Structural equation modeling in practice:A review and recommended two-step approach, *Psychological Bulletin*, 103(3): 411-423.

Anderson, S. E., Coffey, B. S., & Byerly, R. T. (2002), Formal organizational initiatives and informal workplace practices: Links to work-family conflict and job-related outcomes, *Journal of Management*, 28(6): 787-810.

Aryee, S., Srinivas, E. S., & Tan, H. H. (2005), Rhythms of life: Antecedents and outcomes of work-family balance in employed parents, *Journal of Applied psychology*, 90(1): 132-146.

Bailey, D. E., & Kurland, N. B. (2002), A review of telework research: Findings, new directions and lessons for the study of modern work, *Journal of Organizational Behavior*, 23(4): 383-400.

Bakker A. B. & Demerouti, E. (2006), The Job Demands-Resources model: State of the art, *Journal of Managerial Psychology*, 22(3): 309-328.

Baltes, B. B., Briggs, T. E., Huff, J. W., Wright, J. A., & Neuman, G. A. (1999), Flexible and compressed workweek schedules: A meta-analysis of their effects on work-related criteria, *Journal of Applied Psychology, 84(4): 496-513.*

Behson, S. J. (2005), The relative contribution of formal and informal organizational work-family support, *Journal of Vocational Behavior*, 66(3): 487-500.

Carlson, D. S., Grzywacz, J. G., & Michele Kacmar, K. (2010), The relationship of schedule flexibility and outcomes via the work-family interface, *Journal of Managerial Psychology*, 25(4): 330-355.

Crain, T. L., & Stevens, S. C. (2018), Family-supportive supervisor behaviors: A review and recommendations for research and practice, *Journal of Organizational Behavior*, 39(7): 869-888.

De Menezes, L. M., & Kelliher, C. (2011), Flexible working and performance: A systematic review of the evidence for a business case, *International Journal of Management Reviews*, 13(4): 452-474.

Eaton, S. C. (2003), If you can use them: Flexibility policies, organizational commitment, and perceived performance, *Industrial Relations: A Journal of Economy and Society*, 42(2): 145-167.

Fornell, C., & Larcker, D. F. (1981), Evaluating structural equation models with unobservable variables and measurement error, *Journal of Marketing Research*, 18(1): 39-50.

Grzywacz, J. G., & Marks, N. F. (2000), Family, work, work-family spillover, and problem drinking during midlife, *Journal of Marriage and Family*, 62(2): 336-348.

Hammer, L. B., Kossek, E. E., Bodner, T., & Crain, T. (2013), Measurement development and validation of the family supportive supervisor behavior short-form (FSSB-SF), *Journal of Occupational Health Psychology*, 18(3): 285-296.

Hammer, L. B., Kossek, E. E., Yragui, N. L., Bodner, T. E., & Hanson, G. C. (2009), Development and validation of a multidimensional measure of family support supervisor behaviors (FSSB), *Journal of Management*, 35(4): 837-856.

Hammer, L. B., Kossek, E. E., Zimmerman, K., & Daniels, R. (2007), Clarifying the construct of family-supportive supervisory behaviors (fssb): A multilevel perspective, In P. L. Perrewe, & D. C. Ganster (Eds.), *Exploring the Work and Non-Work Interface,* pp.165-204. Oxford, United Kingdom, UK: Elsevier Ltd.

Hayman, J. R. (2009), Flexible work arrangements: Exploring the linkages between perceived usability of flexible work schedules and work-life balance, *Community, Work & Family*, 12(3): 327-338.

Hill, E. J., Hawkins, A. J., Ferris, M., & Weitzman, M. (2001), Finding an extra day a week: The positive influence of perceived job flexibility on work and family life balance, *Family Relations*, 50(1): 49-58.

Hopkins, K. (2005), Supervisor support and work-life integration: A social identity perspective, In E. E. Kossek (Eds.), *Work and Life Integration: Organizational, Cultural, and Individual Perspectives,* pp.445-467. Mahwah, NJ: Lawrence Erlbaum,

Karasek Jr, R. A. (1979), Job demands, job decision latitude, and mental strain: Implications for job redesign, *Administrative Science Quarterly*, 24(2): 285-308.

Kaufmann, G. M. & Beehr, T. A. (1986), Interactions between job stressors and social support: Some counterintuitive results, *Journal of Applied Psychology*, 71(3): 522-526.

Kossek, E. E. (2005), Workplace policies and practices to support work and families. In S. Bianchi, L. Casper, & R. King (Eds.), *Work, Family Health and Well-being* (pp.97-116), Mahwah, NJ: Lawrence Erlbaum Associates.

Kossek, E. E., Lewis, S., & Hammer, L. B. (2010), Work-life initiatives and organizational change: Overcoming mixed messages to move from the margin to the mainstream, *Human Relations*, 63(1): 3-19.

Kossek, E. E., & Nichol, V. (1992), The effects of on-site child care on employee attitudes and performance, *Personnel Psychology*, 45(3): 485-509.

Kossek, E. E., Pichler, S., Bodner, T., & Hammer, L. B. (2011), Workplace social support and work-family conflict: A meta-analysis clarifying the influence of general and work-family-specific supervisor and organizational support, *Personnel Psychology*, 64(2): 289-313.

Lapierre, L. M., & Allen, T. D. (2006), Work-supportive family, family-supportive supervision, use of organizational benefits, and problem-focused coping: Implications for work-family conflict and employee well-being, *Journal of Occupational Health Psychology*, 11(2): 169-181.

Lee, S., Kim, S. L., Park, E. K., & Yun, S. (2013), Social support, work-family conflict, and emotional exhaustion in South Korea, *Psychological Reports: Relationships & Communications*, 113(2): 619-634.

Ngo, H. Y., Foley, S., & Loi, R. (2009), Family friendly work practices, organizational climate, and firm performance: A study of multinational corporations in Hong Kong, *Journal of Organizational Behavior*, 30(5): 665-680.

Odle-Dusseau, H. N., Britt, T. W., & Greene-Shortridge, T. M. (2012), Organizational work-family resources as predictors of job performance and attitudes: The process of work-family conflict and enrichment, *Journal of Occupational Health Psychology*, 17(1): 28-40.

O'Driscoll, M. P., Poelmans, S., Spector, P. E., Kalliath, T., Allen, T. D., Cooper, C. L., & Sanchez, J. I. (2003), Family-responsive interventions, perceived organizational and supervisor support, work-family conflict, and psychological strain, *International Journal of Stress Management*, 10(4): 326-344.

Perlow, L. A. (1995), Putting the work back into work/family, *Group & Organization Management*, 20(2): 227-239.

Perry-Smith, J. E., & Blum, T. C. (2000), Work-family human resource bundles and perceived organizational performance, *Academy of Management Journal*, 43(6): 1107-1117.

Poelmans, S., & Sahibzada, K. (2004), A multi-level model for studying the context and impact of work-family policies and culture in organizations, *Human Resource Management Review*, 14(4): 409-431.

Powell, G. N., Greenhaus, J. H., Allen, T. D., & Johnson, R. E. (2019),

Advancing and expanding work-life theory from multiple perspectives, *Academy of Management Review*, 44(1): 54-71.

Powell, G. N., & Mainiero, L. A. (1999), Managerial decision making regarding alternative work arrangements, *Journal of Occupational and Organizational Psychology*, 72(1): 41-56.

Reilly, P. A. (2001), *Flexibility at Work: Balancing the interest of employer and employee*, UK: Gower.

Richman, A. L., Civian, J. T., Shannon, L. L., Jeffrey Hill, E., & Brennan, R. T. (2008), The relationship of perceived flexibility, supportive work-life policies, and use of formal flexible arrangements and occasional flexibility to employee engagement and expected retention, *Community, Work and Family*, 11(2): 183-197.

Russo, M., Buonocore, F., Carmeli, A., & Guo, L. (2018), When family supportive supervisors meet employees' need for caring: Implications for work-family enrichment and thriving, *Journal of Management*, 44(4): 1678-1702.

Shockley, K. M., & Allen, T. D. (2007), When flexibility helps: Another look at the availability of flexible work arrangements and work-family conflict, *Journal of Vocational Behavior*, 71(3): 479-493.

Stavrou, E. T. (2005), Flexible work bundles and organizational competitiveness: A cross-national study of the European work context, *Journal of Organizational Behavior*, 26(8): 923-947.

Stavrou, E., & Kilaniotis, C. (2010), Flexible work and turnover: an empirical investigation across cultures, *British Journal of Management*, 21(2): 541-554.

Thomas, L. T., & Ganster, D. C. (1995). Impact of family-supportive work variables on work-family conflict and strain: A control perspective, *Journal of Applied Psychology*, 80(1): 6-15.

Thompson, C. A., Beauvais, L. L., & Lyness, K. S. (1999), When work-family benefits are not enough: The influence of work-family culture on benefit utilization, organizational attachment, and work-family conflict, *Journal of Vocational Behavior*, 54(3): 392-415.

Thompson, C. A., & Prottas, D. J. (2005), Relationships among organizational family support, job autonomy, perceived control, and employee well-being, *Journal of Occupational Health Psychology*. 10(4): 100-118.

Valcour, M. (2007), Work-based resources as moderators of the relationship between work hours and satisfaction with work-family balance, *Journal of Applied Psychology*, 92(6): 1512-1523.

Veiga, J. F., Baldridge, D. C., & Eddleston, K. A. (2004), Toward understanding employee reluctance to participate in family-friendly programs, *Human Resource Management Review*, 14(3): 337-351.

Voydanoff, P. (2005), Toward a conceptualization of perceived work-family fit and balance: A demands and resources approach, *Journal of Marriage and Family*, 67(4): 822-836.

Watson, D., & Clark, L. A. (1984), Negative affectivity: The disposition to experience aversive emotional states, *Psychological Bulletin*, 96(3): 465-490.

Watson, D., Clark, L. A., & Tellegen, A.(1988), Development and validation of brief measures of positive and negative affect: The PANAS scales, *Journal of Personality and Social Psychology*, 54(6): 1063-1070.

Wickramasinghe, V. (2012), Supervisor support as a moderator between work schedule flexibility and job stress: Some empirical evidence from Sri Lanka, *International Journal of Workplace Health Management*, 5(1): 44-55.

◎ 저자 약력

■ 박 상 언

- 충북대학교 경영대학 교수
- 연세대 경영학 박사(인사조직 전공)
- 미국 미시간주립대 및 하와이대 연구교수
- 한국인사관리학회 및 한국인적자원개발학회 학회장 역임
- 중앙노동위원회 공익위원 역임
- 지은 책으로 『조직행위론』, 『성과주의와 다운사이징』, 『감정노동과 직무소진』, 옮긴 책으로는 『조직이론: 조직의 8가지 이미지』(Images of Organization), 『휴먼 이퀘이션』(Human Equation) 등이 있고, 그간 인사조직 분야 주요 학회지에 조직문화, 성과주의, 다운사이징, 직무소진, 감정노동, 일-생활 균형, 번영감, 산업안전 및 안전경영 등에 관련된 다수의 논문을 게재해 왔음.

일·생활 균형과 조직관리

초 판 1쇄 인쇄 —— 2022년 10월 5일
초 판 1쇄 발행 —— 2022년 10월 10일
지은이 —— 박 상 언
펴낸이 —— 전 두 표
펴낸곳 —— 도서출판 두남
서울시 강동구 성내로 6길 34-16 두남빌딩
신 고 : 제25100-1988-9호
TEL : 02) 478-2065, 2066, 2067, 2311
FAX : 02) 478-2068
E-mail : dnbooks@dunam.co.kr
http://www.dunam.co.kr

정가 21,000원

ISBN 978-89-6414-958-4 93330